Louis Charpentier

Santiago de Compostela

Louis Charpentier

Santiago de Compostela

Das Geheimnis der Pilgerstraßen

Walter-Verlag Olten und Freiburg im Breisgau

Die Originalausgabe erschien 1971
bei Éditions Robert Laffont, Paris,
unter dem Titel «Les Jacques et le mystère de Compostelle»

Die Übersetzung aus dem Französischen besorgte
Hainer Kober

Satz und Druck: Moritz Schauenburg GmbH & Co. KG,
Lahr/Schwarzwald
Einband: Walter-Verlag, Buchbinderei Heitersheim
Printed in Germany

ISBN 3-530-13303-5

Inhalt

Vorwort

Als die Muselmanen Alexandria einnahmen, verfügte ihr Befehlshaber Omar, die berühmte Bibliothek niederzubrennen. Er erklärte dazu: «Alles, was sie an Wahrem enthält, steht im Koran und kann deshalb vernichtet werden; und alles, was sich nicht in ihm findet, ist falsch und kann folglich vertilgt werden.»
Die Gerechtigkeit verlangt allerdings festzustellen, daß Athanasius, der für heilig galt, schon zu seiner Zeit einen Teil dieser Bibliothek zerstört hatte. Er fand, er vertrage sich nicht mit seinen christlichen Anschauungen.
Am Anfang steht jener biblische Grundsatz, der auch in das Christentum einging: «Wer nicht mit mir ist, ist wider mich . . .» Und auch wir leben in dieser Geisteshaltung, denn sie hat aus der Religion in den Alltag und in das politische Leben übergegriffen.
Seither wird allen, die nicht «dafür» sind, unterstellt, sie seien «dagegen», selbst wenn sie zwischen den Parteien stehen. In ihrer Dummheit machen die Menschen auch nicht davor Halt, sich, wenn nötig, im Namen der Gewaltlosigkeit die Köpfe einzuschlagen.
Desgleichen hat diese Geisteshaltung in die Wissenschaft Einzug gehalten, auch in die sogenannten «Geschichtswissenschaften». So erklärt sich, daß alle vergangenen Ereignisse systematisch verfälscht werden, wenn sie sich mit der Offenbarung nicht vertragen, sei sie nun religiöser oder säkularer Art. Das macht die Erkenntnis nicht gerade leich-

ter. Alles wird uns durch die selbstherrlichen Sprüche der Hohenpriester der Moral, der Politik, der Geschichte entstellt.

Niemand kann all die schlechten Dienste aufzählen, die die – katholischen oder protestantischen – Geistlichen dem Christentum, die großen Geister der Wissenschaft, die Moralisten der Moral, die Marxisten oder Leninisten dem Sozialismus, die zünftigen Historiker der Geschichte erwiesen haben!

Vielleicht haben uns die Historiker mehr als alle anderen in die Irre geführt, uns sozusagen gezwungen, ihre Wahrheiten anstelle der Wahrheit zu akzeptieren, was ganz und gar nicht dasselbe ist. Im allgemeinen gehen sie von irgendeiner vorgefaßten Meinung aus. Ihre Annahmen werden von denen ihrer Vorgänger bestimmt oder durch das Prestige, das bestimmten Namen innewohnt und das sie nicht in Zweifel zu ziehen wagen.

Das größte Verbrechen stellt jedoch die Zerstörung von Dokumenten dar. So verbrannten Athanasius und Omar die Bücher in Alexandria, so zerstörten der heilige Martin und Karl der Große die Dolmen, so veranstaltete die Inquisition ihre Autodafés, so zerstörten Protestanten und Revolutionäre Kirchen. Das Mauerwerk der Geschichte stürzt in sich zusammen, und der Forscher tastet im Dunkeln. Er läuft Gefahr, sich zu irren, wie gewissenhaft er auch vorgehen mag.

Er sieht sich vor einem Puzzle, in dem viele Stücke fehlen. So bleibt es zweifelhaft, ob er die vorhandenen richtig zusammengefügt hat. Wie der Epigraphiker versucht er, die Löcher so logisch wie möglich zu stopfen. Doch die Möglichkeit wird niemals zur Gewißheit. Damit muß er sich bescheiden.

Das gilt auch für den Weg nach Compostela.
Ich bin zu der in diesem Falle sicheren Erkenntnis gelangt – denn die Beweise haben überdauert –, daß der Weg nach Westen, der in Galicien im äußersten Westen Spaniens endet, zu allen Zeiten von ganzen Völkerscharen benutzt wurde. Sie folgten entweder einem unbestimmbaren Drang oder dem Wunsch nach einer Bereicherung ihres Lebens, einem Wunsch, der von Generation zu Generation durch eine Legende und eine Überlieferung am Leben erhalten wurde.
Ich bin ferner zu der Erkenntnis gelangt, daß Legende und Überlieferung in neuer Form in christliche Zeit hinübergerettet wurden. Allerdings hatten sich die Motive verändert: Es waren jetzt, wie man weiß, Pilger, die den Weg entlangzogen.
Obwohl die Bedeutung dieser Wallfahrten nach Compostela nicht zu bestreiten ist und ihre Verdienste für die Entwicklung der westlichen Welt außerordentlich sind, fesselte mich vor allem das Geheimnis ihrer fernen Ursprünge.
Um diese Ursprünge ging es mir, als ich versuchte, den Platz der wenigen noch erhaltenen Teile des Puzzles zu bestimmen.
Dabei mußte dieser Rekonstruktionsversuch notgedrungen mit einem Mangel an Geschlossenheit bezahlt werden.
Das kann man mir vorwerfen.
Doch, wie Villon zu seinem «Roman du Pet-au-Diable» bemerkt:

> Der Gegenstand ist so überaus würdig,
> daß er jede Missetat aufwiegt.

1

Wallfahrt nach Compostela

Mitte des 9. Jahrhunderts machte sich im westlichen Abendland ein Gerücht breit: irgendwo in Spanien, ganz am Ende der kantabrischen Küste, im Königreich Galicien, das nicht unter muselmanischer Herrschaft stand, hätten heilige Männer von geheimnisvollen Lichterscheinungen geführt, das Grab des Apostels Jakobus des Älteren gefunden. Man sagte auch, riesige Völkerscharen kämen dort zusammen, um die heiligen Reliquien zu verehren.

Im Laufe der Jahre wuchs die Legende an. Man wußte von unerhörten Wundern zu berichten. Die Menschen kamen aus Frankreich, Italien, den deutschen Ländern und aus England. Pilgerstraßen entstanden, die von Abteien zu Basiliken, von heiliger Reliquie zu heiliger Reliquie führten. Daraus entstand eine Mode: wer die Reise nach Jerusalem nicht auf sich nehmen konnte oder den Besuch Roms als zu leicht verschmähte, wählte den Weg zum heiligen Jakobus. Hospitäler und Herbergen wurden für die armen Pilger eingerichtet. Die Ritterorden zeigten sich gastfrei und schützten die Wege.

Vier Hauptstraßen führten durch Frankreich. Sie nahmen ihren Anfang an den Sammelplätzen in Paris, Vézelay, Le Puy und Saint-Gilles. Über Klöster und Raststätten führten sie die Jakobsbrüder zu den Pyrenäenpässen. Von dort aus setzten die Pilger ihren Weg über Berg und Tal bis zum Kap *Finisterre* an den Ufern des Ozeans fort.

Sie starben unterwegs, oder sie kamen zurück. Dann wiesen

sie stolz die Muschel vor, das Zeichen der vollbrachten Wallfahrt, die «Jakobsmuschel», das Ehrenzeichen des tapferen Pilgers.
Nach den Hagiographen war der heilige Jakobus (der heilige Jakobus, von dem hier die Rede ist) einer der Apostel. Er trug den Beinamen «der Ältere» (major), um ihn von einem anderen Jakobus zu unterscheiden, der gleichfalls Apostel war und Jakobus «der Jüngere» (minor) genannt wurde.
Jakobus der Ältere war der Sohn des Zebedäus und der Maria Salome. Sein Bruder war Johannes der Evangelist. Es hieß, er sei in Bethsaida geboren und einer der Boarnerges, also einer der «Söhne des Donners».
Zusammen mit Johannes war er einer der Vertrauten des Herrn, der ihn in seine Geheimnisse einweihte. Herodes Agrippa ließ sie am 25. Mai, dem Tag der Verkündigung, enthaupten.
Um diese Fakten spann sich eine Legende, die im Laufe der Zeit um all die Wunder bereichert wurde, von denen die Pilger Zeugnis ablegten. In der frommen Aufzeichnung des Jakobus von Voragine aus dem 12. Jahrhundert liest sie sich wie folgt:
Nach dem Tode Christi predigte Jakobus zuerst in Judäa und in Samaria. Dann überquerte er das Meer und gelangte nach Spanien, das er christianisieren wollte. Ihm war kein großer Erfolg beschieden, da er dort nur neun Jünger gewann. Vielleicht waren es auch nur sieben oder gar nur ein einziger. Manche meinen sogar, es sei ihm vielleicht nur ein Hund gefolgt, der sich seinem Einfluß zugänglicher gezeigt habe als die Heiden.
Wir wollen den *Hund* im Gedächtnis behalten.
Nach diesem Mißerfolg kehrte er nach Judäa zurück, wo er

seinen legendären Ruf in einer Reihe von Auseinandersetzungen mit einem Zauberer namens Hermogenes begründete. Meistens wurde dieser Streit von Engel- und Geisterscharen ausgetragen. Hermogenes hatte einen gewissen Philetus in Ketten geschlagen. Jakobus befreite ihn. Daraufhin schickte der Zauberer eine Geisterschar, die mit Feuerbanden gefesselt war. Jakobus befreite sie und ließ sich von ihnen seinen Feind in Fesseln vorführen, um ihm ohne Groll seine Freiheit wiederzugeben und ihn zu bekehren. Der reuige Hermogenes brachte ihm seine Zauberbücher, damit er sie verbrenne. Doch Jakobus lehnte es ab, sie dem Feuer zu übergeben und ließ sie ins Meer werfen.

Nach der Enthauptung nahmen «seine Jünger den Leichnam aus Furcht vor den Juden heimlich bei Nacht . . ., und taten ihn auf ein Schiff und empfahlen die Bestattung ganz und gar Gottes Weisheit; und stiegen dazu und steuerten nicht, sondern der Engel des Herrn geleitete sie gen Galicien, daselbst landeten sie in dem Reiche der Lupa; denn es war in Hispanien eine Königin, also genannt mit Namen und von Verdienst ihres Lebens wegen; denn Lupa ist gesprochen eine Wölfin.»

Wir sollten die *Wölfin* im Gedächtnis behalten.

«Sie trugen den Leichnam aus dem Schiff und legten ihn auf einen großen Stein. Aber siehe, der Stein gab dem Leichnam nach wie Wachs und formte sich gar wunderbarlich zu einem Sarg.»

Und auch dies soll uns wieder beschäftigen.

«Die Jünger aber gingen hinein zur Königin und sprachen: ‹Unser Herr Jesus Christus sendet dir den Leichnam seines Jüngers, daß du ihn tot empfahlest, den du lebendig nicht wolltest leiden.› Und erzählten ihr das Wunder, wie sie ohne Steuer zu dem Lande seien geführt und baten um einen

würdigen Ort, den Leichnam zu bestatten. Als die Königin das vernahm, sandte sie die Jünger, als derselbe Meister Johannes Beleth schreibet, in großer Tücke zu einem grausamen Menschen oder, wie andere sagen, zu dem König von Hispanien, daß sie seinen Rat in der Sache hören möchten ...»
Nach einigem Hin und Her erklärte sich der König schließlich einverstanden.
«Da die Königin Lupa solches vernahm, betrübte sie sich sehr; und da die Jünger wieder zu ihr kamen und taten ihr des Königs Willen kund, sprach sie zu ihnen: ‹Gehet hin und nehmet von meinen Rindern, die ich auf jenem Berge habe und schirret damit den Wagen, so mögt ihr den Leichnam eures Herren herführen, und ihm die Stätte bereiten, die ihr wollt.›»
Doch sie sprach in wölfischem Sinn, denn sie wußte, daß diese Rinder ungezähmte, wilde Stiere waren. Die Jünger gingen ohne Argwohn den Berg hinauf, wo sie auf einen Drachen trafen, der Feuer spie. Er machte Anstalten, sich auf sie zu stürzen. Da bekreuzigten sie sich zu ihrer Verteidigung, und der Drache zerbarst in der Mitte seines Leibes. Auch über den Stieren machten sie das Kreuz: Da kamen sie herbei zahm wie die Lämmer. Die Jünger spannten sie vor den Wagen, auf dem der Stein mit dem Leichnam des Heiligen lag. Ohne eines Menschen Führung zogen die Stiere daraufhin den Leichnam mitten in den Palast der Lupa, die bei diesem Anblick erschrak ... und ihren Palast dem heiligen Jakobus weihte.[1]
Nach der örtlichen Legende landete das Schiff mit dem Leichnam des Heiligen im Inneren einer *Ria*, an einem Ort

[1] Nach Jacobus von Voragine, Legenda aurea.

namens Iria Flavia, das später Padrón am Rio *Ulla* wurde. Eine andere Legende besagt, daß der Leichnam nach der Landung auf einen steilen Hügel geschafft wurde, der heute unter dem Namen Pico Sagro (heiliger Berg) bekannt ist. Von dort wurde er an einen Ort gebracht, der später Archia Marmorica (mit Varianten der Schreibweise) genannt wurde. Er befindet sich in der Nähe der Ortschaft *Amöa*. Daraufhin geriet die Grabstätte mehrere Jahrhunderte hindurch in Vergessenheit.

Sie wurde erst um 813 oder – nach Bédier – um 830 unter der Regentschaft Alfons des Keuschen wiederentdeckt.

Nach der *Historia Compostellana* wurde einem Eremiten namens *Pelagio* (also Pelagus, was soviel heißt wie: der Mann vom Meer) auf wunderbare Weise kundgetan, wo sich das Grab des Apostels befand. Übernatürliche Lichter tanzten über der Grabstelle. Offiziell ließ man das Grab von Teodomiro, dem Bischof von Iria Flavia, entdecken. Es scheint sich um ein kleines Grabmal gehandelt zu haben, das unter einem dichten Pflanzenwuchs verborgen lag. Es gilt auch als verbürgt, daß das Bauwerk typisch romanische Merkmale aufwies.

Weiter meint man, ohne sich dessen allerdings sicher zu sein, Alfons II. habe über dieser Grabstätte eine einfache Kirche errichten lassen.

Im Jahre 844 bei der Schlacht von Clavijo, in der die Spanier auf die Muselmanen trafen, wurde der heilige Jakobus unversehens zum Ritter. Auf einem weißen Pferd erschien er in glänzender Rüstung in der Schlacht. Mit einem flammenden Schwert richtete er ein schlimmes Blutbad unter den Ungläubigen an und führte das Heer des Königs Ramiro zum Sieg. So rettete er den Norden Spaniens von den Pyrenäen bis nach Galicien.

Dank dieser Heldentat *post mortem* wurde er zum «Landespatron» Spaniens und zum Garanten seiner Befreiung. Und als himmlischer Ritter hatte er die Ehre, durch einen zwischengeschalteten Automaten die Könige Spaniens zu Rittern zu weihen.
Wenn auch nicht der heilige Jakob selbst, so befindet sich doch der Automat immer noch im Kloster Las Huelgas in der Nähe von Burgos.

Es wird nicht überraschen, daß die Legende vom heiligen Jakobus selbst in Kreisen, die der christlichen Tradition sehr verpflichtet sind, nicht ohne Zurückhaltung aufgenommen wird.
Mitte des 9. Jahrhunderts wurde eine andere Version vorgeschlagen. Ihr zufolge war der Leichnam des Heiligen von sieben anderen Heiligen in die Gegend von Granada gebracht worden. Es war augenscheinlich glaubwürdiger, daß eine Barke, die sich im östlichen Mittelmeer befand, im Süden Spaniens landete, statt daß sie an den Ufern des atlantischen Galiciens strandete.
Noch weit rationaler wollten moderne Autoren die Entstehung der Jakobus-Legende aus jenen historischen Fakten rekonstruieren, die aus der Zeit der maurischen Invasion bekannt sind. Danach wurde in Mérida ein Stein gefunden, dessen Inschrift mitteilt, es sei an diesem Ort in der ersten Hälfte des 7. Jahrhunderts der Jungfrau Maria eine Kirche geweiht worden. Dort habe man die Reliquien des wahren Kreuzes und verschiedener Heiliger aufbewahrt, darunter die Johannes des Täufers, des heiligen Petrus, des heiligen Paulus, des heiligen Stefans, Johannes des Evangelisten und Jakobi des Älteren. Als die Mauren kamen, sind nach dieser Darstellung die Geistlichen aus Mérida geflohen.

Sie haben die genannten Reliquien mit sich genommen und in Iria Flavia versteckt. Die Reliquien des heiligen Jakobus seien denen aller anderen Heiligen vorgezogen worden. Mit den ersten normannischen Invasionen seien sie dann an den Ort geschafft worden, an dem sie später entdeckt wurden. Doch wie gewöhnlich haben die Rationalisten nicht recht.

Die Legende wurde nicht für Historiker geschaffen. Sie beschäftigt sich nicht mit Fakten, sondern mit Überlieferungen. Vergebens wird man darauf hinweisen, daß keiner je von einer Predigt des heiligen Jakobus in Spanien zu berichten gewußt hat. Vergebens hat der heilige Julian von Toledo 686 dargelegt, daß der heilige Jakobus unter Juden gepredigt habe. Und Idatius, der Bischof von Iria Flavia, mag überhaupt nichts von der Landung des wunderbaren Schiffes gewußt haben, deswegen ist die Legende doch entstanden: sie ist entstanden und wurde weitergesponnen. Immer mehr Einzelheiten wurden hinzugefügt. So kam es auch zur Muschel. Nach einer Version gelangte das Schiff mit seiner traurigen Fracht an die Mündung des Rio Ulla, wo man es aufs Trockene zog. Da sah man, daß es mit Muscheln bedeckt war. Diese Muscheln sollten später als Zeichen und Symbol der Compostela-Pilger dienen.
Nach einer anderen Version gelang es dem Schiff nicht zu landen. Daraufhin sprangen zwei Ritter ins Wasser, um der Besatzung Beistand zu leisten. Als sie aus dem Wasser herauskamen, waren sie von Kopf bis Fuß mit Muscheln bedeckt.
Ist es so wichtig, daß diese Muscheln sich nirgends festsetzen, sondern freibeweglich auf dem Meeresschlamm leben? Brauchten die Tausende von Pilgern, die sich auf den Weg nach Compostela machten, nicht ein Zeichen?

Diese Muscheln sind die «Merelles» nach dem Namen eines Küstenortes, der zwar nicht in der Nähe von *Iria Flavia*, aber in der Nähe von Noya liegt.
Der Muschel gesellte sich der Stern hinzu. Nicht mehr Lichterscheinungen hatten die Grabstätte des Heiligen angezeigt, sondern ein Stern, der über dem Grab stand und die Hirten angelockt hatte. Diese hatten, mehr oder minder erschreckt, den Bischof in Kenntnis gesetzt. Der Ort hieß daraufhin «Sternenfeld», *campus stellae*. Daraus wurde Compostela. Die Wallfahrt wurde eine Wanderung dem Stern nach, und der zurückzulegende Weg war die «Milchstraße» (an deren Ende sich übrigens das Sternbild des *Großen Hundes* befindet).
Die Gelehrten weisen gern darauf hin, daß das Grab sich in einer Nekropolis befand und daß es wissenschaftlicher und logischer sei, Compostela von dem lateinischen Wort *compostum* abzuleiten, dem Wort für Friedhof also. Doch die Gelehrten befanden sich der volkstümlichen Auffassung gegenüber im Unrecht. Sie mag volkstümlich sein, ist aber weniger naiv als sie erscheint. Sie ist volkstümlich, aber gelehrt und subtil.

Zuerst einmal ist es bemerkenswert, daß man sich für den Namen des Jakobus entschieden hat. Er und kein anderer unter den Aposteln wurde ausgewählt. Gegen die Überzeugung des heiligen Julian von Toledo läßt man ihn in Spanien predigen, weil er unbedingt dorthin zurückkehren muß. Die Predigten sind eine Voraussetzung seiner Rückkehr. Und als Begleiter erhält er einen Hund wie den, der sich ganz am Ende der Milchstraße am Himmel befindet.
Man legt Wert auf den Namen, und man legt auch Wert auf den Ort: «Die heiligen Gebeine des selig gesprochenen

Apostels Jakobus wurden nach Spanien geschafft und werden dort in einer fernen Gegend des Landes gegenüber dem britannischen Meer verehrt. Die Einwohner machen sie zum Gegenstand einer überaus frommen Anbetung.» So teilen es uns die «Additions au martyrologue de Florus de Lyon» um 838 mit (zitiert bei Bottineau[2]). Vor allem aber wird Wert darauf gelegt, daß diese Gebeine über das Meer kamen. Sie müssen in Galicien an das Ufer gelangen, auch wenn dafür ein Wunder herhalten muß.

Ebenso war es erforderlich, daß der heilige Jakobus ein Ritter war, ein Maurentöter, wenn es nottat, und dies ungeachtet der sprichwörtlichen Sanftheit der Apostel und ihres Pazifismus.

Genauso notwendig war es, daß er die Stiere zähmte und sie zu sanften Lämmern werden ließ, bevor er sich die Königin *Lupa* unterwarf. All das ist überaus wunderbar, wie es das Volk in seinen Geschichten liebt. Doch wohnt diesem Wunder ein wunderbarer Sinn inne.

Wie der Geschichte vom Stern und von der Milchstraße, wie der Geschichte von der Jakobusmuschel.

Die Legenden werden nämlich nicht geschaffen. Sie schaffen sich selbst, weil sie Geschichte sind. Einmal entstanden, werden sie je nach Orten und Zeiten, je nach den Rassen, Sprachen und Religionen erzählt und abgewandelt. Doch wie diese Abwandlungen auch aussehen mögen, die innerste Substanz bleibt im atavistischen Gedächtnis erhalten, weil sie wahr ist. Fließend, unbestimmt, aber wirklich.

Man wird die Legenden nicht ausmerzen können. Sie haben im Menschen ihre Heimstatt. Und da er sie nicht ausmerzen

[2] Yves Bottineau, Les Chemins de Saint-Jacques, Arthaud.

kann oder will, verwandelt er sie sich an. Sie sich anverwandeln heißt auch, sie in einer bestimmten Gestalt retten. So bleibt dem Bewußtsein des Menschen erhalten, was sonst ungenutzt in seinem Unterbewußtsein verborgen läge.
Was wäre von den keltischen Legenden geblieben, die die Kelten ja selbst zum Teil aus früheren Zeiten übernommen haben, wenn sie nicht christianisiert worden wären? Christianisiert heißt hier, daß die Legenden christlicher Zeit angepaßt wurden.
Denken wir an den «Kessel des Lug», der in christlicher Gestalt zum Gral wurde, ohne deshalb seine eigentliche Bedeutung zu verlieren. Auch der Gral enthält das Blut Gottes, das heißt das Lebenselexier, das das körperliche oder geistige Leben schenkt oder wiedergibt.
Oder denken wir an jene «Tafelrunde» der Ritter, die ihr Leben der Suche nach dem Gral geweiht hatten, wie Jahrtausende zuvor die «Tänzer» der Kromleche das ewige Leben suchten.
Es wäre kindisch, sich einzubilden, daß die Verwandlung der Legenden den zufälligen Einfällen und der armseligen Phantasie irgendwelcher Erzähler zu verdanken ist. Solche Geschichten unterhalten und vergehen.
Lassen wir den Erzählern ihr Vergnügen an den Wundern, die der Heilige zum Wohle der Pilger vollbracht hat, die sich auf dem Weg nach Compostela befanden. Diese Wunder sind in gewisser Weise die «Reklame» der Herbergen: Die Bestrafung des bösen Wirtes, der Gehenkte, der am Leben bleibt, das gebratene Hähnchen, das in *Santa Domingo de la Calzada* wieder zum Leben erwacht . . . Doch das sind bereits Erzählungen. Da ist das eigentliche Werk der Wallfahrt bereits vollbracht.
Bei der «zugrundeliegenden» Legende sollte man sich klar

machen – und ich werde versuchen, dies klarzumachen –, daß all ihre Elemente mit Überlegung und Bedacht angeordnet sind. Sie befinden sich mit anderen viel älteren Tatsachen in Übereinstimmung. Dies sind vor allem der Ort, der Sternenweg, die Muschel, der Name, die Wölfin, der Hund . . .

Wir wollen uns keiner Täuschung hingeben, diese Anverwandlung, die das Ziel und den Weg betrifft, selbst die absurde Tatsache, daß man «arme Pilger» auf den Weg schickte, auf dem sie dem Anschein nach nichts zu suchen hatten, ist sehr wohl eines der Elemente und nicht das geringste dieser außerordentlichen Kultur, der wir im Mittelalter die Kathedralen und auf lange Sicht jene uns zuteil gewordene Freiheit verdanken.

Jedenfalls bleibt eines bemerkenswert – und sollte gesagt werden: diese christlichen Legenden erblicken das Licht der Welt in den benediktinischen Klöstern, aber erst nach der Vereinigung der Benediktiner mit den Columbanern, die Witiza herbeiführte, jener Witiza, der später der heilige Benedikt von Aniane wurde. Als ob der alte Schatz der Legenden der Obhut dieser Mönche anvertraut und von ihnen an die Christenheit weitergegeben worden sei.

Mit der Erläuterung, wie man sich ihrer zu bedienen hat. Entlang des Sternenweges . . .

2

Sternenweg

Compostela ist schon durch seinen Namen den Sternen verschwistert, ob dieser Stern nun der des *compostum*, des Feldes, oder – wie die Alchimisten glauben – des *compost* ist: der Stern, der sich auf der Oberfläche des Schmelztiegels im Verlaufe einer der ersten Operationen des großen Werkes bildet.
Noch eine vierte Etymologie ist möglich, eine geheimnisvollere und ältere, die auf das Wort *compos* zurückgeht. In manchen Wortbildungen kann es «Herr» bedeuten: *der Herr des Sterns.*
Ferner ist der Weg nach Compostela der Überlieferung nach die Milchstraße, genannt nach jenem sichtbaren Sternenstreifen, der unseren Himmel bis zum Sternbild des Großen Hundes überzieht.

Als man sich anschickte, die Wallfahrt «in Schwung zu bringen», gedachte man, sich des großen Ansehens zu bedienen, dessen sich Karl der Große immer noch in den Ländern des Abendlandes erfreute. Obwohl er niemals seinen Fuß in diese Gegend gesetzt hatte, ja noch nicht einmal von ihr gehört hatte, ließ man verlauten, er habe sich an das Grab des Heiligen begeben und sein Schwert in die Wasser des Atlantischen Ozeans getaucht. Dadurch sei ihm so etwas wie eine Offenbarung beschieden gewesen. Nach seinem Tod stellte man auf dem Karlsschrein, der seine Überreste enthielt, diese «Offenbarung» dar. Der Weg nach

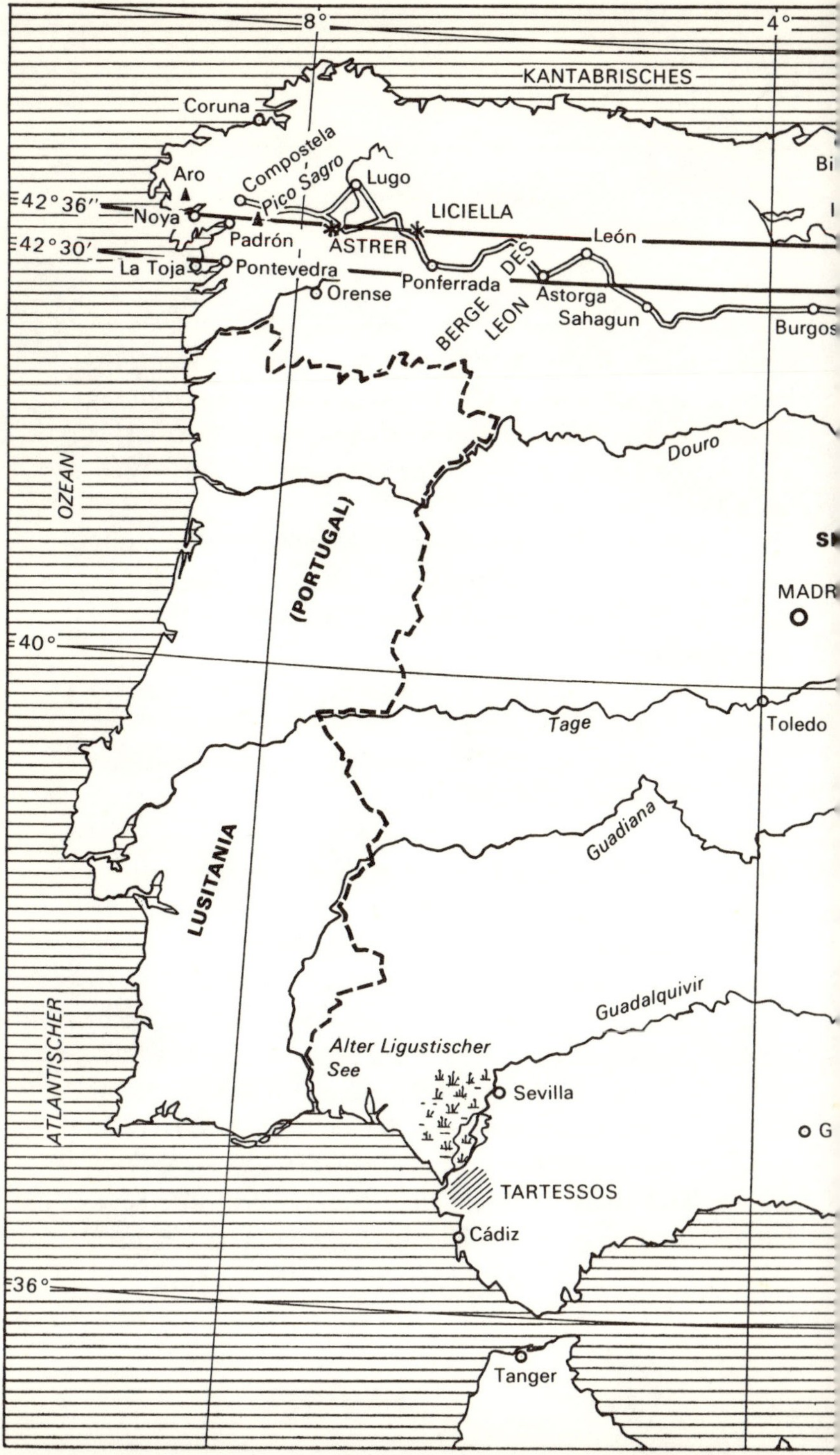

8°
4°
KANTABRISCHES
Coruna
Compostela
Pico Sagro
Aro
Lugo
Bi
42° 36″
Noya
LICIELLA
Padrón
ASTRER
León
42° 30′
La Toja
Pontevedra
Ponferrada
DES
Orense
Astorga
BERGE
LEON
Sahagun
Burgos
Douro
OZEAN
(PORTUGAL)
MADR
40°
Tage
Toledo
Guadiana
LUSITANIA
Guadalquivir
ATLANTISCHER
Alter Ligustischer See
Sevilla
G
TARTESSOS
Cádiz
36°
Tanger

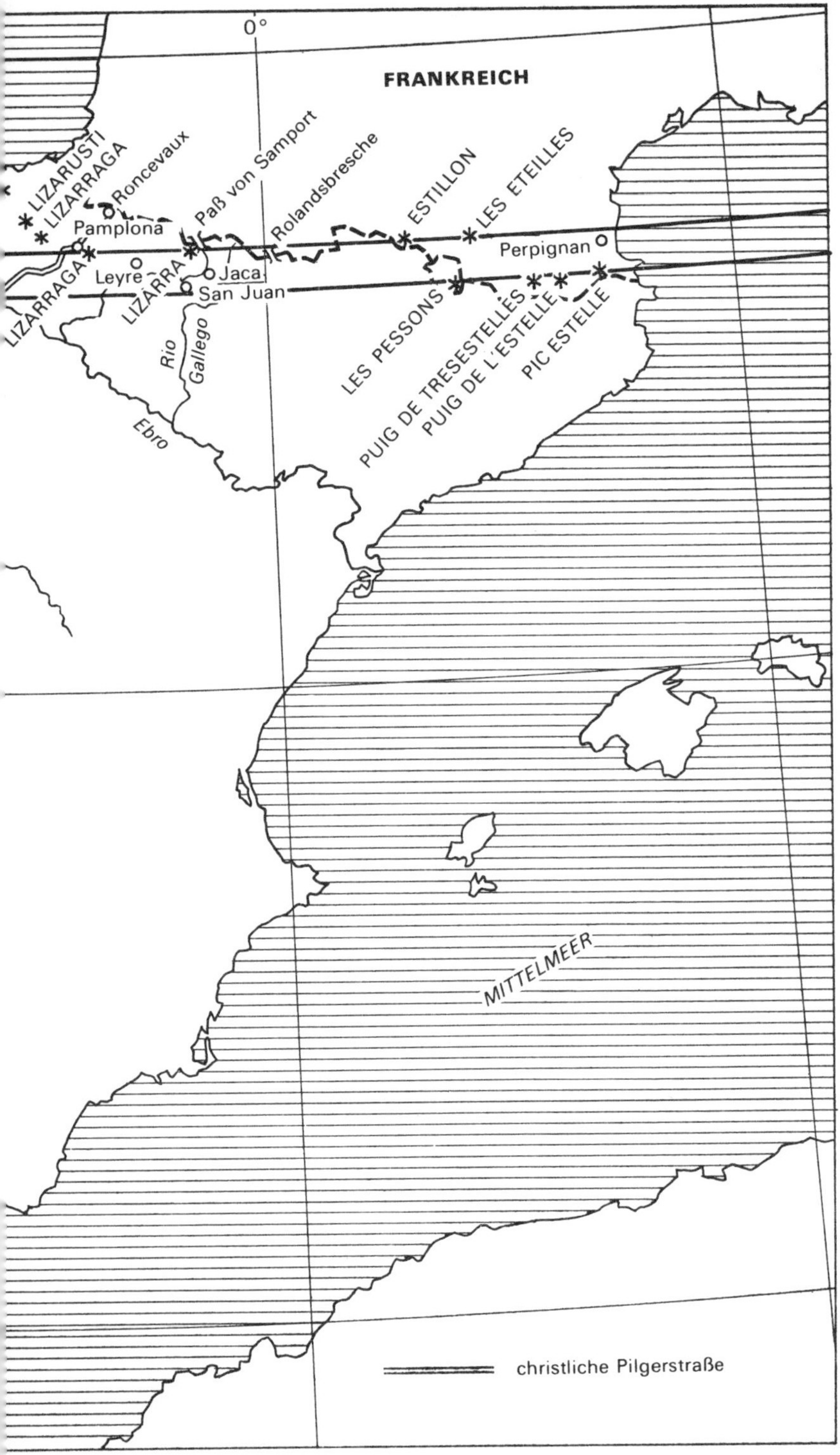
0°
FRANKREICH
LIZARUSTI
LIZARRAGA
Roncevaux
Paß von Samport
Rolandsbresche
ESTILLON
LES ETEILLES
Pamplona
Perpignan
LIZARRAGA
Leyre
LIZARRA
Jaca
San Juan
LES PESSONS
PUIG DE TRESESTELLES
PUIG DE L'ESTELLE
PIC ESTELLE
Rio
Gallego
Ebro
MITTELMEER
christliche Pilgerstraße

Compostela sei ihm durch zwei Sternenstraßen gewiesen worden.
Diese Sternlinien *gibt* es aber. Sie erstrecken sich vom Mittelmeer zum Atlantik.
Sie bilden *genau* zwei Breitenkreise von Osten nach Westen.
(Es versteht sich, daß die Genauigkeit der Entfernung entspricht – nahezu 1000 km Luftlinie trennen die katalonische Küste von der galicischen.)
Die erste Linie, die südlichere, beginnt im französischen Katalonien bei einem «pic d'Estelle», dem Gipfel des Sterns, auf einer Anhöhe von 317 m in der Nähe von «Bains du Boulou», das ungefähr auf 42°30′ nördlicher Breite liegt.
Sie führt dann 23 oder 24 km weiter nach Westen zum *Puig de l'Estelle,* dem «Berg des Sterns». Er ist 1738 m hoch und liegt gleichfalls unter 42°30′ nördlicher Breite in der Nähe von *Tour de Batère.*
Weitere 20 km westlich befindet sich der *Puig de tres Estelles,* der «Berg der drei Sterne». 2096 m hoch liegt er auf jenem Breitenkreis von 42°30′.
Und weitere 4 km westlich, jenseits der Pyrenäen, stoßen wir unter fast demselben Breitenkreis, 42°40′ nördlicher Breite, auf *Estella,* den «Stern», dessen baskischer Name *Lizarra* gleichfalls Stern bedeutet. Die Abweichung vom eigentlichen Breitenkreis beträgt nach der Karte 10′ auf 400 km. Nicht viel also. Ferner liegt in der Gegend von Estella ein Ort namens *Licharra.* Das kann sehr gut eine Abwandlung des baskischen *Lizarra* sein. Dieser Ort befindet sich unter 42°36′ nördlicher Breite.
Weiter im Westen liegt *Astray,* das nicht unbedingt auf *Aster* zurückgehen muß, das aber ebenfalls unter 42°36′ nördlicher Breite liegt.

Der Rest dieser Linie sagt weniger aus. Wenn man ihr jedoch bis zum Atlantik folgt, stößt man in der Nähe von Pontevedra auf die Insel *La Toja*, auf die wir noch zurückkommen werden.

Doch das ist noch nicht alles.

Der Karlsschrein enthält zwei Sternenstraßen. Hier die zweite:

Wiederum beginnen wir in Katalonien. Diesmal 20' nördlich der ersten Linie. Das entspricht etwa 36 km. Dort finden wir: *Les Eteilles* in der Nähe von Luzenac unter 42°46'; Estillon, 42°47'; dann, jenseits der Pyrenäen, nicht weit der Straße von Oloron nach Jaca in der Nähe des Somport-Passes, einen alten Ort mit dem Namen *Lizarra*, 42°46'; und ein wenig weiter in der Nähe von Pamplona *Lizarraga*, 42°46' (dieser letzte Name kann entweder «Buchenhain» oder «Sternenhaufen» bedeuten).

Jenseits der Berge von León kommt *Liciella* (42°46') und danach in Galicien ein *Aster* (gleichfalls unter 42°46').

So kommen wir direkt nach Compostela, das sich zwar ein wenig weiter im Norden unter 42°43' befindet, doch der *Pico Sagro*, der Ort, an dem sich das Grab der Legende zufolge ursprünglich befand, liegt ganz in der Nähe von 42°46'.

Sechs Punkte in gerader Linie hintereinander, sechs Punkte auf demselben Breitenkreis. Es hieße den Zufall strapazieren, wollte man ihn dafür verantwortlich machen. Er kann nicht für alles herhalten.

Und doch verhält es sich so. Darüberhinaus lebt diese Strecke im Gedächtnis des Volkes, das sich im Dunkel der Zeit verliert und diesen Weg «Sternenweg» nennt. Wenn Santiago de Compostela unter 42°53' liegt, dann deshalb, weil der letzte Stern verschoben wurde. Die Parallele 42°46' endet in der Nähe von *Padrón,* wo das Schiff mit der sterblichen Hülle des Heiligen strandete. Noch näher an diesem Ende der Linie liegt *Noya,* wo viele Jahrhunderte zuvor ein anderer Reisender strandete.

Jeder Mathematiker kann uns sagen, daß es eine willkürliche Handlung ist, vier Punkte auf eine gerade Linie zu verlegen. Die Chance, daß der Zufall sie so anordnet, ist verschwindend gering. Jeder Geograph kann uns gleichfalls darüber aufklären, daß Menschen, die nicht über exakte Karten und präzise Meßinstrumente verfügen, kaum dazu in der Lage sind, vier Punkte auf demselben Breitenkreis auszuwählen, die von ihm auf 1000 km Entfernung nur um wenige Minuten abweichen.
Sicherlich hat es sehr gelehrte Geistliche gegeben. Gelehrter als wir heute glauben, auch wenn sie kein Aufhebens von ihrer Gelehrsamkeit gemacht haben. Es wäre also durchaus denkbar, daß ein solcher Geistlicher mit anderen zusammen im 10. Jahrhundert den Weg nach Compostela errechnet hätte und auch fähig gewesen wäre, die Straße nach Santiago auszuzeichnen. Sicherlich hätte er aber dann nicht den Weg in Katalonien beginnen lassen, um die Pyrenäen der Länge nach zu durchqueren. Eine unwegsame Strecke.
Die Straße ist viel älter als das Christentum. Es handelt sich allem Anschein nach um eine Strecke, die schon seit fernen Zeiten benutzt wird. Als Sternenweg lebt sie unbestimmt in der Erinnerung fort. Eine Tradition knüpft sich daran. Lange vor christlicher Zeit hat irgendjemand genug topographische, geographische, astronomische Kenntnisse besessen und über die technischen Mittel verfügt, um diese Strecke, diesen Breitenkreis abzustecken. Will man nicht

gänzlich auf die Logik verzichten, muß man also anerkennen, daß es in jenen Zeiten Menschen mit wissenschaftlichen Erkenntnissen gab, die all unsere Vorstellungen von unseren fernen Vorfahren, den vorgeschichtlichen Menschen, übersteigen.
Wenn das Christentum es für notwendig hielt, sich weiterhin an diese Strecke zu halten, dann muß man ferner einräumen, daß dies nur möglich gewesen sein kann, weil die Überlieferung dieses Weges seit fernsten vorgeschichtlichen Zeiten erhalten geblieben war.
Es bedeutet also, daß die Überlieferung der Wanderung nach Westen, den Weg der Sterne entlang noch nicht abgebrochen war. Hatte man die Überlieferung am Leben erhalten, war sie folglich auch noch nützlich.
Worin lag ihr Nutzen? Diese Frage kann uns nur die Überlieferung selbst beantworten, jene Überlieferung, die schon lange lebte, bevor der heilige Jakobus erfunden wurde, denn der Ursprung der Legenden liegt in unendlich ferner Zeit.
Die erstaunlichste – und vielsagendste – Tatsache ist jedoch, daß diese Wegstrecke nach Westen zum atlantischen Meer im Abendland kein Einzelfall ist. Möglicherweise gab es viele davon, da sich zumindest noch drei sehr leicht aus der Lage steinzeitlicher Denkmäler und den Überresten der Namensgebung herauslesen lassen, die genau zu datieren unmöglich ist.
Neben dem Weg nach Compostella gibt es eine solche Strecke in England. Sie beginnt in der Nähe von Dover und führt bis an das äußerste Ende der atlantischen Küste, genauer gesagt zu einer Ria der Nordküste von Cornwall.
In Frankreich verbindet die Strecke Sainte-Odile im Elsaß mit dem äußersten Ende des Finistère.

Diese drei Wege haben vieles gemeinsam.
Alle drei führen sie von Westen nach Osten zum Atlantik, und alle drei enden sie nicht im offenen Meer, sondern in tiefen Rias, in denen man die Schiffe auf das Land ziehen konnte und die darüber hinaus sehr sichere Zufluchtsorte sind.
Alle drei enden sie in Gegenden, die, wenn sie schon nicht bergig sind, doch eine recht hügelige Landschaft aufweisen. Schließlich beschreiben zwei der drei einen Breitenkreis der Erde von Westen nach Osten, der so genau gezogen ist, daß er keinesfalls ein Werk des Zufalls sein kann. Wenn der dritte nicht ganz einen solchen Parallelkreis darstellt, verläuft er deswegen doch außerordentlich geradlinig. Daraus kann man folgern, daß alle drei *absichtlich* so angelegt sind. Sie sind also das Ergebnis von Nützlichkeitserwägungen.
Alle drei führen sie durch Gegenden, die von Megalithen und Dolmen bedeckt sind. Sie verbinden «heilige» Orte miteinander. Alle drei sind in der einen oder anderen Form mit der Gralslegende, auch in ihrer christlichen Gestalt, verknüpft. Zwei von ihnen (Bretagne und Galicien) spielen in der Geschichte Noahs eine Rolle, zwei (Galicien und Cornwall) haben etwas mit dem Labyrinth zu tun.

Der Weg in der Bretagne liegt etwas oberhalb des 51. Breitenkreises (51°18′). Soweit ich feststellen konnte, beginnt er an der Küste in der Nähe von Sandwich. Ich bin mir aber nicht sicher, ob sein Ursprung nicht auf dem Kontinent liegt. Wenn dem so wäre und wenn man entsprechende Spuren fände, würde man seine Entstehungszeit vor den Einbruch des Ärmelkanals verlegen können.

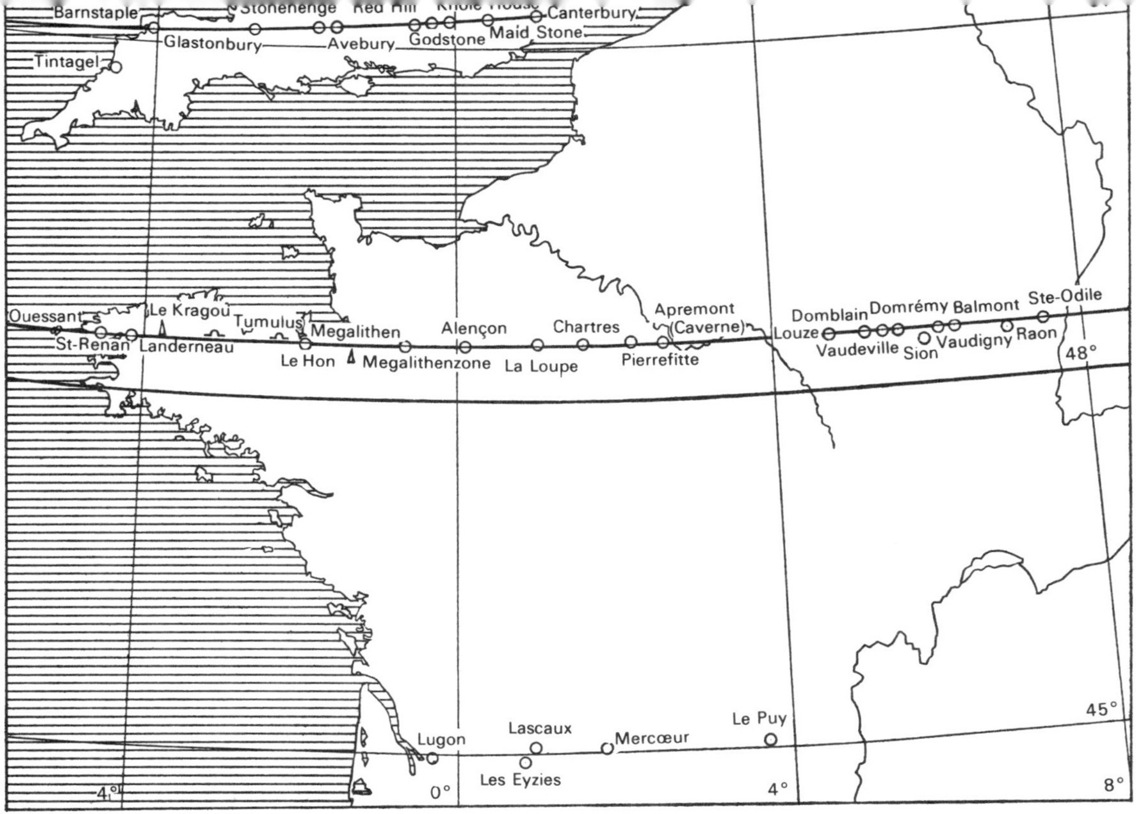
Barnstaple
Stonehenge
Red Hill
Canterbury
Glastonbury
Avebury
Godstone
Maid Stone
Tintagel
Ouessant
St-Renan
Le Kragou
Landerneau
Tumulus
Megalithen
Le Hon
Megalithenzone
Alençon
La Loupe
Chartres
Apremont
(Caverne)
Pierrefitte
Louze
Domblain
Vaudeville
Domrémy
Sion
Balmont
Vaudigny
Raon
Ste-Odile
48°
45°
Lugon
Lascaux
Les Eyzies
Mercœur
Le Puy
4°
0°
4°
8°

Der Weg verläuft über *Canterbury* (51°17′), einen heiligen Ort, *Maidstone,* den Jungfrauenstein, einen Megalithen, *Knolehouse* (51°16′), das den Ort einer alten geheiligten Grotte bezeichnen muß, *Godstone* (51°51′), den Megalithen «Gottesstein», *Red Hill,* den roten Hügel, in dessen kreidigen Untergrund ein riesiger Hund unbekannten Ursprungs eingeritzt ist, *Amesbury* (51°11′), einen Kromlech, der das «Grab Adams» zu sein scheint. Nicht weit davon befinden sich *Avesbury* (ohne Zweifel das «Grab Evas»), der größte bekannte Kromlech, sowie *Stonehenge* (51°11′), in dem sich der «große Sonnentempel» befindet, dessen aus aufgerichteten Steinen bestehender Zentralteil ungefähr aus dem Jahre 1800 v. Chr. stammt, während der ihn umgebende Kromlech, *Cathoir Ghall,* «Saal der tanzenden Riesen» weit älter ist. Dann folgt *Glastonebury* (51°9′), wo Joseph von Arimathie den Gral verwahrt haben soll (er hatte es bereits in Katalonien getan). Dieser Ort befindet sich in der Nähe des Hügels Avalon, der, bevor er durch Anschwemmung mit dem Festland verbunden wurde, die Insel Avallon war, die Insel der Äpfel, der symbolischen Frucht der Initiation, die Insel der Glückseligen, auf die sich die Seelen der Helden zurückzogen. Jenes *Glastonbury,* wo auf einem Gebiet von 16 Meilen Durchmesser durch megalithische Steine und vorgeschichtliche Wege ein immer noch erkennbarer Tierkreis abgebildet wird, jenes *Glastonbury,* wo sich ein «Gralsbrunnen» (Chalice Well) befindet. Dieser Brunnen, eindeutig ein Dolmen, ist quadratisch wie der in Chartres und besitzt große Mauern, deren Fügung an die der ägyptischen Baudenkmäler erinnert. Der Weg scheint schließlich in der Bucht von *Barnstaple* (51°6′) zu enden, nicht weit vom legendären Tintagel, wo man in Stein gegraben ein Labyrinth entdeckte, das dem auf einer minoischen Bronze ähnelt. Doch ist es älter als die Bronze und hat noch eine weitere Entsprechung. Auch sie wurde in neolithischen Zeiten in Stein gegraben und in Galicien entdeckt, am Ufer des Atlantik, nicht weit von Santiago de Compostela.

Der französische «Weg» beginnt in Saint-Odile, an der äußersten Spitze Armorikas. Er folgt überaus exakt dem Parallelkreis von 48°27'. Henri Dontenville hat ihn in seinem lesenswerten Buch *La Mythologie française* als antike Pilgerstraße beschrieben und untersucht.[1]
Sainte-Odile liegt oberhalb des Dorfes Obernay im Elsaß. Es ist von einer sehr ausgedehnten zyklopischen Einfriedung umgeben, die aus riesigen Blöcken besteht. Sie lassen sich nicht genau datieren, doch hat man Grund zu der Annahme, daß sie neolithischen Ursprungs sind. Die Umfriedung diente offensichtlich religiösen Zwecken. In seinem westlichen Verlauf führt der Weg in der Nähe von *Champ du feu* vorbei, erreicht die *Pierre piquée,* einen Menhir, der als Richtpunkt diente. Dann kommt *Raon l'Etape,* von dem Dontenville meint, es sei der Rastplatz einer Pilgerstraße gewesen, die bis in die Anfänge unseres Zeitalters benutzt worden sei (in der Nähe von Raon gibt es im übrigen eine *Pierre d'appel*). Es folgt Sion, der heilige Hügel, in dessen Nähe die Germanen nach ihrer Invasion *Vaudémont* gründeten. Das hieß einst *Wotan mons,* also Wotans Berg. Weiter führt der Weg nach *Domrémy* und seinem *Bois-Chenu,* wo sich die Feen tummelten. Nicht weit davon befindet sich ein *Vaudeville,* ein weiterer Ort, der Wotan geweiht war. Dann folgt *Joinville,* das gleich-

[1] Henri Dontenville, La mythologie française, Payot.

falls ein heiliger, von den Römern Jupiter geweihter Ort war, dann *Forêt de Fontainebleau* (Fontaine de Bélen, also Belenusquelle), dann *Chartres*, das ohne Zweifel der heiligste Ort Galliens war und ist. Er war es wohl auch lange vor der Ankunft der Kelten, wie die zahlreichen Megalithen der Gegend bezeugen. In seinem weiteren Verlauf berührt der Weg den Wald von *Fougères*, der eine Reihe megalithischer Denkmäler enthält, passiert in der Nähe von *Bazouges* einen als Wegemarke dienenden Menhir und führt dann ein Stück weiter an jener merkwürdigen runden Kirche vorbei, die *Le Temple* heißt und sehr gut ein Bauwerk der Tempelherren sein kann. Nicht weit davon liegen riesige zerbrochene Megalithen. Dann führt der Breitenkreis an den Felsen von *Cragou* vorbei – offensichtlich handelt es sich hier um eine abgewandelte Form von «Gargan» –, um dann die Arrée-Berge zu erreichen (der Name besitzt eine gewisse Bedeutung). Schließlich erreicht er die Ria des *Elorn* und dringt über Landerneau in das *Pays de Léon* ein.

Diesen Arrée-Bergen entsprechen in der Gegend von Galicien, wo der Weg der Sterne endet, die Aro-Berge, die wie der Berg *Ararat* im Kaukasus von der Legende mit der Landung Noahs nach dem Kataklysmus der Sintflut verbunden werden.

Der Weg nach Compostela liegt in der Nähe des 42. Breitengrades, der nach Armorika in der Nähe des 48., der nach Barnstaple in Cornwall in der Nähe des 51. Man darf zumindest die Frage stellen, ob diese Wege zum Ozean nicht jeweils durch drei Breitengrade voneinander getrennt waren. Uns fehlt nur der 45. Breitengrad, um die mathematische Reihe 42 – 45 – 48 – 51 zu erhalten. Auf dem 45. Breitengrad nun liegt *Le Puy-en-Velay*, das seit unvordenk-

lichen Zeiten ein ebenso bedeutsames Wallfahrtsziel war wie Glastonebury, Chartres und Santiago.
Dieser Breitenkreis führt an *Lascaux* vorbei, das in der Nähe von *Eyzies* liegt, und endet bei *Lugon-Libourne*. Bevor die Anschwemmung das Ästuar der Dordogne schufen, hat auf diesem Breitengrad eine vom Fluß gebildete Ria gelegen.
Die Annahme entbehrt nicht einer gewissen Wahrscheinlichkeit.
Zurück zum Weg nach Santiago, mit dem wir uns jetzt eingehender beschäftigen wollen. Er hat sich im Laufe der Zeit verändert, als die Hospitaliterorden sich bemühten, besser passierbare Wege einzurichten, die sie mit Herbergen versahen. Doch die Gründung der ersten Klöster, zum Beispiel durch die «Wächter» der Straße wie den Templerorden oder den Santiago-Ritterorden, zeigen, daß der erste Weg, dem man folgte – er verlief soweit als nur möglich in den Bergen – jener Strecke entsprach, die durch die beiden Sternenwege begrenzt wird. Er verlief also zwischen den Breiten 42°30′ und 42°50′.
Wenn es den Pilgern nur darum gegangen wäre, ihre Andacht am Grab des Heiligen zu verrichten, wäre ihnen jede Straße recht gewesen. So wurden von den Gläubigen auch andere benutzt, die die Küste entlang führten. Doch die traditionelle Straße war beliebter, obwohl sie schwerer passierbar war. Ich sehe darin einen gewissen Beweis dafür, daß sich die christliche Legende an einer älteren Legende und an einer Überlieferung orientiert hat, die die Benutzung dieses Weges verlangte.
Wie im Falle der Wallfahrt nach Armorika gab es schon lange vor dem Christentum Menschen, die sich dieser Reise unter sicherlich sehr schwierigen Bedingungen

unterzogen und die sich auf diesen Weg begaben, als gingen sie in ein Labyrinth hinein. Sie verfolgten ein bestimmtes Ziel.
Das Wesen des Zieles ist sicherlich religiöser Natur gewesen, da das Christentum es für angebracht hielt, entlang dieses Weges die alte durch die neue Religion zu ersetzen. Ohne Zweifel war es sich über seine ursprüngliche Bedeutung im klaren.

3

Die Menschen vom Meer

Alle drei Pilgerstraßen sind mit dem Meer verschwistert. Mit dem Atlantik. Auch mit der Seefahrt, denn die Endpunkte der Pilgerstraßen sind Landeplätze in Rias, das heißt sie befinden sich an Orten, die weit genug im Landesinneren liegen, um Schutz zu bieten und Gelegenheit zu geben, die Schiffe aufs Trockne zu ziehen.

Es sind keine Häfen, an denen man sich einschiffte. Die Menschen, die aus Saint-Odile oder aus den Zentralpyrenäen kamen, waren keine Seeleute. Die Orte wurden für Menschen ausgewählt, die an Land gingen, die vom Meer kamen. Die Wege wurden angelegt, damit die Leute aus dem Inland sie aufsuchen konnten; mochten sie dort nun Handel treiben wollen oder aus anderen Gründen hingekommen sein.

Der älteste, sozusagen historische Reisende, der an dieser Küste Galiciens gelandet ist, ist Herkules.

Nachdem er auf einer atlantischen Insel die Rinderherde des Riesen Geryoneus geraubt hatte, hatte er diese Tiere auf die iberische Halbinsel gebracht, genauer nach Coruña. Dort hat er die Herde in eine Höhle getrieben, über der er einen Turm errichtete. Ihn gibt es noch, und er trägt den Namen «Herkulesturm». Er ist ein romanisches Gebäude auf phönizischen Fundamenten.

Man kann die Herkulessage nicht für bare Münze nehmen, und doch muß man sich logischerweise fragen, wie es zu diesen Sagen kam. Wenn sie keinen wahren Kern enthalten, warum hat sich die Erinnerung an sie dann so lange im östlichen Mittelmeer, der Wiege der Herkulessage, erhalten?

Was es auch immer mit der Gestalt des Herkules auf sich haben mag, die Sage, die von ihm erzählt, weist zumindest hinsichtlich seiner Reisen in den Westen eine Reihe wiederkehrender Züge auf, die gestatten, ihren Ort in der Zeit zu bestimmen.

Ich habe bereits in *Les Géants et le mystère des origines*[1] daran erinnert, daß die einzigen Waffen des griechischen Helden Bogen und Keule waren. Das weist auf einen Zeitpunkt vor der Bronzezeit im Orient hin. Ich habe auch darauf hingewiesen, daß er mit seinen Reisen das Ziel verfolgte, sich in den Besitz der Produkte von Ackerbau und Viehzucht zu bringen. Offensichtlich war er der Seefahrt und der Navigation unkundig, da er gezwungen war, sich ein Schiff zu «leihen», um sich auf die atlantischen Inseln zu begeben. Die Sage geht also auf eine Zeit zurück, als die «göttlichen Pelasger», die Meermenschen, die Menschen vom Meer, noch nicht ins östliche Mittelmeer gedrungen waren.

Herkules findet diese Kulturgegenstände, die der Vordere Orient noch nicht entwickelt hat, entweder an der atlantischen Küste oder auf einer atlantischen Insel. Zu diesen Gegenständen gehört auch das seetüchtige Schiff, woraus zumindest folgt, daß man in jenen Gegenden die Grundkenntnisse des Schiffbaus beherrschte. Platon, ein ernstzunehmender Autor, nannte diese Insel – oder diese Inseln, die sich im Atlantik befanden – bezeichnenderweise Atlantis. Die Taten des Herkules wurden also vollbracht, bevor diese

[1] L. Charpentier, Les géants et le mystère des origines, Robert Laffont.

Inseln untergingen, und das heißt vor jener poseidonischen Sintflut, die sie fortriß und die Meerenge von Gibraltar eröffnete.
Außerdem ist Herkules, was immer er auch sonst sein mag, ein Höhlenmensch. Stets bezieht er in Höhlen Quartier, ob er nun den Hesperidengarten plündert oder mit seinen Rindern zurückkommt. Die Höhle ist seine angestammte Behausung. Das läßt darauf schließen, daß das Abenteuer des Herakles gegen Ende der Würm-V-Eiszeit stattfand. Sie endete um 8000 v. Chr. mit einem Kataklysmus. Diese Datierung entspricht dem Zeitpunkt, den Platon für den Untergang von Atlantis angibt.
Übrig blieben sicherlich nur die wenigen, die in den Bergen Zuflucht fanden und die Überlebenden von Atlantis, die sich mit ihren Schiffen in Sicherheit bringen konnten und über alle Meere verstreut wurden . . . Sicherlich ist auch die Bevölkerung der Boreer und der Hyperboreer von der Eiszeit extrem dezimiert worden.

Die zweite sagenhafte Landung an dieser Küste in Galicien findet zur Zeit der Sintflut statt. Die Rede ist von Noah. Tatsächlich gibt es nicht nur einen einzigen Noah.
Neben dem Noah der Bibel berichtet eine Sage der Berber von einer Landung im Atlas, eine Sage der Maya von einer Landung in Zentralamerika, in *NiYi*, und auch der *Man* der Inder hat große Ähnlichkeit mit Noah.
Nach der galicischen Legende landet Noah mit seiner Arche in einer Ria, die heute noch seinen Namen trägt, der Ria von *Noya*. Dort soll er die Stadt dieses Namens gegründet haben, die Froissart «den Schlüssel zu Galicien» nennt.
Man könnte meinen, daß dies eine lokale Ausschmückung darstellt, auf die ein Bibelkundiger angesichts des antiken

Namens *Noya* kam. Doch sollte uns zu denken geben, daß sich unter den Anhöhen, die diese Ria von Noya umsäumen, eine hohe Hügelkette (500 m) befindet, die den Namen Aro-Berge trägt.
Überdies befinden sich Noya und die Aro-Berge am Endpunkt einer Pilgerstraße. Ihre Strecke wird seit sehr alter Zeit durch Orte angegeben, deren Namen sich in irgendeiner Form etymologisch auf «Stern» zurückführen lassen. Die Pilgerstraße, die in Saint-Odile begann und zum Ozean führte, endete in einer Ria der Arrée-Berge.
Der Noah der Bibel landete auf dem Berg Ararat im Kaukasus, in dem es keine Wallfahrtstradition gegeben zu haben scheint, wohin sich aber immerhin Jason begab, um das «Goldene Vließ» zu suchen.
Das stimmt nachdenklich.

Da die Sagen aller Völker, ob in Asien, Europa oder Amerika, berichten, daß nach dem Kataklymus der Sintflut ein Mann gelandet sei, der eine Kultur mitgebracht habe, ist man versucht, sich zu fragen, ob das nicht das Echo jener Zerstreuung der Atlanter (oder anderer) sei, jener «Diaspora», von der ich in *Les géants et le mystère des origines* sprach. In alle Welt trugen die Atlanter die Überreste jener blühenden Kultur, die nach Platon auf der Insel Atlantis zu Hause war.
Es war eine Kultur, deren Auswirkungen bis in unsere Tage spürbar ist, da wir von ihr leben. Wir leben von ihr, insofern wir Ackerbau und Viehzucht betreiben. Doch der Legendenschreiber, den es immer ernstzunehmen gilt, sagt, daß Noah Landtiere mit sich führte. Dabei muß es sich um Haustiere gehandelt haben. Das kann nicht bedeutungslos sein.

Noah ist Landwirt. Sobald er wieder festen Boden unter den Füßen hat, hat er nichts eiligeres zu tun, als mit Anpflanzungen zu beginnen. Besonders bekümmerte er sich um den Weinbau. Aus der berauschenden Wirkung des Getränkes erwuchs ihm dann der Bibel zufolge einiger Ärger. Auf baskisch – und die baskische Sprache ist von außerordentlicher Bedeutung für diesen Weg nach Compostela – heißt *no*, eine Abwandlung von *ano*, Wein ... Und als man nach der Reblausplage den amerikanischen Setzling einführte, hieß er Noah.

Der Kataklysmus besaß die Ausmaße einer Sintflut und entspricht geologisch dem plötzlichen Schmelzen des riesigen Gletschers, der sich in der Würm-V-Eiszeit gebildet hatte. Die daraus folgende Überschwemmung hat die Insel Atlantis erfaßt und unter dem Druck ihrer Wassermassen zerstört. Diese Überschwemmung hat notgedrungen am Äquator ihr größtes Ausmaß erreicht. So kann es nicht überraschen, daß die Überlebenden, die von Atlantis oder anderswoher kamen, in der Höhe des 45. Parallelkreises auf Bergen landeten, die, je näher man dem Äquator kommt, immer höher werden: an der Kantabrischen Küste, auf dem Kaukasus, dem Atlas, in Äthiopien und in Nepal. Nördlich dieser Breite werden die Landeplätze immer niedriger: die Arrée-Berge, Cornwall und Irland, die Ostsee.

All diese Orte sind durch Dolmen gekennzeichnet. Alles sind Orte, von denen aus sich verschiedene Kulturen entwickelt zu haben scheinen. Man darf nicht vergessen, daß die ältesten uns bekannten Kulturen des Vorderen Orients dem Kaukasus entstammen: die ägyptische Äthiopiens, die indische Nepals oder der Hochebene des Iran.

Ist nicht anzunehmen, daß der Name Noah kein Eigenname, sondern eine Art Kollektivbezeichnung war? Das erscheint einigermaßen wahrscheinlich und würde auch die große Zahl seefahrender und aus Seenot geretteter Noahs erklären. Damit ließen sich auch die unlösbaren Probleme bewältigen, auf die man stößt, wenn man die «Anfänge» der Viehzucht, des Ackerbaus, der Verwendung der Bronze, des Eisens usw. bestimmen will.

Das waren die Dinge, die die in alle Himmelsrichtungen zerstreuten Überlebenden von Atlantis der dezimierten, vom Kataklysmus verschonten Urbevölkerung beigebracht haben. Dieser Unterricht hat sicherlich in einer Form stattgefunden, die dem Entwicklungsstand dieser Bevölkerungen entsprach (auf deren Arbeit die Atlanter nicht verzichten konnten, wenn sie überleben wollten).

Man kann sie sich leicht als Robinsone vorstellen, die den Schiffbruch überlebt hatten und einige «Freitage» fanden. Rasch unterwarfen sie sie und verwendeten sie als Arbeitskräfte. Sie mußten ihnen aber auch beibringen, wie man das Land urbar macht und bebaut und wie man Holz und Stein so bearbeitet, daß sie sich als Baumaterial verwenden ließen. In griechischer Vorstellung traten diese Robinsone als göttliche Wesen auf. Für die Höhlenmenschen waren sie Wesen höherer Art (einige «Zauberkunststücke» mögen ihnen ohne Zweifel dabei geholfen haben). Als sie Nachkommen bekamen, wurden sie zu einer «Aristokratie». Vielleicht wurden sie von Frauen begleitet, vielleicht auch fanden sie Gefallen an den «Töchtern der Menschen». Diese Aristokratie bewahrte die Elemente der untergegangenen Wissenschaft durch Überlieferung vor dem Vergessen und sorgte mit Hilfe der Arbeit der Ureinwohner dafür, daß die Erzeugnisse dieser Wissenschaft wiedergewonnen wurden.

Haben diese zerstreuten Überlebenden versucht, sich wieder zu vereinigen? Andere Sagen lassen es vermuten. So

berichten märchenhafte Überlieferungen, daß Thubal, der Sohn Japhets und der Enkel Noahs, mit den Seinen per Schiff das Mittelmeer von Osten nach Westen durchquert habe. Dort sei er von den wunderbaren Wassern eines Rios angezogen worden (der eines Tages Ebro heißen sollte) und ihm bis nach *Varea* gefolgt. Die Schönheit des Baskenlandes habe es ihm angetan. Einige der Seinigen seien dort geblieben und die *Bérones* der *Riora* geworden. Andere seien bis zu den höchsten Gipfeln vorgedrungen.[2]
Augenscheinlich berichten zu viele Überlieferungen davon, es seien nach der Sintflut Menschen vom Meer her gekommen, als daß man nicht auf einen wahren Kern schließen müßte, wie sehr er auch verändert worden sein mag.
Übrigens gibt es noch ein weiteres Noya am Golf von Biscaya, nicht weit von Laredo, in der Nähe eines Ortes namens *Ajo*, der auf spanisch *Aro* ausgesprochen wird. An dieses Noya scheinen sich keine Legenden zu knüpfen.
Wer anders als diese Menschen hätte jene Wege nach Westen zum Atlantik, der Wiege der Vorfahren, anlegen können? Sie verlaufen ebenso geradlinig wie der Kurs eines Schiffes, der von einem kundigen Navigator bestimmt wird.

Die Menschen aus dem Westen: Ist das nicht die Legende von Adam in einer anderen Gestalt?
Was sagt die Genesis darüber?
Es gibt einen Garten *Eden*, das Paradies. Aus einem symbolischen Anlaß werden Adam und Eva aus dem Paradies Eden vertrieben: Sie haben eine Frucht verzehrt, von der es heißt, sie sei ein Apfel gewesen. Die sagenhafte Insel Avallon, die Insel der Äpfel, liegt im atlantischen Ozean.

[2] Alfredo Gil del Rio, Horizontes riojanes, Centro riojano de Madrid.

Nach Osten: Die ursprüngliche Vorstellung besagt also, daß dieses Eden der Äpfel im Westen lag.
Im Westen wovon? Das ist nicht bekannt, doch alle Legenden verlegen das «Land der Vorfahren» in den Westen Europas. Dort sind die «glückseligen Inseln». Wo aber Inseln sind, ist auch das Meer. Das westliche Meer, also der Atlantik.
Für die Völker, die Peru vor der Inkazeit bewohnten, liegt dieses glückselige Land, aus dem die «Götter» kommen, im Osten. Es ist also einmal mehr der Atlantik.
Immer wieder stoßen wir auf das sagenumwobene Atlantis. *Atl* ist ein Präfix, von dem wir wissen, daß es die Bedeutung von «groß» hat, so in Atlas und zweifelsohne auch in den Alpen. *Ante*, Ande, das ist phonetisch Eden und auch Adam recht verwandt. Der Gedanke an die großen Kromleche in England liegt nahe, an Amesbury, das Grab Adams, und an *Avesbury*, das Grab Evas.
Ist Adam, der aus dem irdischen Paradies Eden vertrieben wird, Noahs «Doppelgänger», oder handelt es sich um den ersten Exodus der Bewohner von Atlantis zu Zwecken der Kolonisation? Nach Platon waren sie bereits vor dem Kataklysmus bis nach Mittelitalien und Ägypten vorgedrungen. Und Adam hat zwei Söhne, einen Viehzüchter und einen Ackerbauer. Der Sohn Kains, Henoch, ist bereits Baumeister. Er kommt aus dem Westen und führt eine Kultur mit sich.
Ein nahe verwandter Nachkomme des Kain ist Thubalkain, der Schmied, der Metallurg. Sein Halbbruder ist Noah, der Schiffsbauer.
Ich schätze die Bibel, die von Juden verfaßte Geschichte des jüdischen Volkes, nicht höher ein als die von Franzosen verfaßte Geschichte Frankreichs oder die von Engländern

verfaßte Geschichte Englands. Ein jedes Volk hält sich stets für mehr oder minder auserwählt, und die ethnozentrische Eitelkeit geht häufig genug auf Kosten der objektiven Wahrheit. Doch die Genesis wurde von einem Ägypter geschrieben: von Moses, der im Tempel aufwuchs, wo die Geheimnisse und die Chroniken verwahrt wurden. Die Genesis ist eine sagenhafte Geschichte aus den Anfängen der Zeit und darf nicht als Roman verstanden werden, auch wenn sie romanhafte Züge aufweist. Augenscheinlich hat Moses, wenn er vom ersten Menschen berichtet, keinesfalls den Pithecanthropus vor Augen, den die Prähistoriker so ins Herz geschlossen haben, vielmehr denkt er an eine Erscheinungsform des *homo sapiens*, die bereits einen hohen Entwicklungsstand erreicht hat und aus dem Westen kommt.

Dieser Mensch hat vom Baum der Erkenntnis gegessen; wie Prometheus das Feuer des Himmels geraubt hat. Aus dem Garten Eden verjagt, findet er sich unter Menschen wieder, die hinter seiner eigenen Entwicklung zurück sind.

Haben diese *homines sapientes* die Wege nach Westen angelegt, die zu den Häfen der Rias in Cornwall, Armorika und Galicien führten? Hielten sie durch sie die Verbindung zu ihrer Heimatinsel aufrecht? Diese Fragen lassen sich nicht beantworten. Fest steht jedoch, daß die Wege vor oder nach dem Kataklysmus, der den *hiatus neolithicus* bezeichnet, angelegt wurden. Ihre Geradlinigkeit läßt daran denken, daß sie «aus der Luft» abgesteckt wurden.

Gab es in dieser antiken Kultur fliegende Menschen, deren Luftwege später, als die Kultur und ihre technischen Errungenschaften in den Fluten untergegangen waren, nur noch von den Fußgängern benutzt wurden?

Schwer läßt sich die Sage von Ikarus vergessen, dem sein

Vater Dädalus, der Schöpfer des Labyrinths, einen Flugapparat anfertigte. Sicherlich, Ikarus stürzte sich mit ihm zu Tode, doch berichtet die Legende auch, daß derselbe Dädalus einen anderen Apparat für sich selbst gebaut habe. Er habe seinen Sohn auf dem Flug begleitet, sei aber keineswegs dabei umgekommen.

Dädalus, der Erbauer des Labyrinths. Eben diesem Labyrinth werden wir an zumindest zwei Endpunkten der Pilgerstraßen wiederbegegnen: im englischen Cornwall und in Galicien, nicht weit von *Noya* (in Irland und in Finnland übrigens auch).

Wir werden auf das Labyrinth noch zurückkommen. Es ist aber beileibe nicht der einzige Beweis dafür, daß es einmal eine sehr alte Kultur gab, die auf anderen Voraussetzungen als unsere Kulturen beruhte. Fast könnte man sagen, daß jeder etwas bedeutendere Felsen an der Küste Galiciens Zeichen aufweist, die eindeutig prähistorischen Ursprungs sind. Es handelt sich um abstrakte Zeichen, deren Wiederholung ausschließt, daß es nur Graffiti sind, die nach der bloßen Eingebung der Phantasie entstanden. Schon die Sorgfalt, mit der sie tief in einen sehr harten Stein eingegraben wurden, zeigt hinlänglich, daß es um ernsthafte Dinge gegangen sein muß.

Bemerkenswert ist auch, daß in diesen Gravuren keinerlei antropomorphe Züge zutagetreten, es sei denn, man wollte in den Kreuzen, die von einem Kreis umgeben sind, unbedingt eine Darstellung des menschlichen Gesichtes erblikken. Diese Auffassung ist augenscheinlich falsch. Unter all den Petroglyphen Galiciens gibt es so gut wie keine Darstellung des Menschen.

Es gibt Abbildungen von Tieren. Abgesehen von einigen

seltenen Skarabäen aus der Gattung der Hirschkäfer (die man für Menschen hielt) sind sehr häufig Hirsche abgebildet. Sie sind bemerkenswert gezeichnet und stilisiert. Sie mischen sich unter die anderen Zeichen und sind sicherlich als eine Art totemistischer Signatur zu verstehen.

Es gibt Felsen, die fast völlig mit doppelten, dreifachen und vierfachen konzentrischen Kreisen bedeckt sind. Im allgemeinen geht vom Mittelpunkt eine geschlängelte Linie aus, die sich mit den Schlangenlinien anderer Kreise verbindet. Manchmal sehen sie aus wie Flüsse, in die Nebenflüsse münden, oder wie Blumensträuße oder auch wie die Darstellungen, die die Hindus von den *Tschakras* geben, von jenen im normalen Menschen schlummernden Zentren, die der Eingeweihte aufwecken muß, um wirklich die Bezeichnung «Mensch» zu verdienen.

Manche Felsen tragen Zeichen, die den Buchstaben unseres Alphabets ähneln. Vielleicht sind sie auch die Buchstaben eines Alphabets. Doch muß es in anderer Weise als unser Alphabet verwendet worden sein. Die Tatsache jedoch, daß diese Zeichen unverständlich sind, bedeutet natürlich noch nicht, daß sie bar jeder Bedeutung wären.

Man hat in Galicien, vor allen Dingen im portugiesischen Teil, in der Gegend von *Alvao*, Dachziegel aus Terrakotta gefunden, die die Zeichen des einfachen phönizischen Alphabets tragen. Doch diese Ziegel stammen aus einer Zeit, die weit vor dem Auftauchen der Phönizier an der atlantischen Küste liegt. Der Gedanke, daß diese Zeichen von den Seefahrern aus dem Vorderen Orient *übernommen* und dazu verwendet wurden, um *ihr* Alphabet zu schaffen, läßt sich nicht von der Hand weisen.

Es bleibt die Annahme – und ich neige ihr zu –, daß es sich um eine sehr alte Symbolschrift handelt, die zu lesen und zu

verstehen wir Nachgeborenen heute nicht mehr in der Lage sind.
Sind wir erstaunt zu erfahren, daß ein Teil dieser megalithischen Zeichen sich bei den christlichen Baumeistern erhalten hat und daß man sie überall auf dem Weg nach Santiago in die Steine der Kirchen und Klöster eingegraben findet?
Eine dieser Figuren findet sich sogar auf den Steinböden mancher unserer Kathedralen: ein Zeichen, das eine Art «Summa» zu sein scheint, das Ergebnis all der anderen Markierungen: das Labyrinth.

4

Das Labyrinth

Früher nannten die Einwohner von Chartres das Labyrinth, das mit weißen Fliesen in das Pflaster ihrer Kathedrale eingezeichnet ist, die *Meile*. Vielleicht wollten sie dadurch eine Vorstellung davon vermitteln, wie lang der Weg ist, der dort in verwickelten Mäandern abläuft.[1] Andere nannten ihn den Weg nach Jerusalem und hielten ihn für eine Abbildung der Pilgerstraße, die zum Ort von Christi Passion führt. Die Arbeiter nannten es Dädalus. Sie meinten damit den Meister von Knossos, der das berühmte Labyrinth, die Heimstatt des Minotaurus, erbaut hat: Dädalus, wir erinnern uns, war der Vater des Ikarus, jenes unglücklichen Luftfahrers.

Man ist sich darüber einig, daß der innerste Raum, in dem der gewundene Weg endet, dem Baumeister vorbehalten ist. Er schrieb dort den Namen seiner Bruderschaft ein. So prägte er ihm in gewisser Weise sein «Siegel» auf, womit er bekräftigte, daß das Bauwerk nach den überlieferten Regeln entstanden sei, zu deren ersten Begründern Dädalus gehörte.

Nicht ohne Ergriffenheit, in die sich ein gewisser Schauder

[1] Ich scheue mich, eine Wortverwandtschaft zwischen *Lieue* (Meile) und *Lug* herzustellen. Immerhin leitet sich *Lieue* aber vom gallischen Wort *Leuga* her, das *leuga* ausgesprochen worden sein muß. Lug, *lu* ausgesprochen, war der Patron aller «erfindungsreichen» Handarbeiter. Hat es sich um ein überliefertes «Lug-Maß» gehandelt oder um das Zeichen der Schüler dieses Patrons?

mischt, steht man plötzlich vor einem Stein aus megalithischen Zeiten, in den dasselbe Symbol eingegraben ist. Er befindet sich hunderte Kilometer von unseren Kathedralen entfernt und wurde von Menschen bearbeitet, die Tausende von Jahren vor den Erbauern der Kathedralen lebten. Das Zeichen ist vielleicht in seinem Verlauf etwas weniger verwickelt als das Labyrinth in unseren Kathedralen, ist deswegen aber der allgemeinen Gestalt und dem Geist nach nicht weniger ähnlich.
Plötzlich hat man den Eindruck, daß noch nichts entschieden ist, daß die sichtbare Entwicklung der Menschheit von unterirdischen, unbekannten Strömen begleitet wird, daß das Geheimnis des überlieferten Wissens überdauert hat und vielleicht immer noch überdauert, daß das Labyrinth die Antwort auf alle Fragen des Menschen über seine Kindheit darstellt.

Wir müssen das Labyrinth befragen.
Eines dieser megalithischen Labyrinthe ist tief in den Stein von *Mogor* in der Nähe von *Pontevedra* eingegraben. Dieser Stein ist ohne Zweifel mindestens so alt wie die Dolmen in Galicien, die als die ältesten uns bekannten Dolmen gelten. Man datiert sie auf 3500–3000 Jahre vor unserer Zeitrechnung. Da es aber an sicheren Anhaltspunkten fehlt, sind diese Zeitangaben mit großer Vorsicht aufzunehmen. Die Baudenkmäler enthalten keine Stoffe, die sich für die Radiokarbondatierung zu Rate ziehen ließen. Deshalb kann nur ein solarer Anhaltspunkt wie der, anhand dessen die Trilithen von Stonehenge datiert werden konnten, Gewißheit bringen.
Im übrigen ist es nicht das einzige analog geformte megalithische Labyrinth, von dem wir Kenntnis haben. Es gibt ein

weiteres im Museum von Dublin; noch eines ist in der Nähe von Tintagel am Endpunkt des englischen «Weges», von dem ich schon sprach, entdeckt worden; wieder ein anderes an den Ufern der Ostsee.

Labyrinth von Mogor (Marin).
Museum des Gymnasiums von Pontevedra

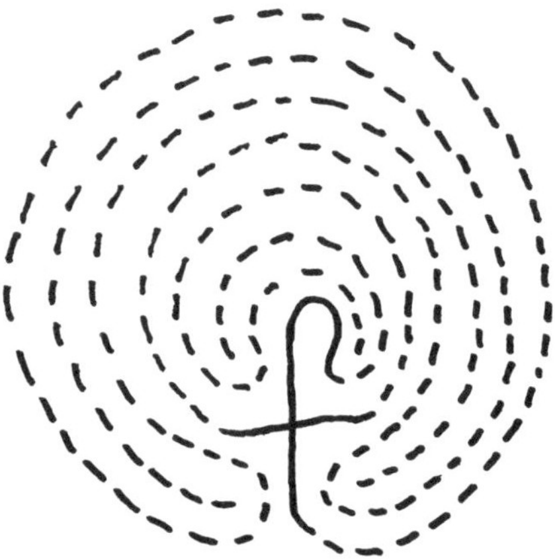

Labyrinth von Tintagel nach Geoffrey Russel (R.I.L.K.O.)

Alle sind sie in Stein gegraben, alle wurden sie in der Nähe des Meeres gefunden.
Diese Labyrinthe verlaufen auf das Haar genau wie dasjenige, das auf eine minoische Bronzemedaille ziseliert wurde. Sie ist ungefähr 2000 Jahre v. Chr. entstanden.
Man könnte glauben, daß die kretische Medaille den abendländischen Megalithen nachgebildet wurde oder umgekehrt. Nun tritt dieses Labyrinth aber auch an anderen Stellen der Erde auf. Die Entstehungsdaten reichen aus ältester Zeit bis in die neueste.
Man findet es in Indien wieder, an bestimmten Orten, aber auch als Stoffmuster. Nur daß es *invers* ist. Ebenfalls umgedreht kommt es als außerordentlich heiliger Gegenstand bei den *Hopis* vor, einem Indianerstamm Nordamerikas.
In Indien ist das Labyrinth ein Meditationsanlaß. Philosophen und Orientalisten haben hochgelehrte Untersuchungen über die Beziehungen zwischen diesem Labyrinth einerseits und den Wegen des Unterbewußten und des menschlichen Denkens andererseits angestellt.
Die amerikanischen Hopis richten ihre Aufmerksamkeit nicht auf den «Weg» sondern auf die «Linie». Die Linie ist für sie eine Darstellung der Wege des Geistes, die vom Mittelpunkt des Kreuzes aus ihren Anfang nehmen und in vier Sackgassen enden. Dadurch ist der Geist gezwungen, das ganze Labyrinth zu durchmessen und alle vier Abzweigungen einzuschlagen.
Zugleich besitzt das Labyrinth für die Hopis eine initiatorische Bedeutung: Die Abbildung bezeichnet durch ihre äußere Linie die Arme der Mutter, die das Neugeborene umschließen, und durch seine innere Linie die Gebärmutter der Mutter, die den Fötus enthält. Das Verständnis dieses

Symbol der Mutter Erde bei den Hopis

Symbols ist die Voraussetzung eines Neubeginns, der Wiedergeburt einer höheren Welt.
Diese philosophische Erklärung der Hopis stammt im übrigen aus Sagen, die nicht nur die «Umwandlung» des wiedergeborenen Menschen betreffen, sondern auch die «Verwandlung» der gesamten Welt der Hopis.[2]
Zu dieser Vorstellung der Gebärmutter und der Wiedergeburt eine merkwürdige Tatsache: wir erinnern uns, daß der Held Theseus der Hilfe der Ariadne bedurfte, um den Minotaurus im Inneren des Labyrinthes zu töten. Er verführt das Mädchen und erhält von ihr jenen berühmten Faden, mit Hilfe dessen er in das Labyrinth eindringen und aus ihm herausfinden kann: den «Ariadnefaden». Nun heißt auf baskisch der Faden *Hari* und die Amme *Agna*. Hari-Anâ ist der Nährfaden, die Nabelschnur (und für diese halten die Hopis eine der Abzweigungen des Mittelkreuzes im Labyrinth).
Nicht ohne Grund bin ich auf das Baskische zu sprechen gekommen. Diese Sprache stammt aus neolithischen Zeiten. Sie besitzt für den Weg nach Compostela und für das gesamte Abendland eine Bedeutung, auf die ich zurückkommen werde.

Die Labyrinthe in unseren Kathedralen haben nicht genau dieselbe Streckenführung wie die neolithischen Labyrinthe. Möglicherweise wollten die Baumeister ein Kreuz in der Mitte des Labyrinthes abbilden, möglicherweise hatten sie auch andere Gründe, die mir unbekannt sind. Die Tatsache jedoch, daß sie alle identisch sind, liefert den Beweis dafür, daß sie einer gemeinsamen Regel gehorchen und

[2] Frank Waters, Book of the Hopi, Ballantine books.

nicht der Phantasie entstammen. In diesem Zusammenhang ist eine Tatsache bemerkenswert.
In *Les mystères de la cathédrale de Chartres*[3] habe ich festgestellt – daraus aber keine weiterreichenden Schlußfolgerungen zu ziehen gewagt –, daß die Liebfrauenkirchen (Notre-Dame-Kathedralen) eines bestimmten Gebietes in Frankreich so angeordnet sind, als habe man mit ihnen das Sternbild der Jungfrau abbilden wollen. Alle diese Kathedralen weisen ein Labyrinth auf (oder wiesen es zumindest auf): Chartres, Reims, Amiens, Bayeux, Laon. Das kann nicht ohne Absicht sein. Es sind Orte, die der Jungfrau unter dem Namen «unserer lieben Frau» (Notre Dame) gewidmet sind, der Vermählten des Wortes, der allen Religionen gemeinsamen jungfräulichen Mutter.
Wenn die Windungen dieser Labyrinthe in den Kathedralen nicht denen der neolithischen Labyrinthe genau entsprechen, so findet sich jedoch auch in ihnen die kreuzförmige Trennung der beiden Teile. Mit dem abschließenden Kreis bildeten diese beiden Teile jenes Henkelkreuz, das das Lebenssymbol der Ägypter war. Im übrigen meint man, daß das Zenotaph von Sefis I ein Wasserlabyrinth beherbergt habe, in das man mit Schiffen hineinfahren konnte und das als Bestattungsort gedient habe. In diesem Zusammenhang hat man vorgebracht, das Labyrinth sei vor allem als eine Karte zu verstehen. Sie beschriebe die Reise, die die Seelen der Verstorbenen zurücklegen müßten, um zum Lebensbaum im Mittelpunkt zu gelangen und wiedergeboren zu werden.
Es zeigt sich, daß all diese Erklärungen und Analysen etwas gemeinsam haben: es handelt sich um ein Mittel zur Wieder-

[3] L. Charpentier, Die Geheimnisse der Kathedrale von Chartres, Gaia.

geburt, ob diese nun konkreter Art ist, wie es bei den Ägyptern der Fall gewesen zu sein scheint, oder geistiger Art, wie bei den «Meilen» in unseren Kathedralen. Das gleiche gilt auch für die Indianer Amerikas. Die Koinzidenz ist nicht ohne Belang.

Es handelt sich in jedem Fall um einen Weg, und zwar um einen Initiationsweg.

Es hat den Anschein, als habe man im alten Griechenland, in dem man gleichfalls das Labyrinth kannte, den Weg im Tanz zurückgelegt. Ohne Zweifel geschah das nicht symbolisch, sondern ganz konkret. Logischerweise darf man auch annehmen, daß die Rundtänze, die der Bischof in der Kathedrale von Chartres im Mittelalter anführte, im Labyrinth stattfanden.

In diesem Zusammenhang ist interessant, daß der gallische Name von Stonehenge *Cathoir Ghall* war, «Saal der tanzenden Riesen». Das ist vielleicht die logische Erklärung unserer Kromleche, über deren Zweck sich unsere Prähistoriker vergebens den Kopf zerbrechen. Bilden diese Kromleche mit ihrer teils runden teils rechteckigen Form nicht labyrinthische Wege, die es rituell, das heißt rhythmisch, also tanzend zu durchmessen galt?

Es scheint zumindest auf den Felsen in Galicien einige Spielarten dieses Labyrinthes gegeben zu haben, die unvollständig waren. Sie besaßen entweder nur eine äußere Bahn, die nicht in den Mittelpunkt führte, oder umgekehrt nur den Gebärmutter-Mittelpunkt. Auch sie sind mit großer Sorgfalt in den Stein gegraben. Auch hier handelt es sich also schwerlich um zufällige Graffiti. Ich stehe nicht an, in ihnen «Nährungen» zu sehen, wie sie ein Lehrer in schematischer Weise seinen Schülern gegeben haben könnte. Die Nachbarschaft anderer Petroglyphen und die Tatsache, daß die

Felsen, auf denen sie sich finden, im allgemeinen umfriedet sind, beweisen, daß sie nicht nur zum Spaß dort eingeritzt wurden.

Und noch ein äußerst interessanter Umstand: Diese Steinzeichen wurden nicht um ihrer selbst willen geschaffen. Sie waren *für* andere Menschen gedacht und wurden ihnen erklärt. Ob die Labyrinthe nun vollständig waren oder nicht, sie wurden erklärt. Die Hopis erklären sie, die Hindus erklären sie, und die Tatsache, daß man in Knossos eine Sage um das Labyrinth flocht, beweist, daß man es erklärte. Sicherlich hat man es auch den Baumeistern unserer Kathedralen erklärt. Es hat sich also um ein Lehrmittel gehandelt, wie dies auch immer ausgesehen haben mag, und für diese Unterweisungen brauchte man Lehrer.

Unterrichtende und Unterrichtete – das ganze hat große Ähnlichkeit mit einer Universität. Sicherlich keine Universität, wie wir sie heute in unserer Übersättigung mit Büchern und Intellektualismus verstehen. Aber die Menschen kamen dorthin, um zu lernen.

Die Lehrer waren, wie wir wissen, Seeleute. Bis zum Beweis des Gegenteils nehme ich an, daß sie atlantischen Ursprungs waren, das heißt Bewohner von Atlantis, die großen Anten, die Riesen in unseren Märchen und Sagen, die Herren in der baskischen Überlieferung, die *Jaunak* – die Pluralform von *Jaun*-Herr. Ihre Wissenschaft finden wir im Erbe unserer Überlieferung wieder.

Und die Schüler? Die Ureinwohner, auf deren Arbeit nicht verzichtet werden konnte. Waren sie doch nach dem Kataklysmus, der alles vernichtet hatte, die einzigen Arbeitskräfte. Ihnen mußte Ackerbau, Viehzucht, Handwerk und Werkzeuggebrauch beigebracht werden. Das Wissen vor der Erkenntnis.

Diese Wallfahrt nach Santiago muß vor allem eine Wallfahrt von Handwerkern gewesen sein. Sie waren auf dem Weg zu jener Erkenntnis, die durch das Labyrinth symbolisiert wurde. Später wurde es in stilisierter Form durch das Henkelkreuz wiedergegeben, durch jenes Zeichen, kraft dessen der Mensch von den Göttern aufgenommen wird. Noch später sollte dieses Zeichen zum Chrismon, das Chrismon zur Rose, das heißt zur Rosette, zur Rose im Kreuz werden. Eine fortdauernde Kontinuität. Ebenso kontinuierlich wurden die Petroglyphen verwendet, die man in die galicischen Felsen von Compostela grub.

Die Kunst der Lehrmeister besteht immer darin, ihr Wissen in Zeichen zu fassen. Das Verständnis ihrer Bedeutung ist eine Voraussetzung dafür, daß der Schüler aufgenommen wird. Augenscheinlich war das einer der Gründe, diese Initiationswege einzurichten, die zu Pilgerstraßen wurden.

57 Der heilige Jakobus. Portico de la Gloria, Compostela (Photo Yan).

58 Muschelsage. Platz Las Platerias, Compostela (Photo Yan).

59 Oben: Minoische Medaille mit einem Labyrinth, das denen an der galicischen Atlantikküste, in Irland und in Cornwall gleicht. Die Medaille wurde in Knossos ausgegraben (Photo Bibl. Nat., Paris).

Unten: Karl dem Großen wird der Weg nach Compostela «verkündet». Er wird durch eine doppelte Sternenstraße bezeichnet. Karlsschrein, Aachen (Photo Marburg).

60 Oben: Der Riese. Keltische Kunst aus vorrömischer Zeit im portugiesischen Galicien. Museum von Guimaraes (aus der Sammlung des Autors).

Unten: San Juan de la Pena: Der Chor der Abtei ist in die ursprüngliche Höhle hineingebaut (aus der Sammlung des Autors).

5

Überlieferte Wissenschaft

In Zeiten, da der Mensch außergewöhnliche Mengen an grauer Hirnsubstanz, anderen Substanzen und menschliche Arbeit investiert, um einen bemannten oder unbemannten ballistischen Körper einige Mondumläufe verrichten zu lassen; in einer Zeit, da sich die Gehirnzermantschmaschine, die dem Vater Ubu so am Herzen liegt, in der Kernspaltung verwirklicht, da die überaus exakte Wissenschaft und die Haltbarkeitsberechnungen der Baustoffe hochwissenschaftlich dazu verwendet werden, um den Menschen Wohnungen zu erbauen, die wahre Kaninchenställe sind; in einer Zeit, da die unzulänglichen Gehirne der Menschen der prothetischen Erweiterung durch die Elektronengehirne bedürfen, um die Zahl der Toten zu errechnen, die das Auto im Jahr zuvor verursacht hat: kurz, in einer Zeit, in der die Wissenschaft sich selbst im Glanze ihrer Wissenschaftlichkeit sonnt, mag es als Sakrileg erscheinen, von jener anderen mehr oder weniger untergegangenen Wissenschaft zu sprechen, die gewöhnlich *überlieferte Wissenschaft* heißt.

Natürlich kann man ihr jeden wissenschaftlichen Charakter absprechen und aus moderner Sicht behaupten, sie sei nicht mehr als ein «Stammeln», eine «Prämisse» unseres heutigen Wissens gewesen.

Doch wenn man versucht, eine Bilanz dieser traditionellen Wissenschaft aufzumachen (so weit dies möglich ist), kommt man zu überraschenden Feststellungen. Dabei halten wir uns allein an die feststellbaren Tatsachen und Verfahren, wie wir sie verstehen, halten uns also an die Regeln und Beweisverfahren unserer Wissenschaft.

Wenden wir uns der Landwirtschaft, jenem Geschenk zu, das uns die geheimnisvollen Vorfahren mit der Viehzucht, dem Weizen, dem Mais gemacht haben. Die gelehrten Prähistoriker wollen darin nämlich das Produkt einer Jahrtausende währenden Selektion sehen, womit sie sich über ihre eigene Vorstellung vom vorgeschichtlichen Menschen hinwegsetzen.

Denken wir auch an die tellurischen Eigenschaften der Orte, an denen die Megalithen errichtet wurden. Sie wirken sich auf Pflanzen, Tiere und Menschen aus. Doch die Besonderheit und das Wesen dieser Auswirkungen ist den Wissenschaftlern heute noch ein Rätsel.

Wie steht es mit der Entdeckung und Verwendung der Heilquellen, von denen wir einige noch heute benutzen? Es darf uns nicht zu sehr überraschen, daß all diese Quellen mit ihrer besonderen Heilwirkung schon lange vor keltischer Zeit bekannt waren. Denn die Namen dieser Quellen stammen zum größten Teil aus dem Ligurischen oder Baskischen. Wenn man darüber nachdenkt, müßte man eigentlich zugeben, daß diese Quellen zu Heilzwecken nur benutzen kann, wer zumindest eine gewisse Vorstellung über den Aufbau des menschlichen Körpers und seine Funktionen besitzt, wenn nicht sogar über die Heilprozesse selbst.

Doch kommen wir zu einigen Feststellungen, die mehr «wissenschaftliche» Beweiskraft besitzen.

Die drei Pilgerstrecken, die ich benannt habe, zeigen, daß die «mythischen» Vorfahren in der Lage waren, die Breitenkreise der Erde «exakt» zu bestimmen und zu markieren. Das läßt auf Beobachtungsinstrumente und mathematische

Verfahren schließen, die zwar nicht unbedingt mit unseren identisch gewesen sein müssen, die aber – vor allem in bergigen Gegenden – außerordentlich schwierige Vermessungen ermöglichten.
Man kann natürlich sagen, daß sie über diese Mittel nicht verfügten (das bedeutet in der Vorstellung unserer Wissenschaftler: die Mittel, die wir heute besitzen, sind die einzig möglichen). Trotzdem haben sie diese Leistung vollbracht. Jeder kann sich anhand heutiger Karten davon überzeugen. Die Tatsache, daß wir das Verfahren nicht kennen, berechtigt uns nicht dazu, das Ergebnis zu bestreiten.
In meiner Untersuchung über die Kathedrale von Chartres habe ich angemerkt, daß das «Einheitsmaß», auf dem der «musikalische» Aufriß beruht, der einhunderttausendste Teil des Breitengrades ist, auf dem das Bauwerk liegt (jeder kann es auf einem genauen Plan mit einem Zentimetermaß oder mit einem entsprechend längeren Maß in der Kathedrale selbst nachmessen). Aus Gründen, die ich in der erwähnten Schrift angegeben habe, ist auszuschließen, daß es sich um einen Zufall handelt. Gleichfalls ist auszuschließen, daß der Baumeister diesen Grad hat messen können. Er muß ihn also aus Tatsachen abgeleitet haben, die ihm übermittelt wurden, und aus Verfahren, die man ihm beigebracht hat. Wir wissen nicht, um was für Dinge es sich dabei gehandelt hat, doch wir beginnen zu begreifen, wie sie übermittelt wurden.
Die Ausmaße der Erde und vielleicht auch des Sonnensystems waren bekannt. Ohne Zweifel sind sie in verschiedene Baudenkmäler eingegangen, auf jeden Fall jedoch in die große Cheops benannte Pyramide. Die große Pyramide befindet sich genau auf dem 30. Grad nördlicher Breite. Genau heißt hier nicht nach Minuten, sondern nach Sekun-

den gemessen. Ferner sind die Seiten der großen Pyramide genau nach den Himmelsrichtungen ausgerichtet. Der geschätzte Fehler beträgt vier Minuten 35 Sekunden. Ich sage geschätzt, weil dies die Größenordnung der Fehler ist, die wir heute mit den genauesten Instrumenten begehen, über die wir verfügen. So darf es nicht als sicher gelten, daß dieser Fehler «pyramidal» ist.

Diese Leistung setzt nun ein außerordentliches Wissen voraus. Dazu muß man nicht nur die Erde, sondern auch den Himmel kennen. Es sind astronomische Berechnungen erforderlich, die einerseits auf eine genaue Kenntnis des Himmels und seiner Bewegungen (und nicht nur des sichtbaren Himmels) schließen lassen und andererseits auf eine nicht geringere Kenntnis der Zeit.

Genaue Kenntnis der Zeit heißt zugleich genaue Zeitmessung. Und da sind wir davon überzeugt, wir hätten jene Meßinstrumente erfunden, die wir Uhr und Chronometer nennen!

Es dürfte überflüssig sein, hier an einige der Feststellungen zu erinnern, die anläßlich der Untersuchung der großen sogenannten Cheopspyramide gemacht wurden. Dazu möchte ich die «Berechnungen» von Abbé Moreux anführen, der, wie man nicht vergessen darf, ein angesehener Mathematiker und Astronom war:

Die Pyramide liegt auf dem Meridian, der die meisten Länder überquert und zugleich auf dem Breitenkreis, der die meisten Länder und wenigsten Meere erfaßt. Daraus läßt sich auf ein geographisches Wissen schließen, das ebenso umfassend wie das unsere ist. (Und im Gegensatz zur Annahme Thor Heyerdahls sind die Ägypter zu Wasser nie sehr weit über den Nil hinausgedrungen. Für ihre Expeditionen charterten sie nämlich phönizische Schiffe.)

Es mag nicht als gesichert gelten, daß das Einheitsmaß des Baus die Elle von 0,6365666 m ist, also der zehnmillionste Teil des Erdradius am Pol. Immerhin hat aber Abbé Moreux diese Zahl aus den Abmessungen der Pyramide errechnet. Zählt man die Pyramidenzolle zusammen, die die beiden Diagonalen der Grundfläche umfassen, erhält man die Zahl des Großjahres: 25 600 Jahre, das heißt die Zeit, die der Frühlingspunkt benötigt, um infolge des Vorrückens der Nachtgleichen den Tierkreis vollständig zu durchlaufen. (Eine Bewegung, die sich zu langsam abwickelt, als daß sie im Laufe eines Menschenlebens beobachtet werden könnte.)

Die Höhe der großen Pyramide entspricht dem milliardsten Teil der mittleren Sonnenentfernung (148 m). Nun ist es historisch völlig ausgeschlossen, daß die Ägypter zur Zeit Cheops über die Mittel verfügten, durch Experimente oder Beobachtung all diese Tatsachen in Erfahrung zu bringen, die der modernen Wissenschaft dank ihrer Instrumente bekannt sind.

Trotzdem gibt es die Pyramide, und jeder, der Lust dazu hat, kann sie vermessen . . .

Die Wissenschaftler haben – häufig widerstrebend, da die Eitelkeit der modernen Wissenschaft ungeheuer ist – diese Zahlen wiederentdeckt. Festzuhalten ist aber, daß sie sie nur deshalb entdeckten, weil sie ihnen bekannt waren – und sie haben nur entdeckt, was ihnen bekannt war.

Damit ist die Liste jedoch noch nicht abgeschlossen. Man hat entdeckt, daß Stonehenge unter anderem ein astronomischer Rechner war. Um diesen Umstand herauszufinden, bedurfte es eines Elektronengehirns. Daraus mag man ersehen, wie viele unbekannte Dinge noch in anderen Baudenkmälern zu entdecken bleiben.

Die Höhe der Pyramide ist ein Sonnenmaß, ihre Grundfläche ein irdisches Maß (das zugleich mit der Bewegung des Frühlingspunktes in Beziehung steht, das heißt also einem Zeitmaß). Vertieft man sie, eröffnet diese abstrakt erscheinende geometrische Lösung schwindelerregende metaphysische Perspektiven.
Beispielsweise vermittelt ein nach den Proportionen der Cheopspyramide errichtetes Bauwerk alle bekannten Informationen und viele noch unentdeckte. Daraus läßt sich ersehen, wie diese erste Wissenschaft sich von Zeitalter zu Zeitalter überliefern läßt, ohne daß die Nichteingeweihten beim Anblick der geometrischen Figur irgend etwas begreifen.
Die quadratische Grundfläche der Pyramide ist ein irdisches Maß. Ihre Seitenlänge beträgt 230 m, das entspricht ungefähr einer Fläche von 5300 m^2. Uns ist die genaue Form der Erde nicht bekannt. Sie ist ein Sphäroid. Berechnet man ihre Oberfläche so, als handle es sich um eine Kugel, kommt man auf 515 000 000 km^2. Es ist wahrscheinlich, daß uns die Satelliten, die zu diesem Zweck in Umlaufbahnen gebracht werden, in wenigen Jahren exaktere Informationen zur Form unseres Planeten und zu seinen genauen Ausmaßen liefern können. Ich neige zu der Annahme, daß die berichtigten Zahlen in der Nähe von 530 000 000 km^2 liegen werden.
Ich stütze mich bei dieser Wette auf die Tatsache, daß die drei «Tafeln des Grals», die der Berechnung der Grundfläche von Chartres zugrundeliegen, den hundertsten Teil des Quadrates der Pyramide ausmachen. (Die quadratische Tafel wird in ihrer süd-westlichen Ecke durch den Sonnenstrahl markiert, der jeweils um 12 Uhr zur Sonnenwende auf sie fällt. Darüber hinaus ist diese Ecke im 18. Jahrhun-

dert auf einer Steinfliese von einem Mönch verzeichnet worden, der sich über seine Bedeutung sicherlich nicht im unklaren war.)

Es ist möglich, daß der – unbekannte – Baumeister oder der – unbekannte – Schöpfer von Chartres die Pyramide *gesehen* und sogar vermessen hat. Doch ist nicht ersichtlich, wodurch dieser Mann oder diese Männer dazu getrieben wurden, die Fläche als Grundfläche eines gotischen Bauwerkes zu wählen.

Es sei denn, sie hätten aus der Überlieferung *gewußt*, welche Bedeutung diese Fläche hat. Es sei denn, sie hätten aus der Überlieferung gewußt, auf welche Maße sie zu achten hatten. Es sei denn, sie hätten ebenfalls aus der Überlieferung gewußt, daß die Verwendung dieser Maße bedeutete, das Bauwerk in Einklang mit der Erde selbst zu bringen. Sicherlich wußten sie dann auch, welche – magischen – Folgen das für den Menschen hat, der dieses Bauwerk betritt.

Eben vor dieses Problem, das der Übermittlung der überlieferten Wissenschaft, stellt uns die Pilgerstraße nach Santiago de Compostela.

Doch damit sind wir mit den Pyramiden noch nicht fertig. Wir müssen uns nämlich klarmachen, daß es mehrere gibt, was man gerne vergißt. Es gibt nicht nur eine Pyramide auf der Hochebene von Giseh, sondern drei. Und es sind nicht zufällig drei, sondern die Zahl ist beabsichtigt.

Die Überlieferung besagt, daß die große, die nach Cheops benannt wurde, in ihren Abmessungen die materielle Welt umschließt, daß die zweite, die nach Chephren benannt wurde, den Menschen, die menschliche Welt darstelle, und daß die dritte, die Mykerinos zugeschrieben wird, die göttliche Welt repräsentiere.

Es liegt auf der Hand, daß die moderne Wissenschaft, die ganz und gar materialistisch ausgerichtet ist, nur das entdecken konnte, was materiell ist, also in der großen Pyramide enthalten ist. Die Erforschung der anderen jedoch steht noch aus. Sicherlich könnte das, was sie uns mitzuteilen haben, nicht weniger aufschlußreich sein, als die Information, die uns die «große» lieferte.

Ich spreche von «nach» Cheops, Chephren oder Mykerinos, «benannten» Pyramiden, weil ich bis zum Beweis des Gegenteils die Auffassung hege, daß die drei Pyramiden ebensowenig als Grabmale erbaut wurden, wie die Kathedrale von Bourges als Mausoleum des heiligen Stefans, obwohl sie seinen Namen trägt. Augenscheinlich ist es ein archäologischer Wahn, alle Denkmäler, über deren Zweck man sich nicht im klaren ist, als Begräbnisstätten anzusehen. Die Tatsache, daß sie wie die Kathedralen hin und wieder diesem Zweck dienen, ist kein hinlänglicher Beweis. Und selbst wenn es zutrifft, daß die drei genannten Pharaonen sie tatsächlich zur Ruhestätte ihrer Mumien bestimmt haben, ist das immer noch keine Bestätigung der obigen Annahme.

Wenn nicht irgendein arabischer Eroberer versucht hätte, die große Pyramide auf der Suche nach einem Pharaonenschatz schleifen zu lassen und dabei nicht einen Eingang freigelegt hätte, würden wir nicht wissen, daß einer ihrer inneren Säle einen Gegenstand enthält, den man als Sarkophag bezeichnet hat (wieder die Nekromanie). Das ist er jedoch allem Augenschein nach nicht; es handelt sich um ein sehr sorgfältig bearbeitetes Becken, dessen Größe Aufschluß über einige wissenschaftliche Tatsachen gibt, die die Dichte und das Gewicht der Erde betreffen (das Gewicht ist ja nicht ohne Bedeutung für die reibungslose Bewegung des Sonnensystems).

Ebenso unbekannt wäre es geblieben, daß ein Gang genau auf einen fiktiven Punkt oberhalb des Nordpols der Erde gerichtet ist. Mit anderen Worten, dieser Gang ist der Erdachse genau parallel.

All das läßt sich messen und ist insofern dem wissenschaftlichen Geist unserer Zeit zugänglich. Wir verstehen jetzt, daß Menschen, die so genau über die Erde und ihre Beschaffenheit Bescheid wußten, «Breitenkreise» wie den nach Santiago, nach Armorika und nach Cornwall auf der Erdoberfläche anlegen konnten, daß sie die orthodromen Abmessungen der Isoré-Orte vornehmen konnten, von denen ich zum Beispiel in *«Les Géants et le mystère des origines»* berichtet habe. Das alles ist uns zugänglich, weil wir fähig sind, es uns zu vergegenwärtigen. Wir können es überprüfen. Doch die überlieferte Wissenschaft beschränkt sich nicht auf diesen materiellen Aspekt.

Ich denke an jene merkwürdige, von der Beleuchtung abhängige Zeichnung auf einem Gipfel, der auf dem galicischen Breitenkreis in der Bucht des *Eo* liegt. Diese Zeichnung ist von *Ribadeo* im Norden von Lugo (unter bestimmten Lichtverhältnissen) sehr gut zu erkennen. Man findet sie auf einem keltischen Stein wieder, der sich heute in *Guimaraes* im portugiesischen Galicien befindet; außerdem auf dem Giebel des mozarabischen Klosters *San Miguel de la Escalada* in der Nähe von León.

Ich denke auch an die überaus wirkungsvolle Anwendung von Fruchtbarkeitssteinen, sprechenden Steinen und klingenden Steinen, bei denen es sich nicht selten um riesige Blöcke handelt, die sich auch unter Benutzung modernster Techniken nicht errichten ließen.

All dies und noch viele andere Dinge scheinen wunderbaren Märchen oder einem – nach Auffassung der Materialisten –

«dummen» Aberglauben zu entstammen. Sie zeigen jedoch in einer Weise, die über jeden Zweifel erhaben ist, daß in Zeiten, zu denen wir keinen Zugang mehr zu besitzen scheinen, Menschen – oder andere Wesen – eine Kenntnis von der Erde, den Pflanzen, den Tieren, den Menschen und den natürlichen Erscheinungen besessen haben, die unserem heutigen Wissensstand weit überlegen ist.
Augenscheinlich gab es einmal außerordentlich gelehrte Menschen (was nicht heißen soll, daß die gesamte Menschheit gelehrt war). Ebenso augenscheinlich ist, daß sie ihr Wissen nicht in der Weise zu Markte getragen haben, wie es heute in unseren Schulen und Universitäten geschieht.
Trotzdem wurde dieses Wissen zumindest teilweise weitergereicht, sonst wären keine Spuren mehr von ihm vorhanden. Es wurde in Größenverhältnissen und in Abmessungen niedergelegt, die sorgfältig errechnet waren, *aber zu denen man den Schlüssel besitzen mußte.* Anvertraut wurde es dem Erdboden selbst, bestimmten Symbolen oder Bauwerken.
Der Schlüssel ist nicht jedem zur Hand. Er kann noch nicht einmal von jenen entdeckt werden, die *in der Lage sind* zu verstehen, sondern nur von denen, die im *Stande* des Wissens leben.
Anders – und einfacher – gesagt, der Mensch kann nicht wissen, wenn er nicht persönlich auf die Ebene der Wahrheit gehoben wird, die er sucht.
Aus heutiger Sicht ist es nicht leicht, die Geistesart jener Gelehrten zu verstehen. Der moderne Mensch verbindet Wissen sofort mit zwei Dingen: dem Profit und der Macht über andere. Die Alten scheinen außergewöhnlichen Wert darauf gelegt zu haben, nichts unmittelbar weiterzugeben, was zum Schaden anderer hätte verwendet werden können.

Selbst über die Jahrhunderte hinweg haben sie dieses Wissen so niedergelegt, daß nur jene Art von Menschen in seinen Besitz gelangen kann, die reif ist, es zu empfangen. Davon ausgenommen ist offenbar ein Wissenszweig: der Ackerbau. Er bringt allen, ob arm oder reich, Nutzen. Der Landwirt als solcher kann *niemals* schaden, im Gegenteil. Er kann als Individuum seinesgleichen gefährlich werden, niemals aber seine landwirtschaftliche Tätigkeit zum Schaden anderer ausüben. Er erzeugt die Nahrung der Menschen.

Obgleich diese Art der Unterweisung und der Übermittlung wenig demokratisch erscheinen mag, muß man feststellen, daß sie überaus weise und klug war. Sie läßt darauf schließen, daß es sich um eine Gattung von Menschen gehandelt hat, die über das Machtbedürfnis, diese Laune eines verwöhnten Kindes, erhaben gewesen ist, erhaben auch über Profitstreben, wie wir es verstehen.

Wer war diese Elite, der man ihre wissenschaftlichen Erkenntnisse nicht absprechen kann, auch wenn sie sich dem Verständnis unserer Universitätsabsolventen entziehen?

Geprägt von unserer modernen egalitären Kultur, sind wir manchmal zu der Annahme versucht, es könne sich hier nicht um Menschenwerk handeln. Höhere Wesen aus anderen Welten müßten eingegriffen haben. Diese Möglichkeit *a priori* auszuschließen, wäre dummer Dogmatismus. An sich spricht nichts gegen diese Möglichkeit, wenn nicht ein formaler Aspekt.

Ein formaler Aspekt, weil alles, was auf der Erde vorhanden ist, die Frucht der Erde ist, irdischen Notwendigkeiten entspricht und Gesetzen folgt, die deshalb irdischer Art

sind. Das gilt für den Stein, den Menschen oder den Apfelbaum.
Sie sind Früchte der Erde. Nicht nur ihrer selbst, sondern auch der Erde *innerhalb* des Sonnensystems. Des Sonnensystems und keines anderen. Mit Planeten, die die Planeten des Sonnensystems sind und deren Position durch ihre Beziehung zur Erde genau bestimmt ist. Auch sie sind den Gesetzen irdischer Evolution unterworfen.
Sie sind ein Ergebnis des Sonnensystems innerhalb *seiner* Galaxis und des Platzes, den das Sonnensystem in *seiner* Galaxis einnimmt. Die Gesetze, unter denen es steht, ergeben sich aus diesem Platz und aus keinem anderen.
Die Frage lautet nicht, ob anderes Leben möglich ist, denn das Atom selbst lebt, da es sich dreht. Auch geht es nicht um die Evolution, schließlich entwickelt sich alles. Es geht um das Gesetz dieser Evolution. Es bewirkt, daß jedes Ding im Universum einzigartig ist. Läßt man gelten, daß Menschen von anderswoher gekommen sein können, läßt man damit auch gelten, daß es eine andere Erde gibt, die der unseren auf das Haar gleicht, die sich in einem Sonnensystem befindet, das dem unseren auf das Haar gleicht und von einer Galaxis beherbergt wird, die mit unserer identisch ist.
Das ist vielleicht nicht unmöglich, aber unwahrscheinlich. Zwar hat man bei den Inkas Darstellungen von Menschen in Apparaten gefunden, die große Ähnlichkeit mit Düsenraketen haben, doch kann kein Zweifel darüber bestehen, daß es sich um Menschen und nicht um andere Wesen handelt, die in dieser Gestalt von anderswoher gekommen sind. Nichts berechtigt zu der Annahme, es könnten keine Menschen gewesen sein, die in den Raketen geflogen sind. Ich glaube, daß es das schon einmal gab.
Schließlich fliegen wir auch heute. Stellen wir uns vor, was

geschehen würde, wenn ein weltweiter Kataklysmus abgesehen von allen Städten und Dokumenten auch 99% der Menschheit vernichten würde. Was würde nach 100 Jahren von dieser Zivilisation übrigbleiben, auf die wir so stolz sind? Noch nicht einmal die Mittel, jene überlieferte Wissenschaft aufzufinden, die die Alten zurückgelassen haben. Diese Wissenschaft hat nur eine natürliche Erklärung: Sie war das Werk höher entwickelter Menschen, die in einem Kataklysmus untergingen. Die Überlebenden, Seeleute, wurden in die ganze Welt zerstreut und unterwiesen die übrigen Überlebenden. Ich glaube, daß es sich dabei um die Riesen der Sage, die *Jaunak*, die Herren, die Meister der Natur, die *Maxa-Jaun*, oder die Meister der geheimen Erdkräfte, die *Mari-Jaun*, gehandelt hat. Vielleicht haben sie der roten Rasse angehört wie die phönizischen Himariten oder die *Jaun-Gori*, die roten Herren der baskischen Mythologie.

Es gibt eine andere Erklärung für diese Wissenschaft, die für uns ja in ihren meisten Aspekten unbegreiflich bleibt, denn wir kennen nicht ihren Ursprung, nicht ihre Mittel, nicht ihr Ziel. Die Rede ist von der Erklärung des Abbé Moreux, die es durchaus verdient, hier genannt zu werden. Sie könnte nämlich den Nagel auf den Kopf treffen, sieht man von ihren religiösen Zügen ab.

Nach Abbé Moreux ist Adam im Paradies allwissend. Er wird wegen seiner Verfehlung, vom Apfel gegessen zu haben, vertrieben und geht *mit* der Erkenntnis fort. Diese übermittelt er seinen Nachkommen. Von Generation zu Generation gerät sie jedoch immer mehr in Vergessenheit, bis sie ganz untergeht. Die Bauwerke können zwar der Zeit widerstehen, doch repräsentieren sie in immer geringerem Maße die Erkenntnisse, sind sie in immer geringerem Maße «göttlich», werden sie mehr und mehr zu armseligem Menschenwerk.

Die Erklärung ist in sich schlüssig, ob man sich nun an den Buchstaben der Genesis hält oder ob man sie allegorisch versteht.

Der wissende Mensch wird aus seinem Garten Eden vertrieben (oder aus seinem Anda). Er muß auf alle Hilfsmittel verzichten und ist gezwungen, in der Wildnis zu überleben. Seine Nachkommen fallen mehr und mehr in die Mittelmäßigkeit zurück. Ist das nicht im Kern die Geschichte derer, die den Kataklysmus von Atlantis überlebt haben?

Adam, im Stande der Erkenntnis, wird nach Osten vertrieben.

Wie es auch immer um diesen Ursprung bestellt sein mag, die Elemente dieser Wissenschaft wurden übermittelt und erhalten, und das nicht nur in den Pyramiden von Ägypten (wo sie allerdings einen höheren Grad der Vollkommenheit erlangten als anderenorts), sondern beispielsweise auch in den Dolmen und den aufgerichteten Steinen, jenen «barbarischen» Bauwerken.

Dabei ist eines bemerkenswert: Abgesehen von der geographischen Lage der Orte ist alles, was von dieser Wissenschaft auf uns gekommen ist, in den Stein geschrieben oder in den Größenverhältnissen der meist aus Stein bestehenden Bauwerke enthalten. Daraus geht hervor, daß es die Erbauer dieser Monumente und die Steinmetze waren, die das Wissen weiterreichten.

Zugleich geht daraus hervor, daß dieses Wissen seit der Zeit der Hügelgräber bis zu der unserer Kathedralen fortgedauert hat. Immer wieder brachte es inmitten ereignisarmer Perioden erstaunliche künstlerische Blütezeiten hervor. Zu diesen Blütezeiten konnte es nur kommen, weil auch über

die bedeutungslosen Zeiträume hinweg das Wissen weitergereicht wurde. Da sich die Überlieferung in den Bauwerken manifestiert, ist es nur logisch anzunehmen, daß die Baumeister für diese Überlieferung verantwortlich sind.
Wir müssen also vermuten, daß die mittelalterlichen Brüderschaften der Baumeister in der ununterbrochenen Nachfolge der Erbauer der Dolmen stehen, daß sie den gleichen Platz einnehmen wie die ägyptischen, phönizischen, griechischen, persischen, römischen und muselmanischen Baumeister. Sie alle sind Träger und Vermittler jenes Wissens, das unter dem Siegel der Verschwiegenheit weitergereicht wird. Sie mochten es verstehen oder nicht, aber sie sorgten auch in jenen bedeutungslosen Zeiten für seine Fortdauer.

Alles spricht nach meiner Auffassung dafür, daß die Techniken des Ackerbaues und der Viehzucht in ähnlicher Weise gelehrt worden sind. Die Tatsache, daß auf der ganzen Erdkugel die Fruchtbarkeitsrituale nahezu identisch sind, läßt kaum einen anderen Schluß zu.

Es gab ein landwirtschaftliches Wissen, das in genau festgelegter Form weitergegeben wurde und das Gegenstand von Initiationsriten war. So kann es auch nur auf den ersten Blick verwundern, daß der Name «Jakob» Baumeister und Bauer zugleich bezeichnete.

Im Abendland bedeuteten die Barbareneinfälle – die der Römer inbegriffen – das Ende aller landwirtschaftlichen Überlieferung. Jeder, der den Boden bearbeitete, wurde leibeigen. Das hieß zugleich, dem Bauern alle Menschenwürde absprechen und ihm *ipso facto* auch jede Möglichkeit zur Initiation zu entziehen.

6

Wölfin, Lug und Gans

Am Ende der Milchstraße befindet sich das Sternbild des Großen Hundes, dann das des Schiffes.
Bei dem Versuch, die antiken Sagen über den Weg nach Galicien zu christianisieren, nahm die Königin *Lupa* die sterbliche Hülle des heiligen Jakobus in der geschilderten Weise auf. Das hat seinen Grund. Um eine volkstümliche Sage von einer Epoche in die nächste hinüber zu retten, empfiehlt es sich, die vertrauen Namen beizubehalten.
Als die Kirche sich bemühte, Gargan zu ersetzen, erfand sie einen heiligen Gorgonius, um die geheiligten Orte in Besitz zu nehmen; Lug wurde im allgemeinen durch einen heiligen *Lou* ersetzt.
Diese Königin Lupa, die gelegentlich mit einer vielleicht historischen «Lobo» gleichgesetzt wird, regiert in der Provinz Lugo, einem Lehen des Gottes Lug, der in Irland noch heute *Lu* (franz. Lou) ausgesprochen wird.
Unter der Einwirkung der Latinisierung wurde Lug-Lou eine zeitlang mit lupus (Wolf) identifiziert. Lupa war ohne Zweifel Lusine, wurde aber zur Wölfin.
Damit bleibt sie in der Familie des Großen Hundes der Milchstraße. Die Wölfin nimmt die sterbliche Hülle des Jakobus auf. Die ganze ursprüngliche Sage ist christianisiert. Der Hund wird zum Wolf – und überlebt bis in unsere Tage.
Hinter dieser Lupa verbirgt sich offensichtlich Lug. Nicht der Gott im christlichen Sprachgebrauch, sondern im Sinne

von «Patron»: Lug, der «Patron» der Erfindungsreichen. Zu der Zeit, als die Ligurer das ganze Abendland bevölkerten, war Lug sicherlich auch ein *ethnischer Gott*. Das war, bevor die Kelten südwärts und die Iberer nordwärts zogen. Die Ligurer waren auch das Volk, das versuchte, Herkules auf der Ebene von Cran Widerstand zu leisten. Die überlebenden Ligurer nahmen nach dem Kataklysmus die Seeleute aus dem atlantischen Westen auf.

Nicht die Kelten haben Lug nach Spanien gebracht. Es gab ihn schon vorher. Das beweist der Umstand, daß sich in den baskischen Provinzen mehrere Ortschaften finden, die nach ihm heißen. Die baskische Namensgebung ist ohne Zweifel die älteste des Abendlandes. Den Kelten gelang es nie, in das Land Euskadia einzudringen.

In *«Les géant et le mystère des origines»* habe ich angemerkt, daß in Frankreich die Orte, die nach Lug heißen, eine Spirale beschreiben, deren Mittelpunkt sich im heutigen Zentrum Frankreichs befindet und deren Ursprung in den westlichen Pyrenäen liegt.

Nun hat es den Anschein, als ob sich diese Spirale, die eine Art «Gänsespiel» (Würfelspiel) bildet, mit einer anderen Spirale in die iberische Halbinsel hinein fortsetzt. Sie entspricht der französischen, nur daß sie sich spiegelbildlich zu dieser verhält. Dadurch entsteht jene Doppelspirale, die man so häufig in den neolithischen Petroglyphen wiederfindet. Ich glaube nicht, daß sie ein absichtliches menschliches «Erzeugnis» ist; vielmehr handelt es sich um eine natürliche Figur, die der Erdformation innewohnt. Menschen, die ein feineres Empfinden für die tellurischen Einflüsse besaßen und die besser in der Lage waren, von ihnen Gebrauch zu machen, knüpften diese Formation an eine mehr oder minder mythische Person, die sie *Lug* nannten.

Lug trat bei den Kelten als der Patron der «Erfindungsreichen» auf. Gemeint sind die Menschen, die sich des Reichtums und der Kräfte der Erde geschickt zu bedienen wissen. Diese Vorstellung wurde sicherlich von den Ligurern übernommen.

Normalerweise wird also jeder «Erfindungsreiche» daran interessiert sein, die Wirkungsweise der tellurischen Kräfte zu erforschen. Dadurch wurde in Zeiten, die wir nicht im entferntesten datieren können, der «Weg» dieser Namensgebung abgesteckt.

Ich weiß nicht, ob diese Spirale sich noch nach den Namensveränderungen durch die Römer, die Araber und die Christen rekonstruieren läßt. Die Windungen im Norden jedenfalls sind noch leicht zu erkennen.

Der erste (oder zweite) Punkt befindet sich in der Gegend von Vitoria in der baskischen Provinz Alava *(Luco, Luquiano, Luyando* usw.). Wie für die Spirale in Frankreich ist auch hier anzumerken, daß in den «Lug-Feldern» die Dolmen gehäuft auftreten. Zufällig ist diese Häufung in der Provinz Alava besonders auffällig.

Dann kommt die Gegend von Oviedo (Lugones – übrigens einst der Name eines Volkes, das in dieser Gegend lebte). Die Provinz von *Lugo*. Der Name der Hauptstadt spricht für sich. Es folgt die Provinz von Pontevedra und schließlich Portugal, dessen alter Name *Lusitania* vielsagend genug ist.

Im Namen des berühmten Ligurischen Sees stoßen wir zwar nicht auf Lug, so doch auf die Ligurer. Der See befindet sich in der Nähe von Tartessos im Norden von Cadiz.

Eine zweite Windung scheint sich in der Gegend von Jaca zu befinden. Sie führt in das Umland von *Lagroño*. Dann in das

von León. Es mag vielleicht eine Civita Legione gewesen sein. Keinesfalls trifft dies aber für die Berge von León zu, in denen sich die Lug-Orte häufen.
So kann die Entdeckung nicht überraschen, daß der Weg nach Compostela *von Lug-Ort zu Lug-Ort* quer durch die Windungen der Spirale hindurch führt. Daraus gewinnen wir einen ersten Eindruck davon, welcher Art die Leute waren, die, der Überlieferung folgend, sich dieser antiken Wallfahrt unterzogen.
Und wie zu erwarten stand, begegnen wir auf dem Lug-Weg auch der Gans wieder – und zwar in zwei Sprachgestalten: 1) der älteren, die im Französischen überdauert hat und deren Ursprung vor dem Indogermanischen liegt: l'Oie, l'Auch, l'Ouche usw. Auch das spanische *Oca* geht auf diesen Ursprung zurück. Er hat sich in der Namensgebung kaum erhalten. 2) Der indogermanischen Form, die sich an das sanskritische *Hamsa* anschließt. Daraus entwickelte sich *Gansa* und *Ganso*, auch *Ansa* und *Anso*, ebenso das englische *goose* und das deutsche *Gans*.
Im Baskenland, stets müssen wir im Zusammenhang mit dem Weg nach Compostela auf das Baskenland zurückkommen, haben sich beide Formen erhalten: in dem für Gänse bestimmten Lockruf: *Auk! Auk!* Und in *Antzara*, das auf *Hamsa* zurückzugehen scheint.
Überall auf dem Weg werden wir diesen Gänsen wiederbegegnen.
Den Mythos der Gans zu entwirren, wäre ohne Zweifel eine geschichtswissenschaftliche Tat höchsten Ranges. Mögen die Geschichten, die sich um diesen Mythos ranken, auch noch so zahlreich sein, die Aufschlüsse, die sie liefern, sind widersprüchlich. Die gewonnenen Hinweise haben wohl wenig mit der Wahrheit zu tun.

Vielleicht handelt es sich nicht so sehr um die Gans im engeren Sinne, wie wir sie kennen, sondern vielmehr um den Schwimmvogel schlechthin. Die Gans kann nämlich ebensogut der Schwan sein, da dieser meist die männliche Verkörperung der symbolischen Gans ist: der Schwan Jupiter zeugt mit Gans-Leda die Dioskuren und Helena, also die Kraft, die Intelligenz und die Schönheit. Der mythische König der Kelten hieß *Cygnos*. Die Söhne des *Lir* werden in Schwäne verwandelt und trotzen dem Zugriff der Zeit. Es sind jene Tiere, deren Gesang von überirdischer Schönheit ist.

Die Gans könnte auch der Pelikan sein, der seine Jungen von seinen eigenen Eingeweiden ernährt.

Die Gans spielte auch eine große Rolle in der Pharaonenmythologie. Die Hieroglyphe für Geb, den Thronerben des Horus, ist eine Gans und ein Bein. Der *Dictioniare des symboles* berichtet, daß die Pharaonen mit der Sonne identifiziert wurden. Deshalb sei ihre Seele in der Gestalt der Gans dargestellt worden, denn diese sei die Sonne, nachdem sie aus dem Urei geschlüpft war. Die Gänse hätten, so führt das Wörterbuch weiter aus, als die Boten zwischen Himmel und Erde gegolten. Die Ankunft eines neuen Königs sei neben anderen Feierlichkeiten dadurch verkündet worden, daß man vier Gänse in die vier Himmelsrichtungen habe fortfliegen lassen.

Im Altai benutzt der Schamane beim rituellen Pferdeopfer eine Gans als Reittier, um die Seele des Pferdes zu verfolgen. Eine Gans dient ihm auch als Reittier, um aus der Hölle zurückzukommen.

Im Keltischen war die Gans – oder der Schwan – ein Bote aus der anderen Welt. Bei den Bretonen durfte sie übrigens nicht gegessen werden.

Die Orte, wo sie anzutreffen ist, und die Mythologien, denen sie angehört, lassen erkennen, daß die Gans ein Symbol ist, das mit dem Eingeweihten zu tun hat. Es handelt sich um ein überaus altes Symbol.

Die Gans selbst wird im allgemeinen durch ihren Fuß symbolisiert, was durchaus einleuchtet, da er ihr auffälligstes Merkmal ist. In einer Gestalt erscheint er stilisiert und nach unten gerichtet. Er besteht aus drei auseinanderstrebenden Linien, die oben zusammenlaufen oder auch nicht. Dieses Zeichen war eines der sakralen Symbole der Druiden.

Stilisiert und nach oben gerichtet stellt er den Dreizack dar, die Waffe Poseidons. Er ist der Schutzgott von Atlantis, der Gott des Meeres, aus dem bei den Römern Neptun wurde.

Verbindet man die beiden Zeichen an ihren Gipfelpunkten, erhält man jenen sechsarmigen Stern, der bei den ersten christlichen Baumeistern zum Chrismon wurde. Die theologischen Gelehrten haben daraus dann eine Art Anagramm Christi gemacht.

Ebenso wahrscheinlich ist, daß die Lilienblüte ursprünglich der Dreizack des Poseidon gewesen ist. Er wurde von den französischen Königen aus politischen Gründen übernommen. Jenen nicht unähnlich, denen zuliebe sich Konstantin zum Chrismon bekannte: die formalen Aspekte, nicht die Inhalte geben den Ausschlag. Schamlos übernimmt man die Zeichen der Adepten und adelt sich so.

Zwar sorgten die christlichen Kleriker dafür, daß das Zeichen der Gans nach und nach verschwand, doch der Schwimmfuß überdauerte noch sehr lange Zeit, da die Pyrenäenbaumeister ihn bis ins 18. Jahrhundert hinein verwendeten (als Zeichen ihrer Absonderung übrigens).

Es hat auch ganz den Anschein, als sei dieser Schwimmfuß

in einige Kapitelle des Klosters San Salvador de Leire gegraben worden, das auf dem Weg nach Compostela liegt. Abermals begegnen wir dem Gänsefuß bei der Königin Pédauque. Auch dort fungiert es als Initiationszeichen.
Es scheint, als käme diese Königin Pédauque ursprünglich aus dem Gebiet von Toulouse. Das ist durchaus nicht überraschend, da nach den großen Barbareneinfällen, und

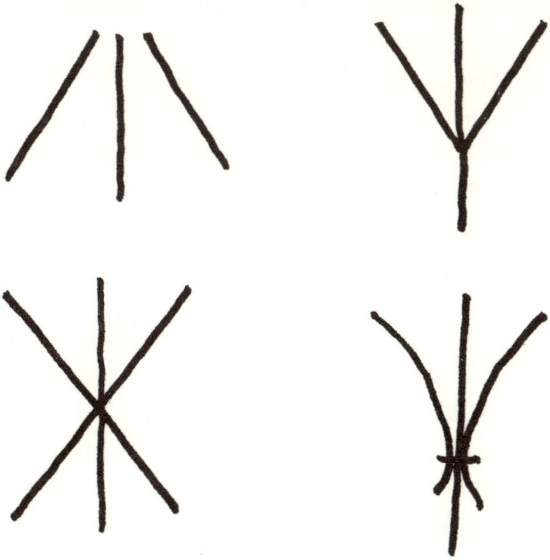

Spielarten des Gänsefußes

vielleicht auch schon vorher, im Abendland nur noch ein einziger Initiationsweg vorhanden war. Fast die gesamte Überlieferung konzentriert sich in den Pyrenäen und an der Kantabrischen Küste.
Man hat die Westgoten ein wenig leichtfertig für diese Tatsache verantwortlich gemacht. Sie waren nicht weniger barbarisch als die Hunnen, Sweben oder Franken. Doch die Westgoten konnten sich im Krieg mit den Bergvölkern dort

nicht so festsetzen wie die Franken in der Ebene von Soissons.

Die Westgoten sind für jenen Stil, den man die westgotische Kunst genannt hat, genauso wenig verantwortlich zu machen wie die Araber für die arabische Kunst, die Merowinger für die merowingische Kunst oder Ludwig XV. für den Stil, der seinen Namen trägt.

Der westgotische Stil ist den Baumeistern der Pyrenäen zu verdanken. Der Gänsefuß wurde von den Klerikern ein wenig hellenistisch ausgeschmückt und so zur Jakobsmuschel, als die heidnische Bedeutung verlorenging.

Doch die Gans finden wir überall am Weg nach Santiago unter ihrem ursprünglichen Namen *Oca* oder unter ihrem jüdisch-germanischen Namen *gansa* oder *ansa* wieder.

So gibt es in der Gegend von Jaca, dem Anfang des Weges, ein *Anso*, in dem *Valle de Anso*. Es liegt nicht weit von dem Sternort, dem *Cuartel de Lizarra*. Der Wortursprung ist auch noch in dem Namen zweier Wasserläufe erhalten, die diesen Namen tragen oder trugen: im *Rio Oja*, von dem Alfredo Gil del Rio meint, er habe einst *Rio Oca* geheißen. Daher stammt der Name *Rioja*. Dann gibt es einen anderen *Rio Oca* in den Gänsebergen, den *Montes de Oca*. Dort liegt ein *Pico de la piedraja*, also wahrscheinlich ein «Gänserich-Stein», der wiederum nicht weit von einem *Ocon* entfernt ist. Der Name spricht für sich.

Ferner befindet sich in den Bergen von León unmittelbar westlich von Astorga ein *El Ganso*, also ein ligurischer Gänserich, der von den Indogermanen in ihre Sprache übersetzt wurde.

Ich weiß nicht, ob es sich in dem Dorf *Argozon* noch um denselben Gänserich handelt. Dieses Dorf liegt in der Nähe von Chantada, wo sich eine erstaunliche keltische Nekropolis befindet. Jedenfalls finden wir die Gans auf dem Weg von Lalin nach Compostela wieder, nämlich im *Paso de Oca*, dem Gänsepaß. Vielleicht führt er auch nicht nach Compostela, sondern zum *Pico sagro*, dem heiligen Berg, auf dem einige der Legendenschreiber die erste Grabstätte des Apostels vermuten.

Auf der anderen Seite von Compostela befindet sich übrigens ein weiteres *Oca*. Es liegt am *Rio Tambre*, der genau zu der uns bereits bekannten Ria von Noya führt und den Fuß des Aro-Gebirges umspült.

Nun liegen alle diese Orte der Gans auf jenem Weg, der von den beiden Sternreihen begrenzt wird, von denen ich gesprochen habe. Der Weg der Gans entspricht haargenau dem Sternenweg, der in seiner ganzen Länge von megalithischen Bauwerken markiert ist und seit Jahrtausenden von Pilgern benutzt wird. Dort befindet sich auch der größte Dolmen der Pyrenäen, der von Alvilar in der baskischen Provinz Alava.

Wir haben es also mit den *Sternen* zu tun, um die sich die «Übermenschen», die Riesen, die «Jeans» kümmern. Vielleicht sind sie Luftschiffer, vielleicht Kosmonauten, sehr wahrscheinlich kommen sie von der Insel Atlantis, in jedem Falle aber ist ihr wissenschaftlicher Erkenntnisstand von unvorstellbarer Höhe.

Wir haben es mit dem «Lugmenschen» zu tun, dem Demiurg im griechischen Sinne, der die Rohstoffe verwandelt und weiß, wie man, nach einem Ausspruch des heiligen Bernhard, «den Honig aus dem Stein gewinnt».

Wir haben mit den Menschen zu tun, die die Gans anbeten, den «Gänserichen», den Handarbeitern, den Bearbeitern des Holzes, des Steins und des Metalls.

Alles findet sich an dem Weg nach Westen, an jenem Weg,

wo die Menschen ganz «konkret» die Pforten durchschreiten mußten, die Engpässe der Initiationsstraße. Bis sie die «cavale» (Pferd, aber auch Anspielung auf «cabale», Kabbala) besteigen durften an den Ufern der atlantischen Rias, wenn sie die Zeichen begriffen hatten, die für sie in die heiligen Felsen von Galicien gegraben worden waren.
Sie verloren ihr Leben und gewannen ein neues.
Zum Schluß eine kleine Anmerkung für die Liebhaber der Volkskunde, die durch den alten Lug möglicherweise verstimmt sein mögen: In Irland hieß die Milchstraße: *die Strecke des Lugregenbogens* oder auch: die *Lugschleuder*.

7

Das Rätsel von Tartessos

Seit Beginn des Neolithikums gibt es den geschliffenen Stein. Seit Beginn, das heißt unmittelbar nach jenem Zeitpunkt, den die Prähistoriker den «Hiatus» nennen. Gemeint ist jene Kathastrophe, die das Zeitalter des Höhlenmenschen und des behauenen Steins beendet.

Mit dem geschliffenen Stein verändert sich nicht nur die Verwendungstechnik des Steins. Mit ihm wird vielmehr das Werkzeug geboren, kraft dessen sich das Holz bearbeiten läßt. Wir sind am Beginn der Baukunst. Sie nimmt ihren Anfang mit der Axt. Der Mensch kann sich seine menschliche Umwelt erbauen. Alles, was er schaffen wird, hat hier seinen Ursprung. Auch seine persönliche Entwicklung.

Mit dem Neolithikum erscheint der geschliffene Stein plötzlich auf der Bildfläche. Er ist eine «Mutation». Und zwar keine vereinzelte sondern eine allgegenwärtige.

Diese Mutation muß an verschiedenen Orten veranlaßt worden sein. Augenscheinlich hat man den Menschen gezeigt, womit sich brauchbare Äxte fertigen lassen. So konnten sie Holzfäller und Zimmerleute werden. Jahrtausende hindurch sollte die Axt als Werkzeug in Gebrauch bleiben und ein heiliger Gegenstand sein. Sie wurde als Zeichen der Würde des Verstorbenen auf das Grab gelegt. Und es handelte sich um die Axt aus geschliffenem Stein, nicht um die aus behauenem Stein.

Sie ist der Schlüssel zu allem, auch zur Kunst des Feuermachens, da sie die rationelle Verwendung des Feuerholzes

Utrera
Alter Ligustischer See
37°
Golf von Cádiz
Guadalquivir
ATLANTISCHER
San Lucar
Guadalette
Xères
Rota
TARTESSOS
Cádiz
alter See
OZEAN
Gibraltar
Tarifa
36°
Meerenge von Gibraltar
Mt-Hacho
Tanger

ermöglichte. Damit ist sie auch der Anfang der Keramik. Das Metall kam später, doch sollte man sich nicht täuschen. Das Metall wird schon viel länger verwendet als man gemeinhin annimmt.
Halten wir uns an die Legende, an die Legenden über die «Noahs». Man kann sich kaum vorstellen, daß es den «Archen» möglich gewesen wäre, auf hoher See zu bestehen, ohne daß zu ihrem Bau metallische Elemente verwendet worden wären, mögen sie nun aus Kupfer, Bronze oder Eisen gewesen sein.
Es könnten also jene dem Kataklysmus entkommenen Seeleute gewesen sein, die die metallurgischen Kenntnisse mit sich brachten. Doch scheinen sie sie erst später offenbart zu haben. Es ist nicht auszuschließen, daß diese «Verzögerung» auf ein Tabu zurückging.
Es ist nämlich unbekannt, wo und wann die Bronze in Erscheinung trat. Auch die Prähistoriker scheinen noch dem Dogma hörig zu sein, daß auf das christliche Bibelverständnis zurückgeht und demzufolge die Erkenntnis stets aus dem Osten kommt. Das ist keinesfalls gesichert. Mit dem gleichen Recht, mit dem man den Ursprung der Bronze in den Vorderen Orient verlegt, kann man ihn auch in *Tartessos* annehmen.
Damit kommen wir zum Geheimnis von Tartessos, dem *Tarshisch* der Bibel.
Was war Tartessos nun? Zumindest eine Stadt und wahrscheinlich ein Territorium an der Mündung des Guadalquivir.
Die Anschwemmungen haben sie jetzt völlig bedeckt, so daß es schwierig ist, ihren genauen Ort wiederzufinden. Immerhin weiß man, daß sie sich oberhalb von Cadiz befand. Diese Stadt war früher das *Gadir* der Phönizier,

dann das *Gades* der Römer. Nun hießen die beiden «ältesten» Könige, die von Poseidon, dem Gott von Atlantis, abstammten, Atlas und Gadir.

Der Atlas liegt jenseits der Meerenge von Gibraltar und ist das Gebiet des Antäus. Das Hinterland von Cadiz, Andalusien, hat dieselbe Sprachwurzel nämlich, ANT bzw. AND. Deshalb meinen manche Autoren, Andalusien und Tartessos, diese Stadt, deren Gründung sich im Dunkel der Zeit verliert, seien das Atlantis des Platon oder eine Kolonie dieses Reiches gewesen und noch vor der «Sintflut» gegründet worden. Die Gebirge Andalusiens, die Sierra Morena und die Sierra Nevada, könnten ebenso wie der Atlas Zufluchtsorte gewesen sein. Die Überlebenden wären dann mit dem Abklingen der Flut wieder in die Ebene hinabgekommen. Es gibt eine Sage von «Noah» in *Tingiz* – Tanger –, und das Kap Spartel hieß einst *Ampelusia*: Das Kap des Weins.

Es scheint sich zumindest bei der Stadt Tartessos um eine Halbinsel zwischen dem Ligurischen See im Norden, dem Atlantik im Westen und einem seither vom Guadalquivir zugeschwemmten Golf im Süden gehandelt zu haben. Möglicherweise ist der Name vom Baskischen beeinflußt und heißt: «Zwischen zwei Mooren», *Tarte-Xili* (eine etymologisch sehr gewagte Vermutung, die ich mit allen Vorbehalten aufzunehmen bitte).

Die Bewohner von Tartessos waren Seeleute, die den Atlantik befuhren. Das setzt Werften und metallurgische Kenntnisse voraus. Manche Autoren stehen nicht an, ihnen die Erfindung der Bronze um 3500 bis 3000 v. Chr. zuzuschreiben.

Sie sollen den britischen Inseln den Namen *Alebion* gegeben haben. Der Name hat mit der Farbe Weiß zu tun.

Anzumerken ist, daß es in Galicien, nicht weit von Corona, ein Volk Alebion gegeben hat.
Andere Autoren führen die Erfindung der Bronze auf die Hethiter zurück, die den Kaukasus bewohnten.
Es versteht sich, daß die Epoche, die die Bronzezeit genannt wird, auf die Kupferzeit folgt: das Chalkolithikum (von Chalkos, Kupfer). Vergoldetes Kupfer heißt auf griechisch *Aurichalk* und ist ein Metall aus Atlantis, von dem Platon sagte, ihm sei seine Beschaffenheit unbekannt. Nun reichen Kupfernägel durchaus für den Bau seetüchtiger Schiffe aus. Womit wir wieder bei der Metallurgie angelangt wären. Metallurgie ist nicht gleichbedeutend mit der Seefahrt, doch setzt die Seefahrt fast zwangsläufig die Metallurgie voraus.
An einem Wendepunkt der Vorgeschichte erscheinen nun auf den Fluten des Mittelmeers die *Pelasger*, die Menschen vom Meer.
Auf das Mittelmeer können die Menschen «vom Meer» nur aus dem Westen durch die Meerenge von Gibraltar gelangen. Sie sind für die Griechen die «göttlichen Pelasger». Sie sind höhere Wesen, aber ebenso wirklich wie die Vorfahren bestimmter Griechen.
Aus diesen Pelasgern wollten einige in germanischem Wahn befangene Forscher in ihrem Übereifer urzeitliche «Normannen», Hyperboreer, machen. Manche Autoren haben Atlantis auch nach Gotland verlegt. Ethnozentrische Eitelkeit.
Der plötzliche Einbruch der letzten Eiszeit tötete die sibirischen Mammuts so rasch, daß sie noch nicht einmal Zeit hatten, ihre letzte Mahlzeit zu verdauen. Sicherlich ist sie auch nicht viel freundlicher mit den Menschen umgegangen, die nördlich des 45. Breitengrades lebten. Sie dauerte einige tausend Jahre.

Diese Pelasger, weiße Menschen, konnten nur aus dem Westen kommen. Sie mußten ein seefahrendes, ein Volk von Navigatoren, also ein kundiges Volk sein. Da Atlantis untergegangen ist und da sie lange nach diesem Untergang in Erscheinung treten, muß man ihren Ursprung irgendwo zwischen dem Atlas und den britischen Inseln suchen, am wahrscheinlichsten in Tartessos.

Es gibt also zu diesem Zeitpunkt der Vorgeschichte zwei von der Seefahrt lebende Kulturen im Mittelmeer: die Pelasger und die Phönizier. Darüberhinaus die Ägypter, die eine seemännische Tradition besitzen, allerdings nur die Tradition.

Diese Bemerkung bedarf einer näheren Erklärung.

Die Ägypter sind keine Seeleute. Die Tatsache, daß sie den Nil befahren, verdient diese Bezeichnung nicht. Die Meeresschiffahrt gibt ganz andere Probleme auf als die Flußschiffahrt. Diese betrieben die Pharaonen mit Papyrusbooten. Ein solches Boot benutzte Thor Heyerdal in der Hoffnung, mit ihm den Atlantik überqueren zu können. Das Gebilde löste sich bei dem ersten Versuch nach der Hälfte der Fahrt auf (obgleich die leichteste atlantische Route gewählt worden war). Beim zweiten Versuch gelang die Überquerung zwar, doch befand sich das Schiff danach in einem völlig unbrauchbaren Zustand.

Allerdings gibt es ein ägyptisches Dokument, in dem es heißt, ein Pharao, der Afrika, vielleicht auf der Suche nach Gold, habe umfahren wollen, habe ein Schiff von den Phöniziern gechartert, die auch die Mannschaft gestellt hätten. Zwei Würdenträger des Pharaos hätten die Reise mitgemacht. Es liegt auf der Hand, daß der Pharao sich nicht an die phönizische Flotte hätte halten müssen, wenn er eine eigene Hochseeflotte besessen hätte.

Nichtsdestoweniger gab es in Ägypten eine seemännische Tradition, auch wenn sie nicht mehr ausgeübt wurde. Man hatte nämlich die Gewohnheit beibehalten, dem toten Pharao eine heilige Barke beizugeben, mit der er in das «Land der Vorfahren» im Westen gelangen konnte.
Zu dieser Barke gesellte sich noch die der Osiris, die ihn in dieses Land geleiten sollte.[1]
Eine Reihe von Tatsachen aus der Vorgeschichte und den Überlieferungen, die lange Zeitabschnitte der Geschichte überdauert haben, bilden einen merkwürdigen Komplex, der zweifelsfrei die Gans mit den seefahrenden Völkern in Beziehung setzt und dadurch auch mit den Völkern, die die Dolmen errichtet haben.[2]
Die ägyptische Kultur stammt aus Äthiopien, aus den Bergen von Äthiopien. Die Äthiopier sind «dunkelhäutig»,

[1] Vgl. das Kapitel über den Riesen Isoré in: L. Charpentier, Les géants et le mystère des origines.
[2] Größere Dolmenvorkommen gibt es nur in küstennahen Gebieten oder in Gegenden, die an schiffbaren bzw. einst schiffbaren Flüssen liegen.

93 Oben: San Juan de la Pena: Kapitell mit dem Schloß des Herodes, alchimistischer Athanor, in der offenen Tür zwei Glaskolben (aus der Sammlung des Autors).
Unten: San Juan de la Pena: Chrismon auf einer Platte der Begräbnisnischen aus dem 13. Jahrhundert (aus der Sammlung des Autors).
94/95 Estrella: der heilige Hügel und ein Relief aus der Kirche von San Miguel (aus der Sammlung des Autors).
96 Oben: Puente la Reina: Pilgerbrücke, die dicht neben der alten Furt errichtet und durch eine Templerniederlassung bewacht wurde (aus der Sammlung des Autors).
Unten: Santa Cruz de Seros: Romanische Kapelle, in der die ersten Einflüsse des cluniazensischen Baustils zu spüren sind (aus der Sammlung des Autors).

Schwarze, aber keinesfalls Neger. Sie weisen keinerlei negroide Züge auf. Rassisch sind sie den Fulben verwandt. Sie kommen aus einem Dolmenland, und bei ihren Nachkommen oder Schülern gilt die Gans als heiliges Tier.

Die Phönizier lebten, wie man weiß, in der Gegend des heutigen Libanons. In der Antike waren sie die großen Seefahrer des Mittelmeers. Schon in fernen Zeiten wagten sie sich über die Meerenge von Gibraltar hinaus und erkundeten die Atlantikküsten Afrikas und Europas. Sie begannen mit Tartessos. Sie haben die Flotte von König Salomo gestellt. (Die Hebräer haben niemals eine Flotte besessen). Sie waren es auch, die seinen Tempel erbauten. Ohne Zweifel sind sie bis nach Amerika gelangt. Sie haben, so sagt man, das Alphabet erfunden.

Doch ist dieses phönizische Volk geheimnisumwittert. Nirgends läßt sich sein Ursprung entdecken. Solange man nichts Genaueres weiß, nimmt man an, sie seien Nachkommen der Himariten, die vom Golf von Aden das Rote Meer herabgekommen sind. Sie sind eine rothäutige Rasse. *Himarite* (HMR) heißt rot. Der griechische Name der Phönizier, Phoenike, heißt rot. Diesen Namen behielt jener Teil des Volkes bei, der sich um 800 v. Chr. in Karthago niederließ. Dort wurden sie für die anderen Völker die *Punier*.

Es scheint, als hätten die Kreter ursprünglich derselben Rasse angehört. Jedenfalls wurden sie von den Ägyptern als rot bezeichnet. Auch sie besaßen eine Flotte.

Diese Menschen, zumindest die Phönizier, durchforschten den Atlantik und ließen sich dann gegenüber von Tartessos in Cadiz, dem alten Gadir, nieder. Sie scheinen auch unter dem Namen «Milesier» in Irland in Erscheinung getreten zu sein.

Was haben sie im Atlantik gemacht? Man weiß, daß sie an den afrikanischen Küsten Gold gesucht haben. Es ist durchaus möglich, daß sie von den Bewohnern des Atlas, Herodot nennt sie Atlanter, erfahren haben, wo sie es finden.
Doch begaben sie sich nicht nur nach Cadiz, sondern auch nach Galicien (man schreibt ihnen die Fundamente des Herkulesturms in Coruna zu), nach Armorika und zu den Kassideriden (den «Zinninseln»), die nach Auffassung der meisten Historiker vor der Westküste Cornwalls lagen.
Es ist bekannt, daß sie sich dort das Zinn und vielleicht auch das Kupfer für ihre Bronze besorgt haben.
Woher wußten sie das? Die Eingeborenen kannten keine Metalle. Die Gegend muß also schon vorher entweder von den Tartessern oder den Phöniziern selbst erkundet worden sein.
Es sei denn, es hat eine noch ältere Überlieferung gegeben, eine, die allen seefahrenden Völkern gemeinsam war. Möglicherweise hat sie mit der Gans, dem Schwimmvogel in Zusammenhang gestanden. Denn, ich entnehme diesen Hinweis der Schrift *Le Trésor cathare* von Gérard de Sède[3], «der Beiname Entenvolk wurde den Tartessern (und auch den Phöniziern) von den Alten verliehen. Die Phönizier hatten sich übrigens einen Schwimmfuß, das Symbol des Ruders, zum Zeichen gewählt. In der Nähe von Tartessos trug ein Fuß den lateinischen Namen der Ente: Anas (Strabon III)».
Doch nach den schwarzen Äthiopiern und den roten Phöniziern nun die weißen Pelasger. Sie, die Menschen vom Meer, sind, der griechischen Literatur zufolge, göttliche Wesen. Platon hat sie stets so bezeichnet, ohne sie deshalb als

[3] Gérard de Sède, Le trésor cathare, Julliard.

Sagenwesen zu betrachten. Sie sind göttlich, also wissend. Sie kommen aus dem Westen.
Sie scheinen sich in der Ägäis, vor allen Dingen in Lybien niedergelassen zu haben. Dort gründeten sie die Stadt *Argo*. In Argo beginnt auch die Reise des Schiffes gleichen Namens zum Kaukasus. Dort wollen die Argonauten das «Initiationsobjekt», das «Goldene Vlies», in ihren Besitz bringen. Dies gelingt auch nach etlichen Prüfungen und Bewährungen dank der Hilfe einer einheimischen Zauberin.
Im Kaukasus landet nach dem Kataklysmus der Sintflut ein Noah, der die Wissenschaft mit sich bringt. Der Kaukasus wird von den Archäologen mehr und mehr als Ursprungsort aller Kulturtechniken des Vorderen Orients angesehen. Im Kaukasus wurde Prometheus angekettet, weil er den Menschen das Feuer des Himmels überlassen hatte: Prometheus, der Verräter des Geheimnisses.
«Wie sollte man übersehen», schreibt Gérard de Sède, «daß das besondere Merkmal dieser Pelasger und der Städte, die sie gründen, die Farbe Weiß ist? Jenes Weiß, das griechisch *Argo* heißt.»[4]
Erinnern wir uns daran, daß Antäus, der Riese, den Herodot als Atlanter bezeichnet, eine Stadt gründete und ihr den Namen seiner Frau gab: *Tingis*, was «die Weiße» heißt. Ferner hat man die Pelasger manchmal mit den Hethitern in Zusammenhang gebracht. Dadurch wären sie mit den kaukasischen Völkern, oder zumindest mit einigen von ihnen verwandt. Schließlich stehen sie in unmittelbarer Verbindung mit den Völkern an der ionischen Küste, bevor sie von den Ioniern vertrieben wurden.

[4] a. a. O.

Es wird im allgemeinen angenommen, daß die unter dem keltischen Druck der Ionier emigrierten Pelasger das Volk der Etrusker geworden seien. Diese gründeten *Alba*, was «weiß» heißt. Die Etrusker hielten im übrigen ganz offiziell die Einwohner des alten Lybiens für ihre Vorfahren. *Und die Gans galt bei ihnen als heiliges Tier.*
Auch Albanien soll etruskischen Ursprungs sein: *Albanien*, «die Weiße». Die britischen Inseln erhielten von den Tartessern den Namen *Alebion*. Schließlich gibt es noch die *Alebiones* im galicischen Compostela.
Denken wir auch an den Garten der Hesperiden (abermals ein «Garten im Westen»). Er gehörte den drei «Hesperiden», den Töchtern des Westens: der Schwarzen, der Roten und der Weißen.
Augenscheinlich hat das alles dieselbe Wurzel, eine dreigeteilte Wurzel. Wir haben es, so scheint es, wenn nicht mit ein und demselben Volk, so doch mit verwandten Völkern zu tun. Ihre Wissenschaft ist gleichen Ursprungs. Nachdem sie sich gesucht und wiedergefunden haben, unterhalten sie weitgehend freundliche Beziehungen zueinander. Ihre nautischen Kenntnisse sind denen ihrer unterentwickelten Zeitgenossen weit voraus. In der Gans besitzen sie eine Art Symbol ihrer Überlegenheit (hieß der Anführer der Argonauten nicht Jason?).
Festzuhalten ist überdies, daß alle (bekannten) Herkunftsorte dieser Völker Dolmen in großer Zahl aufweisen: Äthiopien, Arabien, der Kaukasus, Andalusien, der Atlas und natürlich die gesamte Atlantikküste Europas. Man sollte die Bedeutung dieses Umstandes nicht unterschätzen. Schließlich neigen sie alle dazu, das Land der Seligen in den Westen zu verlegen. Auch Odysseus bewegt sich in der *Odyssee* nach Westen.

Es wurde häufig festgestellt, daß der Name Homers (H.M.R.) konsonantisch mit dem der Himariten, den roten H.M.R., übereinstimmt, griechisch: mit den Phöniziern. Victor Bérard meint, und er führt sehr überzeugende Gründe an, daß die *Odyssee* phönizischen Ursprungs sei. Es hat übrigens den Anschein, als sei den Griechen zur Zeit des trojanischen Krieges das westliche Mittelmeer nahezu unbekannt gewesen. Sie dürften kaum in der Lage gewesen sein, die Insel der Kalypso in ihrer damaligen (und auch heutigen) Gestalt so eingehend und genau zu beschreiben. Sie liegt zu Füßen der Säulen des Herkules und gegenüber dem alten Abyla-Berg, dem Felsen von Gibraltar.

Neben dem geographischen und selbstverständlich auch literarischen Interesse, das die Odyssee verdient, besitzt sie noch einen anderen Aspekt. Durch diesen ordnet sie sich in die Reihe aller anderen Initiationsreisen ein, ob sie nun zu Lande oder zu Wasser stattfinden. Hielte man sich nur an die geographischen Angaben (mögen sie auch noch so genau sein, und sie decken sich durchaus mit denen in unseren heutigen nautischen Handbüchern), würde man damit den ganzen geheiligten Symbolgehalt ausklammern, der den Griechen durchaus bekannt war.

In gewisser Weise ist die Odyssee das griechische «Totenbuch». Dort finden wir den Weg, die Durchgangsstadien, die Prüfungen einschließlich des Abstiegs in die Unterwelt, die Absage an die tierische Daseinsform bei Circe und der «Tod für die Welt» während der sieben Jahre auf der Insel der unsterblichen Nymphe. Dann die Rückkehr des Mannes ohne Namen, der seine Überlegenheit beweist und richtet.

All das sind auch Aspekte des Weges nach Compostela, des Todeswegs.

8

Todeswallfahrt

Santiago de Compostela und sein «Sternenweg» läßt sich nicht von dieser atlantischen Kultur trennen. Das Alter dieses Weges bemißt sich aber nach Jahrtausenden.
Vom Baskischen vielleicht abgesehen, sind die damals gesprochenen Sprachen untergegangen. Nur noch einige Wurzeln sind von ihnen geblieben. Aber auch sie sind von den Dialekten verstümmelt, von den Mundarten der Volksgruppen verformt und von den Sprachmoden abgewandelt, die ebenso unbeständig sind wie alle anderen Moden. So sind die Symbole zwar geblieben, doch die Laute, die ihnen einst entsprachen, sind abgewandelt oder untergegangen.
Es wäre deshalb vergebliche Mühe, sich vorstellen oder rekonstruieren zu wollen, was sich ursprünglich auf diesem Weg zugetragen hat. Da viele Dinge verlorengegangen sind, lassen sich die Symbole nicht mehr verbindlich deuten. Die Wörter, auf die sie sich beziehen, sind verlorengegangen. So sind sie heute nur noch mehr oder minder analoge Darstellungen. Meist stehen wir vor diesen Symbolen wie vor einem Bilderrätsel, das sich auf eine unbekannte Sprache bezieht oder auf eine Empfindungsweise, die uns völlig fremd ist.
Erstaunlich daran ist die Tatsache, daß der Bruch verhältnismäßig jungen Datums sein muß. Denn offensichtlich haben bestimmte Dinge, die wir *heute* nicht mehr verstehen, bis ins Mittelalter überdauert.
Die große Zahl der Symbole und symbolischen Zeichen die

– sehr tief – in die Felsen von Galicien eingegraben wurden, läßt darauf schließen, daß die Wallfahrt zumindest zu einem bestimmten Zeitpunkt eine Wallfahrt *zu* diesen Symbolen war.

Wir wissen nicht mehr, was sie bedeuten. Eines aber steht fest, und es wird den Prähistorikern sehr gefallen, daß es sich nämlich wie in Armorika und in Cornwall um eine Todeswallfahrt gehandelt hat.

Offensichtlich ist der Tod im Westen eine Überlieferung. Nach Westen wendet sich das Ka des ägyptischen Toten. Im Westen sind die Inseln der Seligen. Im Westen ist die Insel Avalon, die Apfelinsel, zu der sich die Seelen der verstorbenen Kelten begaben.

Das Grab des Gottes Belenus ist im Westen, in der Bucht des Mont Saint-Michel, der der Grabberg war und sich in der Nähe des Tombelaine-Felsens befindet, was ohne Zweifel *Tumba Belisama* heißt.

Wenn sich der heilige Jakobus in Jerusalem enthaupten ließ, beging er damit sozusagen einen Fehler. Der Fehler wird durch die makabre Kreuzfahrt nach Galicien berichtigt, wo sein Leichnam im Westen eine Ruhestatt findet. Es lassen sich über diese antike Sitte mancherlei Spekulationen anstellen. Man kann darin den Wunsch sehen, sich mit der Sonne zu identifizieren, die jeden Abend im Westen stirbt, bevor sie im Osten wiedergeboren wird. Man kann auch die Auffassung vertreten, daß eine bestimmte Überlieferung, eine ferne Erinnerung, das «Land der Vorfahren» nach Westen verlegt, wohin es wie zur Urmutter zurückzukehren gilt, um nach dem Beispiel des angebeteten Himmelskörpers wiedergeboren zu werden.

Welche Rolle auch immer der Westen im Unterbewußtsein des Menschen spielen mag, offensichtlich ist, daß der

Wunsch, sich an einen Ort des Todes zu begeben, auf der Hoffnung beruht, wiedergeboren zu werden. Wenn es nur darum ginge, einen Ort für seine sterblichen Überreste zu finden, warum sollte man dann die Mühe einer solchen Ortsveränderung auf sich nehmen?

Alle Religionen, mögen sie noch so vielfältig und unterschiedlich sein, stimmen in einem Punkt nahezu überein. Sie behaupten alle, daß der Tod nur ein Übergangsstadium zwischen den Leben ist. Die Tatsache, daß man sich das neue Leben ganz anders vorstellt, ändert nichts an der Grundtatsache: es gibt eine Wiedergeburt. Und um wiedergeboren zu werden, muß man sterben.

Was für den wahren Tod gilt, gilt gleichermaßen für alle Verwandlungen der menschlichen Natur. Wir würden heute sagen: für jede Mutation. Um einen anderen als den ursprünglichen Zustand zu erreichen, muß dieser ursprüngliche Zustand sterben.

Diese Tradition, in fast allen Initiationsriten bewahrt, galt auch für den Eintritt in die christlichen Orden. *Der Sohn des Menschen muß sterben, damit er wiedergeboren wird.*

Die Initiationszeremonie, die Einkleidung, ist eine Feierlichkeit, die mit einer Art Tod beginnt. Sie ist ein Todesritual. Es handelt sich um den Tod für die Welt. Der alte Mensch wird getötet, damit der neue geboren wird. Bliebe er sich gleich, wäre die Zeremonie bedeutungslos.

Bei anderen Völkern begegnen wir demselben Phänomen. Bei den Initiationsriten der sogenannten primitiven Stämme verfährt man ebenfalls nach diesem Grundprinzip. Ohne Wiedergeburt keine Wandlung, ohne Tod keine Wiedergeburt.

Das bekannteste äußere Zeichen dieses Vorgangs ist der Namensverlust. Seit jeher wird nämlich der Name als

Repräsentant des Menschen angesehen. Wird der Mensch ein anderer, muß auch sein Name sich verändern.
Diesem Vorgang begegnen wir schon in der Bibel, wo Abram, als er sich zu dem Opfer bereit erklärt, zu Abraham wird. Er ist ein anderer. Jakob wird nach seinem Kampf mit dem Engel zu Israel. Der Papst verliert nach seiner Einsetzung seinen bürgerlichen Namen und erhält den Papstnamen. Das gleiche geschieht mit den Königen nach ihrer Krönung. All das weist eindeutig darauf hin, daß die alte Persönlichkeit aufgegeben und eine neue geboren wird.
Zweifelsfrei gab es diese Vorstellung von einer tiefgehenden Verwandlung des Menschen, die durch die Prüfungen und Feierlichkeiten der Initiationsriten bewirkt wird, schon in sehr fernen Zeiten, schon zu denen des Höhlenmenschen.
Es gibt Anhaltspunkte dafür, daß der Tod zu bestimmten Zeiten während der Initiationsprüfungen durch eine Verwundung oder durch das Opfer eines Körperteils symbolisiert wurde. Das Teil steht für das ganze.
Beim Kampf mit dem Engel wurde Jakob die «Spannader an dem Gelenk der Hüfte» angerührt. Er wurde hüftlahm wie der Schmied Hephaistos in der griechischen Mythologie.
Vielleicht ist dies auch die Bedeutung jener Hände auf den Felsenmalereien, denen Finger fehlen.
Als Initiationstod oder, wenn man will, als symbolischer Tod verstanden, erscheint die außerordentliche Häufigkeit der Baudenkmäler, denen man Bestattungszwecke nachsagt, im Westen Galiciens, Armorikas und Cornwalls nicht mehr so außergewöhnlich.
Handelt es sich wirklich um Grabstätten? Diese Behauptung müßte weit überzeugender bewiesen werden, als es bisher geschehen ist. Soll das Grab für einen Menschen jedoch nur eine symbolische Durchgangsstation sein, muß

es eine besondere Beschaffenheit aufweisen. Die symbolische Auffassung besagt, daß das Grab, in dem der alte Mensch im Schoß der Erde vergeht, zugleich ein mütterlicher Schoß ist, in dem er wiedergeboren wird. Dazu ist erforderlich, daß dieses Grab mit einem Ausgang für die Wiedergeburt versehen ist. Genau dieser Form begegnen wir nun aber bei den *Tumuli* der Bretagne oder den *Mamoas* (galicische Bezeichnung für Tumuli) in Galicien. Das eigentliche Grab ist im allgemeinen ein *Cairn* aus aufgehäuften Steinen oder einfach ein Erdhügel. Das symbolische Grab besteht aus einem Gang, in dem sich, so scheint es, die Andeutung eines Labyrinths ausprägt.

Diese Gänge sind häufig unregelmäßig wie die Natur und scheinen nicht für die sterblichen Überreste von Menschen bestimmt zu sein, deren diesseitiges Leben beendet ist. Die Tatsache, daß man Skelette in diesen Tumuli und *Mamoas* gefunden hat – nicht immer, auch wenn sie nie geöffnet wurden –, berechtigt keineswegs zu dem Schluß, daß sie *für* Leichname erbaut wurden. Diese könnten ebenso aus unserer Zeit stammen.

Mamoa bedeutet in der galicischen Sprache «Brust», «Mutterbrust». Sie kommen in dieser Provinz in ungeheurer Zahl vor. Manchmal finden sie sich aufgereiht, wie in der Nähe von Santiago de Compostela, wo sich ein halbes Dutzend solcher Mamoas zwischen *Lens* und *Oca* erheben. Oca, natürlich, die Gans. Wirkliche Gräber oder Initiationsgräber? Doch ist diese Frage von so großer Bedeutung? In jedem Falle geht es um den Tod.

Wer folgte diesem Weg zum Tod? Sicher kann man keine eindeutige Antwort auf diese Frage geben, da es an Dokumenten oder entzifferten Zeichen fehlt. Doch ist anzunehmen, daß es sich um einen Initiationsweg gehandelt hat.

Diese Todesüberlieferung hat sich überdies in den Gebieten von Cornwall, Armorika und Galicien erhalten. Gelegentlich hat man vermutet, es handle sich dabei um eine bestimmte Romantik, die den Erzählern oder dem keltischen Geist zu verdanken sei. Ich sehe darin jedoch das Überleben einer Tradition, die sehr alt, jahrtausendealt ist. Man begab sich nach Westen, um «zu sterben». Dort strandete auch der Leichnam des heiligen Jakobus in seinem wunderbaren Schiff.

Durch einige römische Autoren weiß man, daß das Empfinden der Kelten gegenüber dem Tod keineswegs mit dem unseren vergleichbar ist. Für sie war der Tod nur ein Durchgangsstadium, eine Art Wendepunkt, der zur Wiedergeburt führte. Stein und Cairn genügten zur Erinnerung an die Helden.

Es ist auch möglich, daß sich das Volk, das keinen Anteil an dem Initiationstod und an der anschließenden Wiedergeburt hatte, zur Erklärung jener geheimnisvollen Geschehnisse seine Märchen geschaffen hat, in denen die Toten in anderer Gestalt wiederkommen. Vielleicht sind deshalb diese drei westlichen Länder so reich an Volkssagen, in denen Wiedergänger und Geister ihr Unwesen treiben.

Ich verwende den Ausdruck *Initiation*, weil es keinen anderen gibt, der die gleiche oder auch nur eine ähnliche Bedeutung besitzt. So ist es sicherlich notwendig, ihn soweit als möglich zu definieren oder zu erklären.

Diese Notwendigkeit ist um so größer, als ich zur Darstellung der überlieferten Wissenschaft und ihrer Übermittlungsformen auf jene «Vorbereitung» rekurrieren muß, die eigentlich das Wesen der Initiation ausmacht.

Allgemein wird das Wort in den verschiedensten Zusammenhängen verwendet. Etymologisch bezeichnet es die Tatsache, daß man sich auf den Weg macht, und keinesfalls, wie häufig angenommen wird, das Wissen selbst.

Das Wort kommt vom lateinischen *initium*, Anfang, her. Der Initiierte ist also nicht der Wissende, sondern der Beginnende, derjenige, dem man den Weg zur Erkenntnis gezeigt hat. Der Begriff hat dann eine Ausweitung erfahren und bezeichnet jetzt den Kundigen. So sagt man im Französischen, ein Mensch sei «initié aux mathématiques», wenn er ein bestimmtes mathematisches Wissen erworben hat. Der gleiche Bedeutungswandel vollzog sich in der Esoterik. Man meint im allgemeinen, der Initiierte besäße die Erkenntnis. Er besitzt jedoch nur die Möglichkeit, sie zu erwerben.

In diesem Zusammenhang müssen wir zwischen Wissen und Erkenntnis unterscheiden. Wissen in seiner heutigen Bedeutung ist rein zerebral. Wenn ich zum Beispiel die Arithmetik beherrsche, habe ich ein bestimmtes Wissen erworben. Damit verfüge ich aber noch lange nicht über eine *Zahlenerkenntnis* oder gar über ein *Zahlenverständnis*.

Das menschliche Gehirn hat große Ähnlichkeit mit einem Elektronengehirn. Es nimmt auf, womit es gefüttert wird, und zieht daraus die analytischen Schlüsse, zu denen es fähig ist. Diese hängen von den Voraussetzungen ab, die ihm durch die Sinne oder andere Verbindungen mit der Außenwelt geliefert werden.

Es läßt sich durchaus vorstellen, daß einem Tauben mit Hilfe einer musikalischen Umschrift bis hin zu den schwierigsten Harmoniegesetzen alles beigebracht werden kann, was es an musikalischem Wissen gibt. Wir können auch annehmen, daß er in der Lage wäre, zu komponieren. Er

wüßte alles über die Musik. Nur bliebe ihm die musikalische Erkenntnis verschlossen. Das Wesen der Musik wäre ihm nicht zugänglich. Und er würde noch nicht einmal selbst wissen, daß ihm, dem Wissenden, das Wesen der Musik verborgen bliebe.
Wie sollte er es wissen oder auch nur ahnen? Ihm erginge es wie den Menschen im Höhlengleichnis von Platon, die nur die Schattenbilder sehen und sich vorstellen, diese Epiphänomene seien die Welt. Sie können aus ihnen zerebral eine ganze Welt ableiten, doch von der wirklichen Welt hätten sie nichts erkannt.
Der Initiierte, um zum Beispiel des Musikers zurückzukehren, ist derjenige, der die Musik *hört*. Was nicht gleichbedeutend damit ist, daß er irgend etwas über die Musik weiß. Ihm können alle musikalischen Gesetze völlig unbekannt sein, trotzdem ist ihm die *Natur* der Musik zugänglich. Dieses Wissen schöpft er aus sich selbst.
Der gleiche Unterschied besteht zwischen dem Chemiker und dem Alchimisten. All das Wissen des Chemikers kann ihm die Erkenntnis nicht ersetzen, eine Erkenntnis, über deren Wesen er sich nicht im klaren ist, ja, von deren Vorhandensein er noch nicht einmal weiß.
Es hat den Anschein, als sei es das vorrangige Ziel aller Religionen, den Menschen in einen Zustand zu versetzen, in dem ihm die Erkenntnis zugänglich wird. Eine jede Religion hat ihre besonderen Verfahren entwickelt, die «das Verständnis vorbereiten» sollten: Askese, Joga usw. Man hat sogar zu Sinnesausschweifungen seine Zuflucht genommen wie Rimbaud, zum Wein wie Rabelais, zur Abtötung des Fleisches wie zahlreiche Christen, zum Tanz wie die Derwische.
Genauer, man scheint damit das Ziel zu verfolgen, jene

Sinne zu schärfen, die beim Menschen mehr oder minder stumpf geworden sind. Er soll nicht nur die Erscheinung und die materiellen Beziehungen seiner Umgebung wahrnehmen, sondern auch das tiefere Wesen der Dinge, die ihn umgeben. Dabei werden ihm zahllose Beziehungen, Analogien, Gegensätze und Verwandtschaften zwischen den Dingen gewärtig.

Es zeigt sich, daß es sich nicht um ein Wissen, sondern um einen Zustand handelt, einen «Zustand der Gnade», der flüchtig oder von Dauer sein kann, dessen Besonderheit aber darin liegt, daß der Mensch, der sich darin befindet, nicht mehr derjenige ist, der er vorher war. Der Mensch, der er vorher war, ist tot. Wir begreifen, warum es zu all den symbolischen Ritualen kam, die diesen Tod darstellen sollen. Vielleicht auch stellen diese Rituale selbst Verfahren dar, durch das sich der neue Zustand erreichen läßt.

Nun besitzt neben der Askese und den anderen Verfahren auch die rituell ausgeführte Handarbeit ihren Initiationswert. So hat die bewundernswerteste Ordensregel, die des heiligen Benedikts, unter der Bezeichnung «Regel des Meisters» bekannt, der Handarbeit die gleiche Bedeutung eingeräumt wie dem Gebet und dem Studium.

Es ist denkbar, daß diese Regel geschaffen wurde, weil die Mönche für ihre Nahrung und Unterkunft sorgen mußten. Diese Erklärung läßt sich jedenfalls nicht einfach abtun. Doch die Regel galt ja nicht nur dem «Wohl des Körpers». Sie sollte die Mönche auch in einen bestimmten Zustand der Gläubigkeit versetzen.

Zweifellos führt der Umgang mit dem Material und seine Verwandlung durch die Hand des Menschen ganz natürlich dazu, daß der Mensch das Wesen dieses Materials erfaßt, daß er es also erkennt.

Das ist ganz und gar kein intellektueller Vorgang. Er läßt sich einem Intellektuellen noch nicht einmal verständlich machen. Der Mensch wird ohne sein Wissen initiiert. Er erkennt das Material, auch wenn er keinerlei Wissen besitzt. Allerdings kann der Verstand auch beteiligt sein. Wird diese Erkenntnis nämlich analysiert, entsteht ein Wissen, das es ermöglicht, die Erkenntnis bewußt zu verwenden.
Jedenfalls ist die Arbeit auf dieser Ebene nicht mehr einfach ein Mittel, «sein Leben» im materiellen Sinne «zu verdienen». Sicher ist sie auch das, darüber hinaus aber ein Mittel zur persönlichen Entfaltung.
Der Grundfehler unserer Kultur liegt ohne Zweifel darin, daß sie die Arbeit hinter dem Geld hat zurücktreten lassen. Sie hat die Arbeit zu einem Mittel degradiert, mit dem man Geld verdient. So hat sie der Arbeit ihren Wert und dem Arbeiter seine Menschenwürde genommen. Seine Arbeit hat keine *persönliche* Bedeutung mehr für ihn.
Wahrscheinlich hätten sich die Arbeiter von Chartres geweigert, die unpersönlichen Wohnmaschinen unserer Vorstädte zu erbauen. Ein freier Mensch kann sich nicht dazu bereiterklären, andere Menschen in Kaninchenställe einzusperren. Aus menschlicher Sicht ist das Bidonville weniger entwürdigend.
Nicht selten haben die Mönche selbst – die Handwerkerbrüder, die Brüder der Brückenbaugenossenschaften – ihre Abteien, die heute Gegenstand unserer Bewunderung sind, mit eigenen Händen erbaut. Größtenteils haben dabei die Äbte als Architekten und Baumeister gewirkt.

Eine andere Form der Askese ist das Gehen. Man findet das einem selbst gemäße Tempo und bewegt sich durch die Natur, durch Wald und Heide, über Berge und durch Furte.

Es kommt der Augenblick, da der tote Punkt überwunden ist und der Rhythmus des Menschen sich dem Rhythmus der Natur, der Erde, des Himmels angleicht. Er befindet sich im Einklang mit allen natürlichen Rhythmen, sie durchdringen ihn, er durchdringt sie. Er wird aufnahmefähig. Er wird ein anderer Mensch, er befindet sich im Zustand der Gnade. Das ist einer der Gründe für die antiken Wallfahrten, bei denen sich die griechischen Philosophen auf ihre Initiationsstraßen begaben, die muselmanischen Philosophen auf ihre Reisen, die christlichen Massen zu den heiligen Gräbern, die Handwerksgesellen auf ihre Fahrt, die sie «Tour de France» (Reise durch Frankreich) nannten. Es versteht sich von selbst, daß dieser Zustand der «Erkenntnis» den Menschen mit bestimmten «Kräften» ausstattet. Man nennt sie magisch. Er entwickelt Fähigkeiten, die den Menschen normalerweise versagt sind. Dies gilt vor allen Dingen für die Wundertätigkeit. Daraus erklärt sich auch die Notwendigkeit, bei der Unterweisung in den «Mitteln» ein gewisses Geheimnis walten zu lassen.
Das Geheimnis verbietet es, daß Dokumente angefertigt werden, mit Ausnahme solcher, die nur von denen gelesen werden können, die man in ihrer Entzifferung unterwiesen hat. Ihrer Natur nach sind diese «Dokumente» von der gleichen Ordnung wie die algebraischen oder chemischen Formeln der Mathematiker und Chemiker. Ist man weder in der Algebra noch in der Chemie bewandert, lassen sich diese Formeln ebensowenig entziffern wie eine Seite mit chinesischen Schriftzeichen durch jemanden, der dieser Sprache nicht mächtig ist.
Doch hat das Geheimnis noch eine andere Konsequenz: es schafft die Voraussetzung für das Überdauern. Die Geheimnisse, die man bewahren und übermitteln muß, sind

schon dadurch weitgehend vor der Zerstörung geschützt, zumindest geschützter als die Dinge, die in alle Winde verstreut werden.

Die gesprochene Sprache verändert ihre Bedeutung von einem Land zum anderen. Worte verlieren erst ihren Wert, dann ihren Sinn. Manchmal muß man schon die Texte aus dem letzten Jahrhundert übersetzen, um ihre Bedeutung ganz zu verstehen. Wird die Unterweisung jedoch in Symbole gefaßt, die sich mehr auf das Wesen als auf die Form der vermittelten Inhalte gründen, gewinnt sie eine Beständigkeit, die von der Beständigkeit dieses Wesens selbst herrührt. Die Erkenntnis kann also ohne Verfälschung übermittelt werden, da ihr Wesen sich gleichbleibt.

Will das Individuum die Bedeutung der Symbole verstehen, muß es allerdings in der Lage sein, ihr Wesen zu begreifen. Es muß zumindest in der Lage sein, die Erkenntnis zu empfangen.

Es muß im Zustand der Gnade sein, das heißt, es muß *initiiert* sein.

Kurzum, es handelt sich darum, daß die Erkenntnis von einem Initiierten an den anderen weitergereicht wird, wenn nötig auch über große Zeiträume hinweg. Das Geheimnis läßt sich um so besser bewahren, da der Initiierte große Schwierigkeiten hätte, es einem Laien zu erklären; wie ein Hörender Mühe hätte, einem Tauben die Musik verständlich zu machen.

Daraus erklärt sich auch die Tatsache, daß alle Versuche, die Symbole zu erklären, fehlgeschlagen sind. Nimmt die Erklärung dem Symbol doch allen Gehalt.

Eine andere sogenannte magische Wirkung echter Symbole liegt darin, daß sie eine natürliche Analogie zu den Dingen besitzen, die sie symbolisieren. So werden sie zu Werkzeugen, mittels derer man auf die symbolisierte Sache einwirken kann. Aber das ist ein weiterer Aspekt, der dem Intellektualismus nicht mehr zugänglich ist. Für ihn reduziert sich die Analogie auf die Ähnlichkeit. Das heißt auf die Erscheinung.

Im Prinzip gilt dies auch für das Wort. Es wurde nach dem Bild der Wirklichkeit geformt, die es symbolisieren soll. Es stellt sie dar, enthält sie und schafft sie sogar. So erklärt sich das *Om Mane Padme Om* der Inder, die hebräische Psalmodie, die christliche Litanei und vor allem die lautmalende Kabbalistik des Abendlandes bzw. ihre schriftliche Entsprechung, die hebräische Kabbala.

Daher die Bedeutung des Namens.

Der Weg nach Compostela mußte ein Weg zu Jakobus sein.

9

Ligurer und Kelten

Es läßt sich nicht mit Sicherheit davon ausgehen, daß das Wort «Ligurer» eine Volksgruppe bezeichnet. Es erscheint unwahrscheinlich, daß eine Volksgruppe den ganzen Westen bevölkert hat. Denkbar ist, daß es sich um verschiedene Völker gehandelt hat, die verwandte, agglutinierende Sprachen wie das Baskische gesprochen haben. Von ihnen sind uns nur einige Wurzeln geblieben, die wahrscheinlich zahlreicher, als wir heute meinen, in die späteren Sprachen eingegangen sind.
Wird das Alter der Dolmen im allgemeinen richtig eingeschätzt, wären die Ligurer als ihre Erbauer anzusehen (was nicht heißt, daß sie sie auch erdacht haben). Sie gehören dem Neolithikum an und scheinen vor allen Dingen südlich der Loire überdauert zu haben.
In späterer, geschichtlicher Zeit findet man sie in Spanien, in der Nähe von Tartessos, wo es einen Ligurischen See gab. Außerdem in Portugal, in Galicien, in den Pyrenäen, in der Provence, wo immer noch ein «Bois des Ligoures» (Ligurer Wald) existiert. Der Löwengolf war einst das «Ligurische Meer». Julian behauptet, sie hätten außerdem ganz Nordeuropa einschließlich der britischen Inseln bis hin zu den Ufern der Ostsee bewohnt.
Trotz keltischer, iberischer und anderer Einflüsse hält man die Bevölkerung, die in Südfrankreich vorherrscht, immer noch für hauptsächlich ligurischen Ursprungs.
Wie sich das auch immer verhält und welche besonderen

mediteranen Einflüsse auch mitgespielt haben mögen, so haben doch die Ligurer den gesamten europäischen Süden beherrscht, als der Sage nach jener *Maître Jaques* (Meister Jakob) auf der Bildfläche erschien. Er war ein Steinmetz, der am Bau des Tempels von Jerusalem, des ersten, des Salomonischen, mitgearbeitet haben soll.

Sicherlich ist es eine Sage. Doch darf sie deshalb nicht von vornherein ganz und gar abgetan werden. Die Sagen entstehen nicht ohne Grund.

Es ist eine Sage der Steinmetze, die vielleicht in späterer Zeit von einem Bibelleser umgearbeitet wurde.

Der gültige Tatbestand, der mir durch andere Anhaltspunkte bestätigt zu werden scheint, liegt in der Beziehung zwischen den ligurischen «Handwerkern» und den Phöniziern.

Hier die Zunftsage:

Maître Jaques stammt aus den Pyrenäen. Die Sage nennt auch seinen Geburtsort: *Carte* (heute Saint-Romilly). Nach meiner Hypothese gehörte er in Wirklichkeit jener Volksgruppe an, die den Westen mit Dolmen übersät hat. Er ist also Ligurer und Parteigänger des *Lug* und der *Gans*. Er ist ein *Jars* (Gänserich), ein *Maître Jars*. Als Maître (Meister) ist er initiiert, vertraut mit der Natur des Steins. Die Sage berichtet, daß er seit seinem fünfzehnten Jahr den Stein bearbeitete.

Zur Zeit, als der Tempel des Salomons von den phönizischen Bruderschaften erbaut wurde, rief der Baumeister Hiram Meister Jaques mit einigen Angehörigen seiner Bruderschaft zu sich, damit sie ihm bei diesem Bauwerk halfen.

Wir befinden uns ungefähr im Jahre 900 v. Chr. Zu dieser Zeit sind die Phönizier noch Herren des Mittelmeers. Aber

sie wagen sich auch auf den Atlantik über die Säulen des Herkules hinaus. Nach Tartessos (unter anderem im Auftrag des Salomon), nach Noya in Galicien, nach Armorika, zu den Kassideriden am äußersten Ende der Küste von Cornwall, um dort Zinn und vielleicht auch Gold zu holen.
Es ist also durchaus möglich, daß die Phönizier an dieser galicischen Küste auf die Steinmetze aus den Pyrenäen gestoßen sind. Führte doch dorthin der Überlieferung gemäß die Initiationsreise der «Handarbeiter» und insbesondere der *Steinarbeiter.*
Durchaus denkbar auch, daß diese «Arbeiter» in den Orient gebracht worden sind. Vor allem, wenn man bedenkt, daß die Völker der *Gans* und diejenigen der *Ente* freundschaftliche Beziehungen unterhielten. Letztere trugen das Zeichen des Schwimmfußes, wie es manche Pyrenäenbaumeister noch bis in die Renaissance hinein taten.
Denkbar schließlich auch, daß ein initiierter Steinmetz in die Dienste eines initiierten Baumeisters im Vorderen Orient trat.
Beim Tempelbau des Salomon? Halten wir uns wieder an die Bibel.
Sie berichtet (und das darf als historische Tatsache angesehen werden), daß Salomon einen Tempel erbauen wollte, um in ihm die Bundeslade und die Gesetzestafeln zu verwahren. Aber er verfügte nicht über geeignete Arbeitskräfte, die einen Tempel bauen konnten, die also initiiert waren. Man darf nicht vergessen, daß die Israeliten ein Hirtenvolk waren, ein Nomadenvolk, das im Zelt wohnte und erst kurz zuvor im Land Kanaan ansässig geworden war. Es besaß noch keine eigene Tradition im Bauhandwerk. Deshalb wandte sich Salomon an Hiram, den König des phönizischen Tyrus, um Hilfe. Dessen Arbeiter wußten

mit dem Stein, dem Holz und dem Metall umzugehen. Die biblische Geschichte, an der zu zweifeln keinerlei Anlaß besteht, fügt hinzu, daß Hiram, der König von Tyrus, seinen Baumeister gleichen Namens und seine qualifizierten Arbeiter zu Salomon entsandte.
An dieser Stelle macht die Sage den Zusatz, daß Hiram sich außerdem an Maître Jaques und seine Zunftgenossen um Hilfe wandte. Hier handelt es sich nicht mehr um historische Tatbestände, doch dieselbe Sage berichtet, daß Maître Jaques für die Säule *Jachin* vielleicht auch für die Säule *Boas* verantwortlich sei.
Die Bibelübersetzer geben die Bedeutung von *Jachin* gewöhnlich mit «sie wird stützen» an, doch in der baskischen Sprache heißt dieses Wort «wissend» oder «der Wissende».
Das erste Buch der Könige (VII, 22) berichtet weiter: *und es stand also oben auf den Säulen wie Lilien.* Lilie, Dreizack oder Gänsefuß? Das Zeichen besaß ebenso für Hiram vom phönizischen «Entenvolk» seine Bedeutung wie für Maître Jaques und seinen Gänsefuß.
Die Zunftsage, daß man beim Tempelbau viele Fremde beschäftigt habe, die sich unterschiedlicher Sprachen bedient hätten. Deshalb habe der König Salomon (sicherlich war aber Hiram der Verantwortliche) ihnen ein Zeichensystem vorgegeben, das sie beim Bau verwenden konnten und das ihnen erlaubte, sich auf der Baustelle miteinander zu verständigen, ohne auf eine gesprochene Sprache angewiesen zu sein.
Dieses Zeichensystem scheint immer noch von den *Compagnons des Devoirs*[1] (den Brüdern der Pflicht) verwendet zu

[1] Vgl. Raoul Verges, La pendule à Salomon, Julliard.

werden. Es ist kreisförmig angeordnet und heißt «Pendule à Salomon» (Salomon-Uhr). Es steht in einer gewissen Beziehung zum Chrismos, auf das wir im Zusammenhang mit dem Weg nach Santiago noch zu sprechen kommen werden. Manche dieser Zeichen weisen eine seltsame Ähnlichkeit mit den Buchstaben jenes Alphabetes auf, das sich auf dem Sarkophag des Hiram befindet. Das ist nicht weiter verwunderlich. Verwunderlich hingegen ist die Tatsache, daß sie auch den Steinzeichen auf den Felsen in Galicien ähneln, dem Alphabet von Alvao im portugiesischen Galicien und den Zeichen von Glozel (archäologischer Fundort im Arrondissement Vichy), das meiner Meinung nach eine neolithische Nekropole der «Leute vom Fach» gewesen ist.[2]

Nun stammen aber die Zeichen in Galicien wie die aus Glozel aus weit früherer Zeit als das Alphabet des Hiram. Leider stehen uns außer den Sagen keine Quellen zur Verfügung, so daß sich nicht der mindeste Beweis für das Vorgebrachte anführen läßt. Trotzdem wird deutlich, wie die Dinge sich miteinander verbinden und zusammenfügen. Die neolithischen Zeichen aus dem Westen, die Zeichen der Baumeister, die phönizischen Zeichen, sie alle weisen eine auffällige Ähnlichkeit auf.

Die Phönizier besaßen Bauhütten.

Die Phönizier und die Baumeister aus dem Westen werden von der Sage in Beziehung zueinander gebracht.

Die Phönizier landen an Orten, die seit den allerersten Anfängen des Neolithikums als Endpunkte von Initiationswegen gekennzeichnet sind, auf denen die Menschen «wissend» werden, was im Baskischen *Jachin* heißt.

[2] Vgl. L. Charpentier, Les géants et le mystère des origines.

Der Sage nach arbeiten die Phönizier mit Bauhandwerkern zusammen, die *Jaques* (oder *Jachinak?*) heißen und aus dem Westen kommen.

Der Gänsefuß ist das Zeichen der Westler wie der Phönizier, der «Entenfüße».

Dies sind – neben anderen, weniger augenfälligeren – die «Fakten» unserer Beweiskette.

Die markanten Punkte dieser Kette befinden sich genau dort, wo sich jene Zeichen häufen, angesichts derer die gelehrtesten Archäologen «am Ende ihres Lateins» sind, das heißt dort, wo der Sternenweg endet, in den Rias von Galicien, wo einer der legendären Noahs landete, die Tiere zähmte und seinen Wein anpflanzte.

Man muß schon zugeben, daß dies alles nicht dem Zufall zu verdanken sein kann. Ebensowenig wie die Übereinstimmung der Dolmen in der ganzen Welt, ebensowenig wie die Übereinstimmung der Labyrinthe (es lassen sich ganz andere Formen denken), ebensowenig wie die Übereinstimmungen der Sternzeichen oder der Alphabete.

All das kann nicht dem Zufall zugeschrieben werden; es läßt sich auch kaum denken, daß diese Dinge sich von einem Ort aus ausgebreitet haben. So bleibt nur der Schluß übrig, daß all diese Phänomene, die sich überschneiden und zu einem Gesamtbild zusammenfügen, einen gemeinsamen Ursprung besitzen.

Soweit wir das wissen können, muß dieser gemeinsame Ursprung für den Westen und das Mittelmeer der Atlantik sein. Um nicht zu sagen: Atlantis.

Galicien verdankt seinen Namen den Kelten. Den gälischen Kelten, die uns unter dem Namen der Gallier bekannt sind. Wann sie auf der äußersten Spitze der iberischen Halbinsel

in Erscheinung getreten sind, ist umstritten. Allgemein ist man sich jedoch darüber einig, daß ihre Ankunft ungefähr in das 5. Jahrhundert v. Chr. zu verlegen ist, wobei die Schätzungen um etwa hundert Jahre voneinander abweichen können. Der Zeitpunkt liegt also 1000 Jahre vor ihrem Erscheinen in Gallien.
Man meint, daß sie aus Zentralasien, genauer aus den Hochebenen des Irans kommen. Deshalb werden alle Völker, die diesen Ursprung haben und die die sogenannten indogermanischen Sprachen sprechen, Arier genannt.
Nacheinander sollen aus diesem zentralasiatischen Gebiet die Stämme der Ionier, Dorer, Kelten, Germanen und Slawen hervorgegangen sein.
Die keltischen Stämme sollen sich mehr oder minder in Zentraleuropa aufgehalten haben. Einige keltische Gruppen sollen übrigens in bestimmten Gegenden des Balkans überlebt haben.
Im äußersten Westen scheinen sie weit weniger zivilisiert gewesen zu sein als die Völker, die sie unterworfen und mit denen sie sich vermischt haben. Trotzdem wird allgemein angenommen, daß sie das Eisen um 800 v. Chr. mit sich geführt haben. Jedenfalls tritt das Eisen mit ihnen zum ersten Mal im Westen in Erscheinung.
In Gallien organisieren sie sich in Stammesverbänden – oder sie werden in solchen organisiert. Dabei verwenden sie im allgemeinen jene Orte, die schon durch die Konzentration von Megalithen markiert sind.
Die Knotenpunkte zwischen den keltischen Völkerstämmen, gewöhnlich schlossen sie sich zu Vierergruppen zusammen, zeichnen sich nämlich durch Megalithen oder Dolmen aus, die sich dort schon lange vor dem Eintreffen der Kelten befanden. Man ist versucht zu fragen, ob diese

«Invasion» wirklich so vor sich gegangen ist, wie man sie sich gemeinhin vorstellt, das heißt als der Einfall einer Barbarenhorde, die nach einem Ort suchte, an dem sie bleiben konnte. Möglicherweise hat es sich um eine «Aufteilung» von Menschen gehandelt, die aufgerufen worden waren, sich in unterbesiedelten Gebieten niederzulassen. Etwa so, wie ein Imker junge Bienenschwärme in leeren Körben unterbringt.

Natürlich denken wir hier an die Druiden, die die keltischen Völker im Westen führten. Erstaunlich ist jedoch, daß diese Druiden nur in den Gebieten im äußersten Westen in Erscheinung traten. Dabei gab es auch Kelten, die sich, wie schon erwähnt, im Balkan aufgehalten haben und von denen noch Reste erhalten geblieben sind. In römischer Zeit waren diese Gebiete nicht germanisiert. Trotzdem werden von den römischen Autoren keine «Druiden» erwähnt, obwohl sie all jenen «Barbaren» große Aufmerksamkeit schenkten, die eine mögliche Bedrohung Roms darstellen konnten.

So ist die Frage nicht von der Hand zu weisen, ob die Institution der Druiden nicht schon bestand, bevor die Kelten nach Gallien und auf die britannischen Inseln gelangten. Das Wort «Druide» ist sicherlich keltischen Ursprungs. Zweifelsfrei hat man aber in ihm lediglich eine Übersetzung eines früheren «Wissenden» oder «Sehenden» zu sehen. Im Gebiet der Provence, das im wesentlichen ligurisch blieb, nannte man sie «Magiere».

Die irländische Sage leitet sie aus dem Stamm der «De Dannqan» (Tuatha de Danqan), dem Stamm der Göttinnenmutter her. Danach sollen es Zauberer sein, die vor den Fomoiri und vor den Milesiern nach Irland gelangt sind. Außerdem gibt Apollodoros an, und das ist ein Detail von großer Wichtigkeit, daß man die Argier, die Leute aus Argo,

also die Pelasger, *Danaer* nannte. Dabei handelt es sich nicht um einen Eigennamen, sondern um eine Kennzeichnung, die mit dem griechischen Wort für unterrichten, *dao,* in Verbindung zu stehen scheint. Nun sind aber die Druiden diejenigen, die «unterrichten».
Die Pelasger waren Völkerstämme, die vom Meer, vom westlichen Meer, vom Atlantik kamen. Eine andere irländische Überlieferung will wissen, daß die ersten Druiden in Irland aus Spanien kamen.
Ich werde auf diesen Gegenstand zurückkommen, der mir in ganz enger Verbindung zum Weg nach Santiago de Compostela zu stehen scheint.

Die Gälen, die sich im äußersten Westen niedergelassen und sich sehr umsichtig verteilt hatten, unternahmen, wie man weiß, zwischen dem 5. und 3. vorchristlichen Jahrhundert Expeditionen nach Galicien, nach Rom und in den Orient.
Und noch etwas Außerordentliches trug sich zu: diese Expeditionen (abgesehen von jener nach Rom, und auch Rom liegt in der Nähe von Alba Longa und Etrurien) führten zu den traditionellen Initiationsorten: nach Galicien – oder zumindest in die Gegend, die Galicien einst war, nach Delphi und in den Kaukasus, wo sie Galizien gründeten.
Suchten sie nach Schätzen? Ohne Zweifel. Aber handelte es sich wirklich um «materielle» Schätze? Soweit man weiß, war Gallien an Gold nicht arm. Es scheint, daß die Gallier nicht viel Aufhebens von ihm machten. Gern opferten sie es den Göttern der Seen und der Teiche. Waren es nicht möglicherweise die Grundlagen jener überlieferten Wissenschaft, derer sie an ihren Quellen habhaft werden wollten, um sie in ihrer ursprünglichen Reinheit wiederzufin-

den? Wollten vielleicht die Druiden sie wiederfinden, die wußten, *wo* sie zu finden war?

Die erste Expedition gilt Galicien, dem «Finisterre» der iberischen Halbinsel. Sie findet im 5. Jahrhundert v. Chr. statt und bedient sich des heutigen Weges nach Santiago. Das läßt sich heute noch verfolgen, weil diese Expedition in den durchquerten Gebieten ihre Spuren hinterlassen hat.

Die Gälen überquerten den Somport oder einen der kleinen Pässe, die sich in seiner Umgebung befinden. Dabei gaben sie einem Fluß ihren Namen, dem *Rio Gallego*. Ihr Name findet sich auch in *Briones* wieder, bei den *Brions* und bei den *Berones*, die zu dem Großstamm der *Bituriges* gehört zu haben scheinen (es gibt heute noch ein «Brion» in der Nähe von Issoudun).

Auch Burgos scheint in einer gewissen Beziehung zu diesen Bituriges gestanden zu haben. Den Gott Lug hat es wohl schon vor den Kelten gegeben, trotzdem werden sie wahrscheinlich aus ihm *León* und die Berge von *León* gemacht haben.

Natürlich finden sich ihre Spuren vor allem in Galicien: eine keltische Gruppe in Lugo, die eine Göttin namens *Poenama* verehrte. Die Ambronis in *Ambroa*, aus dem Coruña wurde. Die Tongres im Süden von *Tras os Montes*, die Eburones in *Ebora* am Tambre in der Nähe von Santiago.

Zu diesem Zeitpunkt kam es in diesem Teil des äußersten Westens zu einer vorkeltischen Kulturrevolution. Man nimmt an, daß sie gegen Ende der Bronzezeit stattgefunden habe. Ihr besonderes Merkmal ist die Nutzung einer Großzahl goldhaltiger und zinnhaltiger Erze und die Zunahme des Seehandels mit dem nordatlantischen Westen.

So ist es erstaunlich festzustellen, daß die *Albiones* und die *Osismii* sich nicht nur im Küstengebiet des armorikanischen Finistère, sondern auch zwischen der *Navia* und dem *Eo* finden. Die spanischen Autoren, die sich mit dieser Frage sehr eingehend beschäftigt haben, nehmen im allgemeinen an, daß es sich um Bezeichnungen handelt, die aus vorkeltischer Zeit stammen. Die gleiche Auffassung vertreten sie hinsichtlich der *Sefes,* die man häufig als reine Kelten angesehen hat. Sie dürften jedoch in ihrer Mehrheit von der Urbevölkerung abstammen, also von jener Bevölkerung, die das Geheimnis des Steins an die keltischen Neuankömmlinge weitergab.

Es hat nämlich nicht den Anschein, als seien die Kelten ursprünglich «Steinleute» gewesen. Es gibt keinen Anhaltspunkt dafür, daß sie vor Ankunft der Römer den Stein bearbeitet hätten. Dafür gibt es übrigens auch keine Anhaltspunkte bei ihren «germanischen» Vettern. Die fälschlich als Kelten angesehenen *Gordies,* die in Südfrankreich bleiben, sind rein ligurischer Abstammung. Praktisch treten keltische Steinbauten erst zur Zeit der römischen Herrschaft und ihrer Architekten in Erscheinung. Hingegen sind sie ausgezeichnete Zimmerleute. Die Holzkonstruktionen, die uns in ihren «Pfahlbauten» überkommen sind, legen davon überzeugend Beweis ab. Doch noch vor dem Auftreten Roms in Galicien wurde dort der Stein angeblich von Kelten bearbeitet. Die bemerkenswertesten Beispiele dafür befinden sich heute im Museum von Guimaraes im portugiesischen Galicien.

Am Rande sei erwähnt, daß man manchmal auf Köpfe ohne Mund stößt, die keine Köpfe ohne Leben, sondern Köpfe mit verschlossenem Mund darzustellen scheinen. Köpfe also, die ein Geheimnis bewahren. Ihre hermetische Bedeutung steht außer Frage.

Auf ebensolche Köpfe stieß man in Glozel und andernorts.

Zahlreiche Gelehrte versteifen sich darauf, sie mit Begräbnisriten in Zusammenhang zu bringen, weil sie nicht atmen. Doch die weitgeöffneten und sehr lebendigen Augen, hätten diese Gelehrten eigentlich eines besseren belehren müssen.
Es stellt sich also heraus, daß die gälischen Kelten im 5. Jahrhundert v. Chr. im Okzident von den drei Pilgerstraßen nach Westen Besitz ergriffen haben. Das war, bevor die zweite Welle der kimbrischen Kelten (Belgier und Bretonen) über das Land ging. Dabei hat es sich wirklich um eine zerstörerische Invasion gehandelt.
Man weiß aus den Untersuchungen von Dontenville, daß die armorikanische Pilgerstraße schon in vorkeltischer Zeit benutzt wurde. Daraus darf man schließen, daß das gleiche für Großbritannien und auch für Galicien galt. Wie der ganze Süden wird dieses Gebiet wohl eher ligurisch als keltisch gewesen sein.
Das war eine absichtliche Wiederaufnahme oder Fortführung der neolitischen Wallfahrten. Sie war vorbereitet und organisiert. Ihre zivilisatorische Zielsetzung scheint mir auf der Hand zu liegen.

10

Die Basken

Die Kelten haben auf ihrem Weg nach Galicien jene Strecke gewählt, die die klassische Pilgerstraße des 16. Jahrhunderts werden sollte: Logroño, León, Lugo. Allerdings scheinen sie das baskische Gebiet gemieden zu haben. Sie haben auf ihrem Weg die Provinzen des baskischen Volkes ausgespart. Freiwillig oder gezwungenermaßen haben sie einen Umweg gemacht.

Das führt uns zu der Frage, ob das baskische Gebiet nicht mit einem *Tabu* belegt war. Denn der Sternenweg führt mitten durch dieses Gebiet hindurch, und die Sterne nehmen baskische Bezeichnungen an: Izarra, Lizarra.

Gab es ein solches Tabu bei den Kelten, kann es nur von den Druiden stammen. Sie besaßen als einzige die Machtvollkommenheit, um solche Verbote zu «erlassen», nur ihre Verbote wären beachtet worden.

Der Ursprung der Basken verliert sich im Dunkel der Zeit. Bis heute hat man sie weder ihrer Herkunft noch ihrer Sprache nach irgendeinem bekannten Volk zuordnen können. Zweifelsfrei sprechen sie die älteste Sprache der Welt, die zugleich, wenn man Clément de Jaurréguiberry Glauben schenken will, seit ihren Ursprüngen die wissenschaftlichste ist. Als Mathematiker hat dieser Autor sie aus dem Blickwinkel seiner Wissenschaft untersucht. Dabei kam er zu folgendem Schluß:

«Einem allgemeinen Gesetz der Sprachwissenschaft zufolge ist die Sprache einer progressiven Evolution unterworfen. Nahezu in jeder Sprache läßt sich dieser Fortschritt vom ursprünglichen Stammeln bis zu den höchsten Entwicklungsformen aufzeigen. Anders liegt der Fall bei der baskischen Sprache. Ihre Ausdrucksmechanismen sind so vollkommen, daß sich für sie beim besten Willen keine Verbesserungen ersinnen lassen. Betrachtet man sie genauer, sieht man, daß sich ihre Elemente zu einem einzigen in sich stimmigen Gebäude zusammenfügen. Daß manche Teile dieses Gebäudes durch den häufigen Gebrauch abgenutzt sind, beeinträchtigt die Geschlossenheit des Gesamtbildes nicht im geringsten. Es fällt auf, daß jene Formen, die in der Alltagssprache am seltensten verwendet werden, die Reinheit und Strenge des Gesamtsystems aufweisen. Das legt den Schluß nahe, daß die baskische Sprache nicht dem Gesetz der progressiven Evolution gefolgt ist. Während andere Sprachen sich aus anfänglicher Unzulänglichkeit zu größerer Vollkommenheit entwickelt haben, hat das Baskische von Anfang an in seiner Gesamtheit eine solche Perfektion aufgewiesen, daß sich Verbesserungen nicht nur als unnötig, sondern auch als undurchführbar erwiesen haben.»[1]

Lassen wir offen, ob Clément de Jaurréguiberry Recht mit der Annahme hat, daß die baskische Sprache keine Evolution durchgemacht habe. In jedem Falle bleibt die Tatsache, daß wir es hier mit der ältesten Sprache der Welt oder zumindest mit der ältesten Sprache des Abendlandes zu tun haben. Darüber hinaus handelt es sich um eine Sprache von seltener Vollkommenheit.

Ohne Zweifel stammt die Sprache aus neolithischen Zeiten. Da es ferner den Anschein hat, als ließe sie sich nicht über

[1] Clément de Jaurréguiberry, Un peuple et une langue pas comme les autres, Documents souletins.

den Kreis der Familie und des Stammes hinaus vermitteln, ist auch anzunehmen, daß das Volk selbst aus dieser Zeit stammt.
Um nur ein Beispiel zu nennen, das aber in sich schon Beweiskraft genug enthält: Die Axt, die landwirtschaftlichen Werkzeuge zur Bodenbearbeitung und diejenigen, die zum Schneiden bestimmt sind, werden alle mit der Wurzel *Haitz* gebildet, die «der Stein» bedeutet. Als die Bronze den geschliffenen oder auch den behauenen Stein ersetzte, bewahrte das Werkzeug seinen alten Namen.
Die Sprache hatte also schon vor dem Bronzealter, und es liegt auf der iberischen Halbinsel früher, als man gemeinhin annimmt, einen Vollkommenheitsgrad und eine Vollständigkeit erlangt, die heute noch bewundernswert erscheint.
Die Basken sind ein Bergvolk, das geprägt ist von seemännischen Traditionen und im übrigen auch über große seemännische Fähigkeiten verfügt.
Jene Sitte, die man für die Überreste eines Matriarchats hält und die bestimmt, daß die baskische Frau die absolute Herrin innerhalb des Hauses ist, stellt lediglich eine Organisationsform dar, die einem Volk mit seemännischer Tradition gemäß ist. Irgendjemand muß während der langen Seereisen für die Kontinuität des Haushalts sorgen. Im Grunde ist die Frau «Herrin an Bord». Denkt man etwas genauer darüber nach, leuchtet die Regelung ein.
Man hat bislang für die Basken keinen jener Ursprünge entdecken können, die den Anthropologen so am Herzen liegen. Sind sie doch sonst stets mit ihren «Mediteranen», «Mongoloiden» und anderen Rassen zur Hand. Sie haben lediglich festgestellt, daß die Berber und die Irländer die nächsten bekannten Verwandten des Chromagnon-Men-

schen sind. Er war ohne Zweifel das schönste Exemplar der menschlichen Art, das es je gegeben hat.

Die Historiker haben versucht festzustellen, welche Einflüsse die Einfälle der Völker aus dem Morgenland auf Europa gehabt haben. Die baskische Küste können sie allerdings von der Vorgeschichte bis in römische Zeit nur als «traditionsverpflichtetes Gebiet» beschreiben.

Seit einigen Jahrzehnten untersucht und klassifiziert man jetzt die «Blutgruppen» nach ihrer regionalen Verteilung. Dabei ist man auf recht interessante statistische Sachverhalte gestoßen.

So ist die Blutgruppe 0 in Mitteleuropa sehr selten, häufiger in Westeuropa und Nordafrika. Die Grenze verläuft vom Golf von Triest zum Nordbaltikum. Am häufigsten tritt die Blutgruppe in eng begrenzten Gebieten auf: im Atlas, im Gebiet von Er Rif, in der Nähe von Tanger, in Westandalusien, im Baskenland, im Küstengebiet der Basse-Normandie, in Irland, Schottland, Island, in einem bestimmten Gebiet des Baltikums, in den Sevennen, im katharischen Gebiet, auf Korsika und in Asien in einer Enklave am Schwarzen Meer zu Füßen des Kaukasus.

Alle diese Gebiete liegen am Meer oder sind über Flüsse und Wasserläufe leicht zugänglich.

Alle liegen sie in westlichen Dolmenregionen.

Dazu kommt der Kaukasus.

Die Frage ist durchaus berechtigt, ob diese Blutgruppe 0 nicht auf jenes Volk von Seeleuten zurückgeht, die vom Atlantik kamen und auf die wir im Verlauf dieser Untersuchung immer wieder stießen.

Außerdem kann man feststellen, daß diese Gebiete Volksgruppen enthalten, die sehr große Ähnlichkeit mit dem Chromagnon aufweisen.

Unter all diesen Gruppen scheinen nun die Basken als einzige eine gewisse Kontinuität der Rasse und der Überlieferung bewahrt zu haben. Das liegt einerseits an der traditionellen Lebensform und andererseits an der sehr alten Sprache, die, von Lehenwörtern abgesehen, von den indogermanischen oder semitischen Sprachen überhaupt nicht beeinflußt worden ist. Leider fällt sie allmählich dem Einfluß des modernen Lebens zum Opfer. Es wäre so wichtig, sie zu retten.

Diese neolithische Sprache ist agglutinierend und kennt zahlreiche Flexionen. Sie ist eine gesprochene Sprache, geschrieben verliert sie viel von ihrem Reichtum (die ersten schriftlichen Zeugnisse der baskischen Sprache stammen aus dem zehnten Jahrhundert und sollen im Kloster Veso in der Nähe des Weges nach Santiago gefunden worden sein).

Im Zusammenhang mit dieser Sprache erwähnt Frank Bourdier in seiner «Préhistoire de France»[2] einen merkwürdigen Umstand: außerordentlich viele Plätze, Flüsse und Quellen in Frankreich scheinen baskische oder baskoide Namen zu tragen. Darunter gehen viele auf die Wurzel *Ur,* Wasser, und *Gar,* Stein, zurück. Die letzte Wurzel ist nach meiner Meinung eher ligurisch (doch wir wissen ja nicht, ob nicht das Ligurische, das vor Ankunft der Indogermanen die gängige Sprache in Europa gewesen ist, mit dem Baskischen verwandt gewesen ist).

Im Baskischen muß man wahrscheinlich auch den Wortursprung von *Alesia* (bedeutender gallischer Ort) suchen und nicht in *Alisier* (Maulbeerbaum) oder in einer recht ungewissen *Isis.*

Die geographische Bezeichnung *Alaiz* kommt im Basken-

[2] Frank Bourdier, Préhistoire de France, Flammarion.

land recht häufig vor. Unter anderem gibt es eine *Sierra de Alaiz* zwischen *Jaca* und *Gares,* dem heutigen *Puenta la Raina!* Sie liegt also an dem alten Weg nach Santiago, dem Sternenweg. *Aitz* heißt der Stein. *Al* oder *El* ist seit unvordenklichen Zeiten und in fast allen alten Sprachen die Bezeichnung für die unbegreifliche Gottheit *(Ahal* heißt im baskischen die Macht). *Al-aitz* ist der Stein des Gottes oder der göttliche Stein. Bei den Hebräern gab es *Beth-El,* das Haus Gottes.
(Aus keltischer Zeit kennen wir einen entsprechenden Ausdruck: *Car-Bel,* der Stein des Belenus. Daraus wurde *Carmel.)*
Aitz scheint dann die Bedeutung von Höhle angenommen zu haben. Vielleicht war damit ursprünglich das Loch im Felsen gemeint, vielleicht auch die Höhlung unterhalb der Dolmenplatte. Deshalb enden zahlreiche Orte auf *Aise,* was Keller oder Höhle heißt. La Chaise-Dieu (franz. Wintersportort mit den Überresten einer sehr alten Abtei; der Ortsname bedeutet «Gottesstuhl») ist wahrscheinlich nur für die lateinischen Schriftgelehrten eine *Casa-Dei.* Viel wahrscheinlicher handelt es sich um eine «Höhle Gottes», eine *Al-Aisia.*
Noch etwas ist bemerkenswert. Der größte Teil der Orte, in deren keltischen Namen man den baskischen Wortursprung erkennen kann, sind in irgendeiner Weise «heilig». Häufig sind sie es auch geblieben, weil die jeweils herrschende Religion sie in der Regel anektiert hat.
Ich möchte mich auf diesem sehr ungewissen und manchmal von subjektiven Auffassungen bestimmten Gebiet nicht zu weit vorwagen, bin aber doch zu der Annahme versucht, daß das Baskische die Rolle einer heiligen Sprache gespielt hat. Augenscheinlich wurde diese so ausdrucksrei-

che, klare und vollkommene Sprache einem Volk mit dem Auftrag «vermacht», sie zu «bewahren».
Diese Annahme ist durchaus nicht so spekulativ, wie sie auf den ersten Augenblick anmuten mag. Denn genau dasselbe hat Moses gemacht.
Doch damit betreten wir hermetisches Gebiet. Die Eigentümlichkeit einer geheiligten Sprache liegt in ihrer initiatorischen Bedeutung. Sie ist an sich ein Bestandteil der Religion, das heißt der kosmischen Beziehung im materiellen wie im geistigsten, göttlichen Sinne.
Eben diese Bedeutung haben die Kabbalisten der hebräischen Sprache verliehen.
Jede Äußerung einer solchen Sprache befindet sich im Einklang mit den Welten des Universums, mit der «Sphärenmusik», wie Platon sagt. So wirkt sich diese Sprache auf alle Dinge, einschließlich des Menschen, ebenso aus wie die kosmischen Vorgänge.
Genau das ist das schöpferische Prinzip des Wortes. Es ist bekannt, daß die ägyptischen und griechischen wie später die großen christlichen Baudenkmäler nicht auf einem architektonischen Entwurf beruhten, der auf die Phantasie des Erbauers oder die Zeitmode zurückging, sondern auf einer «Widmung». Das ist ein Satz in heiliger Sprache, der kabbalistisch verstanden alle wesentlichen Beziehungen des Bauwerkes zum Ort, der Zeit und den Menschen «angibt».
Das gleiche Prinzip erweist sich in den beiden Säulen des salomonischen Tempels, deren «Bezeichnung» überliefert ist: *Jachin* (er wird stärken) und *Boas* (in ihm ist die Kraft). Diese Bezeichnungen haben im Hebräischen sicherlich eine ganz andere Bedeutung.
Dieses ganze Gebiet ist nur den Wissenden zugänglich. Nur sie können eine heilige Sprache konstruieren. Das Wissen

der Menschen ist um so größer, je besser es ihnen gelingt, aus möglichst einfachen Prämissen eine unbegrenzte Vielfalt zu gewinnen.
Genau das geschieht in der baskischen Sprache. Auch wenn man berücksichtigt, daß die baskischen Gelehrten ihre Sprache sehr lieben und nicht ganz unparteiisch sind, muß man doch zugeben, daß sie sich alle über den schier unbegrenzten Ausdrucksreichtum ihrer Sprache einig sind. «Allein die Singularformen des transitiven Verbs», so schreibt Inchauspé, «kennen 6560 Modifikationen, und die sechs Indikativendungen des transitiven Verbs weisen insgesamt 3200 Abwandlungen auf, die sich alle voneinander unterscheiden«.
Eine weitere Eigentümlichkeit des Baskischen ist seine Konstruktionsweise. Zu diesem Thema hat Clément de Jaurréguiberry bemerkenswerte Studien unternommen, die meines Wissens jetzt von der baskischen Akademie herausgegeben werden. Dieser Forscher ist der Auffassung, daß das Baskische einer sehr geschlossenen und vollständigen mathematischen Struktur entspricht. Er schreibt: «Das Baskische ... ist eine Sprache von mathematischer Logik. Die Äußerungen in ihr werden nach harmonischen Regeln gewonnen und sind dem menschlichen Geist gemäß. Deshalb ist es unvorstellbar, daß ein Erwachsener, der in Soule geboren wurde und sein Leben dort verbracht hat, einen einzigen syntaktischen Fehler begeht. Ich sage: *einen einzigen!*»
Die Basken sind also die Erben einer außerordentlich gelehrten Sprache, die auf mündlicher, phonetischer Überlieferung beruht (wie die abendländische Kabbala). Sie ist heilig, wie die auf das Baskische zurückgehenden Namen heiliger Orte bezeugen. Dasselbe gilt für die Gottheiten. So

ist *Belisama,* der Paredros des Gottes Belenus, eine baskische Wortbildung. Das Suffix *ama* kennzeichnet die weibliche Form.

Liegt die Annahme nicht nahe, daß diese Sprachwissenschaft jener antiken Wissenschaft verschwistert ist, die so viele Geheimnisse des Kosmos, der Erde, der Menschen, der Tiere und der Pflanzen kannte? Einige Überreste sind unter der Bezeichnung überlieferte Wissenschaft auf uns gekommen.

Die baskische Sprache läßt sich keiner anderen bekannten Sprache zuordnen (abgesehen, so scheint es, von einigen kaukasischen Sprachwurzeln, und das sollte uns nicht überraschen). Die Sprache kann also nicht aus dem Orient kommen, genauso wenig wie das baskische Volk, das untrennbar mit seiner Sprache verbunden ist. Nach allem müssen wir also einräumen, daß die Sprache aus dem Westen kommt und auf ein untergegangenes, atlantisches Volk zurückgeht. Es sei denn, die Basken selbst wären dieses Volk.

Fest steht, daß diese atlantischen Menschen Seeleute waren. Sie landeten an den Küsten Westeuropas, bevor, während oder nachdem ein Kataklysmus weltweiten Ausmaßes ihr Ursprungsland verschlang. Die Überlebenden gingen in Galicien an Land (Noya und die Aro-Berge), an der katabrischen Küste (ein anderes Noya, andere Ajo-Berge), in Armorika (die Arrée-Berge), in Irland, in Cornwall, im Kaukasus (Noah und der Berg Ararat). Sie waren die Erben einer Kultur von Viehzüchtern, Ackerbauern, Seeleuten und Bauhandwerkern. Ihnen waren die Gesetze der Natur, der Erde und des Kosmos in hohem Maße vertraut. Sie besaßen eine heilige Sprache, die die großen kosmischen Gesetze wie die des menschlichen und tierischen Verhaltens widerspiegelte. Eine magische und schöpferische Sprache. Ich kann nicht mit absoluter Sicherheit behaupten, daß diese heilige Sprache das Baskische sei, aber ich denke, daß das Baskische ihr von allen Sprachen des Abendlandes am nächsten kommt.

Und ich bin der Auffassung, daß der Untergang der baskischen Sprache in einer Zeit, da der Materialismus allmählich alle Werte auslöscht, ein neuer Kataklysmus wäre.

Das ist noch nicht alles, was es über die Basken zu berichten gibt.

Die christlichen Orden haben sicherlich nicht ohne tiefere Gründe beschlossen, die Pilgerfahrten nach Compostela, die Initiationswallfahrt, wieder ins Leben zu rufen. Reklametüchtig wie sie waren, führten sie alles ins Feld, was ihnen zur Verfügung stand, so vor allem Karl den Großen, den man aus kirchenpolitischen Gründen ohnehin ausschlachtete.

So entstand mit dem Reisebericht von Amery Picaud die Urform des Rolandlieds: Die *Gesta Turpinia.*

Was hat die Schlappe, die einige Basken dem «Neffen» Roland, dem Grafen de la Marche, beigebracht haben, mit der Geschichte von Santiago de Compostela zu tun?

Karl der Große hat sich niemals nach Santiago begeben. Es ist sogar wahrscheinlich, daß er den Namen niemals gehört hat.

Vielleicht galt es aber, wie im Falle des heiligen Jakobus, eine ältere Legende zu christianisieren, die möglicherweise hartnäckig überlebte?

In der keltischen Religion gab es eine Gottheit, die nach allgemeiner Auffassung die «Schmiede» beschützte.

Der Doppelsinn, der durch den jüdisch-christlichen Sprachgebrauch dem Wort *Gott* innewohnt, legt nahe, daß unsere Vorfahren Polytheisten waren. Diese Auffassung ist revisionsbedürftig. Ein Großteil der Gottheiten, die den Ligurern und Kelten zugeschrieben wird, entspricht dem, was wir heute Schutzheilige nennen. Es sind Menschen gewesen, die tatsächlich gelebt haben, die aber Fähigkeiten besaßen, durch die sie ihrer Umgebung überlegen waren. Die Griechen nannten solche Menschen «göttliche Wesen», ohne sich deshalb über ihre irdische Natur im Unklaren zu sein.

Viele andere Gottheiten standen lediglich für Naturkräfte. So gab es einen «Gott des Donners», einen «Gott des Windes», «Quellgötter» oder «Quellgöttinnen». Alle Dinge, die der Mensch nicht begreift, die er nicht steuern oder bändigen kann, verehrt er als höhere Wesen.

Außerdem gibt es noch den Gott der Rasse oder des Volkes. Für die Kelten war es Teutates *(Tuata Teos,* der Gott des Stammes). Die Hebräer hatten Jahve (. . . und ich will euch annehmen zum Volk und will euer Gott sein . . .).

Diese Götter hat man vor allem bei den Griechen und Römern, aber auch bei anderen Völkern abgebildet. Sie sind Idole, Bilder. Auch darin drückt sich ihr konkretes Vorhandensein aus.

Das höchste Wesen läßt sich nicht definieren. Es entzieht sich dem menschlichen Fassungsvermögen. Die Schwäche des Christentums liegt darin, daß es dieses Wesen zu einem abbildbaren Idol erniedrigt hat.

Die Kelten besaßen also einen «Patron» der Schmiede, den «Gott» Culanus, dem der irische Held Cúchulainn eine zeitlang als «Hund» folgte. Culan, der in dem Namen eines Ortes in Berry überlebt hat, wurde damals *Khr' ulan'* ausgesprochen (Cúchulainn wird heute noch *Khr'uhr'ulin'* ausgesprochen).

Culan ist *Khr' oulan'* oder volkstümlicher: Roland. Eben jener Name, der dem Neffen von Karl dem Großen zugeschrieben wird. Ich sage zugeschrieben, weil der besagte Neffe sich als Franke wohl eher Roul, Raoul oder Rolf genannt haben dürfte.
Es ist also die Frage, ob Aymery Picaud mit seiner *Gesta Turpinia* eine alte Geschichte wieder aufnehmen wollte, eine Sage, in der es um ein Opfer unter Steinen ging und die von einem Roland-Culan handelte.
Es ist sicher, oder fast sicher, daß die Nachhut des Kaisers auf dem Rückweg von Spanien bei Valcarlos eine Niederlage durch baskische Aufständische erlitten hat. Davon wird man landauf, landab gesungen haben. Und Durandal, Rolands Schwert, spaltete den Felsen, nachdem der Held verzweifelt in sein Elfenbeinhorn gestoßen hatte.
Und das geschah in Valcarlos-Roncevalles ...
Schwer zugänglich liegt in der Nähe eines kleinen Passes und des Talkessels von Gavarnie die «Rolandsbresche». Sie ist nicht sehr weit von dem Weg entfernt, den die Kelten über Sallent am Rio Galligo verfolgten. Dieses Gebiet war baskisch, und ein Teil hat auch seine baskische Namensgebung behalten.
Die gälischen Kelten verfügten über Eisen und beherrschten die Schmiedekunst. Hat es sich also vielleicht um einen Culan-Roland gehandelt, dem der Durchgang verweigert, der zurückgeworfen und schließlich umgebracht wurde, weil er ein Tabu verletzt hatte, das auf der Schmiedekunst und dem Eisen lag?
Im Baskischen ist eine der Bezeichnungen für die Schmiede *ola.*
Natürlich läßt sich auch eine symbolische Tötung vorstellen. Man begegnet ihr ständig im Zusammenhang mit dem

Initiationsweg, so dem Mord an Hiram und an Maître Jacques, um nur zwei zu nennen. Oder die Überlieferung bedient sich, wie das häufig geschieht, zu ihrer Bekräftigung eines vorhandenen Tatbestands. Die Rolandsbresche gibt es tatsächlich.
Hatten die Basken zu dieser Zeit die Aufgabe, die Überlieferung zu schützen? Jedenfalls haben die Basken den Weg nach Santiago bewacht, den wirklichen, der «zwischen den Sternen» verläuft. Am Beginn des Weges in der Nähe von Jaca liegt ein Ort namens *Atares*. Die baskische Sprachwurzel *Atari* heißt Tür. Ein überzeugender Hinweis, wie ich meine.

Wir müssen uns noch einmal mit den baskischen oder baskoiden Namen beschäftigen, die sich auf gallischem Gebiet feststellen lassen. Diese Namensgebung betrifft zahlreiche heilige Orte. Viele von ihnen zeigen oft über beträchtliche Entfernungen hinweg orthodrome Regelmäßigkeiten: unter anderem die, die nach *Alesia* und *Isoré* benannt sind[3] *(Iza* ist die Wurzel von *sein)*. Das kann nur das Werk gelehrter Menschen gewesen sein. Und sie sprachen baskisch.
Deshalb liegt die Annahme nahe, daß diese gelehrten Menschen aus dem Baskenland kamen und daß sie so mächtig und angesehen waren, die Orte bestimmen und dort die erforderlichen Bauwerke errichten lassen zu können. Vielleicht irre ich mich, aber ich halte sie für die Nachkommen der letzten *Atlanter*, der *Großen Anten*, die in ligurischen Landen zu *Riesen* und dann zu den *Jean* wurden. Sie sind die Herren, auf baskisch *Jaun*.

[3] Vgl. L. Charpentier, Les géants et le mystère des origines.

Herren waren sie, weil sie die Macht besaßen. Allerdings hatte diese Macht nichts mit der eines Regierungschefs zu tun, sondern richtete sich konkret und unmittelbar auf die Natur. Es war die Macht von Maxa-Jaun, dem Herren der Natur in der baskischen Mythologie.

Andererseits waren es die Druiden, die später die Kelten auf den Weg zu den Initiationsorten schickten. Diese konnten sie nur aufgrund einer Überlieferung kennen, die von den baskischen Vorgängern auf sie überkommen war. Es ist also wahrscheinlich, daß die Druiden die Nachkommen und Schüler der *Jaunak* waren.

Noch ein anderer Tatbestand kommt hinzu: eine irische Überlieferung will wissen, daß die ersten Druiden aus Spanien gekommen seien.

All das untermauert die Möglichkeit, daß die Druiden baskischen Ursprungs waren. Wenn wir davon ausgehen, daß das Wort Druide ein keltisches Wort ist und erst mit den Kelten in Erscheinung trat, hießen sie vorher sicherlich *Jean* oder *Jaun* (was dem englischen John sehr ähnlich ist.)

War dann die heilige Sprache der Druiden (die sie ohne Zweifel besaßen) nicht ursprünglich das Baskische?

Das würde erklären, wie die Straßen der Initiationswallfahrt zu den Arrée-Bergen in Armorika oder zu den Aro-Bergen in Galicien gekennzeichnet wurden. In Armorika heißt der Versammlungsort immer noch *Pardon,* in Galicien *Padrón,* wo ja auch der heilige Jakobus landete. Sicherlich wurden diese Straßen von den Kelten eingerichtet, vielleicht um sie gegen noch barbarischere Völker zu schützen.

Dabei mieden sie sorgfältig das Baskenland.

11

Jakobsweg

Dann kam eine Zeit, da der Initiationsweg von Sainte-Odile nach Armorika nicht mehr benutzt wurde, oder höchstens aus einem Aberglauben, der auf eine verschwommene Erinnerung an die Überlieferung zurückging. Aber auch dann wurde er nicht bis zum Ende verfolgt, sondern nur bis zum Grabberg, dem heutigen Mont Saint-Michel.
Wahrscheinlich geschah das, als Rom Gallien besetzte und die Druiden verfolgt und verboten wurden. Es ist schwer, diesen Zeitpunkt auch nur annähernd zu bestimmen, doch sicherlich wurde der ursprüngliche Initiationsweg vergessen, als die Barbareneinfälle begannen.
Ebenso unsicher ist, seit wann der englische Weg nicht mehr benutzt wurde. Doch kamen wahrscheinlich beide Straßen etwa zu demselben Zeitpunkt außer Gebrauch. Warum, läßt sich leicht nachvollziehen.
Die Römer schafften jenen grundlegenden Unterricht ab, den die jungen Gallier durch die Druiden erhielten. Dadurch waren die Druiden gezwungen, sich ausschließlich der Heilkunst zu widmen, um sich ihren Lebensunterhalt zu verdienen. Das war zwar eines ihrer Spezialgebiete, doch die notwendige Unterweisung für den Initiationsweg konnten sie nicht mehr erteilen. Und es ist sinnlos, das Labyrinth zu durchlaufen, wenn einem das Ritual nicht bekannt ist.
Die Barbareneinfälle vollendeten das Werk, indem sie alle Menschen mehr oder minder zu Sklaven machten, die nicht

der fränkischen, burgundischen oder gotischen «Herrenrasse» angehörten (das heißt Germanen waren).
Doch hat es nicht den Anschein, als sei die Wallfahrt nach Compostela in gleicher Weise unterbrochen worden. Daraus erklärt sich auch, warum sie so leicht vom Christentum wieder aufgenommen werden konnte und warum diese Pilgerstraße als einzige benutzt wurde.
Der Grund dafür, daß diese Straße erhalten blieb, ist vor allem das Gebirge. Die Bergbewohner blieben dem Zugriff der Römer und später der Barbaren praktisch entzogen. Es ist nicht ungefährlich, die Bergbewohner in ihrer heimischen Umwelt zu jagen. Nun ist das Gebiet zwischen Katalonien und Galizien im Grunde ein einziges Gebirge. Und Rom hat von der Provence aus die iberische Halbinsel erst dann ohne Schwierigkeiten erobern können, als Cäsar nach der Niederwerfung Galliens Fuß an der kantabrischen Küste gefaßt hatte.
Im Baskenland scheint der Widerstand besonders heftig gewesen zu sein. Dort haben die Römer allem Anschein nach nur jene Straßen gesichert, die sie benötigten, um das Gold fortzuschaffen, das sie in großen Mengen im León gewannen.
Möglicherweise hat die Initiationsstraße also während dieser halben Herrschaft durch Rom fortbestanden. Vielleicht wurde sie sogar durch die römischen Baumeister benutzt. Allerdings sollte man sich vor übereilten Schlüssen hüten. Sicherlich hat Rom überall seine Bauwerke hinterlassen. Aber man hat in der Nähe von Vittoria in der baskischen Provinz Alava römische Stelen gefunden, in die Brückenbögen eingegraben sind. Sie sind also den «Brückenbauern» zuzuschreiben.
Diese Brückenbauer dürften jedoch kaum ausschließlich

römischer Herkunft gewesen sein. Schließlich sind nicht alle römischen Bauwerke, die überall dort errichtet wurden, wo Rom Fuß faßte, von Römern geschaffen worden. Im Latium dürften kaum genügend Arbeiter aufzutreiben gewesen sein. Es waren ja auch keine römischen Legionäre, die das Reich eroberten. Denn die römischen «Proletarier» lieferten (wie ihr Name ja aussagt) lediglich Kinder und dienten den verschiedenen politischen Parteien als Stimmvieh. Es ist deshalb wahrscheinlich, daß die «Steinmenschen» oder die Zimmerleute, die sich auf den Initiationsweg machten, auf römischen Baustellen gearbeitet haben. Sie hatten zwar nicht mehr die Möglichkeit, eine rituelle Erziehung zu genießen, aber sie konnten dort zumindest die Herstellung und Handhabung des Mörtels lernen, dieser größten Erfindung Roms auf dem Gebiet der Baukunst. Er war die Voraussetzung des Gewölbes und damit der Romanik.

Es wäre nicht mit rechten Dingen zugegangen, wenn die römischen und die ortsansässigen Bauarbeiter sich nicht auf den Baustellen verbrüdert hätten. Sie gründeten sogar «Bruderschaften», in denen eine bestimmte Art von Initiation Vorschrift war.

Zwar gibt es keinen Beweis dafür, daß die Straße zur Zeit Roms und in den ersten Zeiten der Barbareneinfälle benutzt worden ist. Es sei denn, man wollte die Tatsache, daß die Christenheit auf sie zurückgriff, als sie über eine ähnliche Organisation verfügte, als einen solchen Beweis ansehen. Aus der Namensforschung wissen wir, daß sie in vorrömischer Zeit benutzt wurde und aus schriftlichen Quellen, daß man sich ihrer wieder im 8. Jahrhundert bediente. Man kann kaum glauben, daß die Überlieferung über einen so langen Zeitraum nur mündlich erhalten sein soll. Alles spricht dafür, daß es zumindest keine gänzliche Unterbrechung gegeben hat.

Mit den Barbaren gewinnt das Christentum die Massen. Man könnte auch sagen, die Barbaren erobern den Westen mit dem Christentum. Als Konstantin es 312 als eine der römischen Religionen anerkannte, machte er es damit nicht zur verbindlichen Vorschrift. Er garantierte vielmehr die Religionsfreiheit. Erst als die Barbaren am Ruder waren, machten sie es zur Staatsreligion. Das ist immer ein Herrschaftsmittel, da die herrschenden Familien die kirchlichen Würden untereinander aufteilen.
Ob man nun durch das Schwert oder die Religion herrschte, in jedem Fall lief es darauf hinaus, daß die Völker versklavt wurden. Die Barbaren unterschieden sich von den Römern also nur durch das Mittel. Immer endete es damit, daß freie Menschen zu Knechten der Mächtigen wurden.
Unter dieser Herrschaft ging alle Erkenntnis und selbst das Wissen verloren. Die Felder lagen praktisch brach, und es gab keine Baumeister mehr. Die einzige Möglichkeit, sich

145 Der heilige Gral. Dieser Kelch ist orientalischen Ursprungs. Lange Zeit wurde er in den Krypten der Pyrenäenklöster aufbewahrt, vor allem in San Juan de la Pena. Ursprünglich bestand das Gefäß nur aus dem Steinkelch. Die Fassung ist jüngeren Datums. Schatz der Kathedrale von Valencia (Photo Mas, Barcelona).
146 Compostela: Inneres der Kathedrale. Im Vordergrund Propheten des Portico de la Gloria.
147 Oben: Die tierische Welt am unteren Teil des Portico de la Gloria (Photos Jean Roubier).
Unten: San Miguel de la Escalada: Westgotische Kirche. Eines der ältesten Bauwerke am ursprünglichen Weg nach Compostela (aus der Sammlung des Autors).
148 San Miguel de la Escalada: Mozarabische Galerie.

gegen die Sklaverei zu wehren, besteht darin, sich einer weniger rücksichtslosen Macht zu verschreiben. Sie war damals die Kirche und insbesondere das Mönchstum.
In den Mönchen lebte die Kultur wieder auf. Das gilt gleichermaßen für den Ackerbau wie für das Handwerk. Nur in den Klöstern durften die Menschen ihr Handwerk lernen und die *Schlüssel* wiederfinden.
Die ersten christlichen Bauwerke zeigen, daß die Handwerkerbrüder nach byzantinischem Vorbild «arbeiteten», wobei sie es mit bestimmten römischen Techniken verschmolzen.
Doch scheint sich in den Pyrenäen und an der kantabrischen Küste eine andere Tradition erhalten zu haben. Dies gilt besonders für den Weg nach Santiago. Man macht es sich einfach und nennt diesen Stil westgotisch, obgleich bekannt ist, daß kein barbarisches Eroberungsvolk mit dem Stein umzugehen verstand.
Wenn es nicht die «Westgoten» waren, muß also auf dieser Pilgerstraße eine initiatorische Überlieferung des Handwerks am Leben geblieben sein. Bewußte und gelehrte Handwerker, deren Wissen mit der Bearbeitung ihres Baustoffes Hand in Hand geht.
Nach meiner Meinung haben diese Leute das Zeichen der Gans bewahrt. So hat man auch nach dem 12. Jahrhundert den Pyrenäenbewohnern und vor allem den «abgesonderten» Baumeistern das Tragen dieses Zeichens zur Vorschrift gemacht. Sie mußten sich auf ihre «Cagotenkleidung» einen Gänsefuß nähen.
Sind diese Handwerker christlich? Sicherlich mehr oder weniger. Schließlich ähnelt die christliche Symbolik der ihren. Es gibt das Kreuz, das Opfer und die «Wiedergeburt». Man erfindet für sie den heiligen Jakobus, weil sie

«Jars» (Gänseriche) sind, also Parteigänger der Gans (ein Wort, aus dem in Frankreich «gars», Bursche, wurde und aus dem sich wahrscheinlich auch ein ähnlicher Ausdruck im Keltischen entwickelte, denn in Wales gab es «Gwas»). Und der heilige Jakobus nimmt den Platz von «Maître Jars» ein, dem überaus Gelehrten, dem *Jachin.*

Ihr Überleben verdanken sie der Tatsache, daß die Berge die Straße beschützen. Den Bergen und den Bergbewohnern. Auf diesem Weg sind sie freie Menschen. Das ist die erste Vorbedingung der Initiation.

Rom hat nur seine wichtigsten Verbindungsstraßen sichern können. Die Sweben, die bis nach Galicien gelangen, meiden den Weg wie die Kelten. Der Westgote Leuwigild beißt sich dort die Zähne aus und kann nur eine einzige heilige Stadt zerstören, *Varia,* das manche für *Aregia* halten (?). Karl der Große wählt verbotene Straßen und verliert dort seine Nachhut.

Um sie zu christianisieren, braucht es einer schönen Legende, einer christlichen Legende, die der überlieferten Sage so nahe wie möglich kommt und Symbole und Totems bewahrt.

Historisch gesehen ist der heilige Jakobus eine Fälschung. Hinsichtlich der «Jacques» (Jakobi) ist er keine, da den Überlieferungen Rechnung getragen wird. Der «Patron Jacques» bleibt auch als heiliger Jakobus Patron.

Er landet, wo die Sage es verlangt. Wie ein Seemann an westlicher Küste, am Ende des Sternenwegs, am Ende der Milchstraße, wo sich der «Große Hund» befindet. Wurde der heilige Jakobus bei seinen angeblichen Predigten nicht auch von einem Hund begleitet?

Einem Hund? Ist er als Wolf nicht bis in unsere Zeit das

Totem der «Enfants de Maître Jacques» (Kinder des Meister Jakob), die sich heute «Compagnons Passants du Devoir» (Wanderbrüder der Pflicht) nennen?
Maître Jacques ist ein Mann vom Stein. Als man den Leichnam des heiligen Jakobus auf einen Stein legt, schließt dieser sich um ihn wie ein Sarkophag. Der Heilige erweist sich als wunderbarer Steinmetz, und über dem Grab erscheint der Stern, der letzte Stern des Sternenwegs, des Initiationswegs, der Milchstraße.
So wird der heilige Jakobus zum «Magister». Aus seinem Tode muß er wiedergeboren werden. Das geschieht bei der Schlacht von Clavijo, wo er auf dem Roß, der Kabbala (Wortspiel mit «cavale», Roß, und «cabale», Kabbala), dem weißen Pferd, erscheint und zum «Ritter» wird.
Damit sind die «Jacques» samt ihren Überlieferungen im Schoß der Kirche gelandet.
Ist das so überraschend? Bekanntlich stammen alle christlichen Legenden aus Klöstern, vor allem aus Benediktinerklöstern. Die Benediktinermönche verstanden sich nun aber von allen Mönchen am besten auf das Bauhandwerk. Ihre Brückenbauer sind die unmittelbaren Nachfolger der römischen. Von ihnen erhielt der Papst auch den Titel «Pontifex maximus» (der größte Brückenbauer). Es wäre merkwürdig gewesen, wenn es nicht zwischen den Mönchen und den Laienbaumeistern, den freien Handwerkern aus den Pyrenäen und von der Kantabrischen Küste, zu einem mehr oder minder offenen Einverständnis gekommen wäre, als sie den sogenannten westgotischen Stil schufen.
Noch etwas: auch die Mönche des heiligen Columban waren Baumeister. Sie hatten die druidischen Überlieferungen bewahrt, die niemand, weder die Römer noch die

Barbaren, im freien Teil Irlands hatte zerstören können. Dort haben die christlichen Bischöfe mit den Funktionen der Druiden auch deren Überlieferung übernommen.
Nun hat es sicherlich Bauwerke auf dem Weg nach Santiago gegeben, die auf den Orden des heiligen Columban zurückgehen. Manche sehr alte Zierate sind eindeutig irischen Ursprungs, wie im Kloster von Leyre*, dessen Name im übrigen nach Pater Bergès an Eire (Irland) «erinnert».
Kurz bevor die Geschichte vom Grab des heiligen Jakobus erfunden wurde, hat der Abt Witizza, der später als «Heiliger Benedikt von Aniane» bekannt werden sollte, die Orden des heiligen Benedikt und des heiligen Columban miteinander verschmolzen.
Nun wird deutlich, welche doppelte Absicht der Christianisierung dieser sagenhaften Überlieferung zugrunde lag. Einerseits wurden die heidnischen Baumeister dem Christentum einverleibt und andererseits wurde den christlichen Baumeistern die erforderliche initiatorische Überlieferung des Westens zugänglich.
Die Erfindung des heiligen Jakobus bedeutet für diese Menschen also keineswegs eine Fälschung. Was besagt die Form der Sage, wenn ihre Substanz gültig bleibt?
Durch die Umwandlung der Sage lag eine Art Tabu auf der Person des Pilgers. So war es den Leuten vom Fach aus dem Norden möglich, die einzige noch freie Initiationsstraße zu benutzen.
Immerhin war es schwierig, den «Gänsefuß» wieder «offiziell» zum Zeichen zu wählen. So formte man ihn um. Allerdings waren die Veränderungen minimal. Der Schwimmfuß wurde zur Muschel, zur Jakobsmuschel, und dazu schuf man eine weitere schöne Legende.
Sogar zwei.

Amüsanterweise trägt die Jakobsmuschel, wie schon gesagt, die volkstümliche Bezeichnung *Merelle.* Das kann ein Diminutiv von Mutter sein, ist aber vor allem der Name eines Dorfes, das am Ufer jener Ria bei Noya liegt, in der Noah anlegte. Nicht aber liegt es in der Nähe von *Iria Flavia,* wo der heilige Jakobus landete. Da entlarvt sich die Legende ein wenig.
Jedenfalls ähnelt die Jakobsmuschel einem Schwimmfuß. Dennoch ist nicht sicher, ob alle Jacques die Muschel anstelle des *Pé d'Auque* akzeptiert haben. Bei den Pyrenäenbaumeistern behält letzterer jedenfalls lange Zeit seine Geltung.
Eines jedoch ist gewiß: in christlicher Zeit, und augenscheinlich auch vorher, ist der Jakobsweg vor allem die Straße der Baumeister. Ich halte es für wahrscheinlich, daß der größte Teil der großen Baumeister des mittelalterlichen Abendlandes diese Straße entlanggezogen ist, ganz gleich, ob es sich um Mönche oder um Laien gehandelt hat.
Erst später wurde die «Wallfahrt» in großem Maßstab ins Leben gerufen. Zu diesem Zeitpunkt war die Pilgerstraße hergerichtet und verlief auch nicht mehr genau nach der Sternenstrecke. Nicht die Kunsthandwerker benutzten sie jetzt, sondern die Masse der christlichen Bevölkerung. Mit ihr kam der Gedanke der *Buße,* das schleichende Gift des Christentums.
Bis die «Coquillards» (Bettler und Räuber, die sich als Jakobsbrüder ausgaben) daraus eine Räuberstraße machten – ohne den Segen der Kirche. Ihre Klosterbauten sind noch überall entlang der Wegstrecke zu finden. Manchmal sind nur noch Ruinen übrig, manchmal ersticken sie unter dem spanischen Barock, der überladen ist mit Heiligen in theatralischer Positur, mit Verzierungen und Gold.

Doch scheint die Romanik ihre endgültige Gestalt erst gefunden zu haben, als der Weg durch die Christen geöffnet wurde. Die Arbeiter, die diese Straße entlang gezogen waren, schufen in Frankreich die großen Kirchenbauten. Zwar haben sie auf dieser Straße die Gotik nicht entdeckt, doch haben sie dort ihre Voraussetzungen erworben. Das hatten die großen Äbte verstanden, die allerdings fast alle selbst Baumeister waren.

Das hatte auch der Templerorden verstanden. So findet man auf dem ursprünglichen Weg, dem Sternenweg, die ersten Niederlassungen der Templer in Spanien. Trug der Großmeister nicht den *Abakus,* den Meßstab der Baumeister? Doch es ist an der Zeit, *den Pilgerstab zu nehmen.*

12

Jaca

Gibt es nur einen Weg nach Santiago? Es gibt nur *einen* im Raum (zumindest bis zum 12. Jahrhundert) und *einen* in der Zeit. Die Stile berühren und mischen sich. Die Westgotik lebt in der Gotik, der mozarabische Stil im Barock fort. Immer wieder werden die Bauwerke restauriert. Jede Untersuchung, jede Ausgrabung fördert immer ältere Fundamente zutage. Es ist das gleiche wie mit jenen orientalischen Städten, die bei jeder Ausgrabung die Fundamente immer älterer Städte offenbaren, so daß man diese schließlich nur noch durch Zahlen bezeichnen kann.
Die gleichen Häuser für unzählige Generationen vorbeiziehender Pilger. Die Kirche nimmt die Höhle in Besitz, aber sie bleibt eine Höhle. Und die Bruderschaft, die die Arbeiten ausführt, gräbt neolithische Zeichen ein.
Alles ist zugleich Dauer und Unbeständigkeit. Die Zeiten gehen ineinander über. An die Stelle der Geschichte treten die Geschichten. Der Pé d'Auque wird zur Muschel, das Schwert des Culan zu dem des heiligen Jakobus, der wirkkräftige Stein zum Gral und Kelch, der Maßstab zum Pilgerstab.
Jahrtausende überleben in den Pilgerhospizen.
Die Sternstraße begann ursprünglich in Katalonien am Mittelmeer. Der Weg nach Santiago beginnt in christlicher Zeit in *Jaca.*
Jaca ist Stadt und Gebiet zugleich und liegt unter den Pyrenäenpässen des Somport, des Tourmalet und jenes

kleinen Passes, der in der Nähe von Gavarnie die «Rolandsbresche» benutzt.
Lateinisch hieß es *Iacca,* das sich von der baskischen Wurzel *iak* herzuleiten scheint. Das Wort besagt soviel wie «Wissen» und ist den Jacques der Sage verwandt. Im heutigen Spanisch heißt der Name «Arbeitspferd».
Natürlich läßt sich nicht entscheiden, ob es sich um das kabbalistische Pferd handelt, doch ist es schon ein merkwürdiges Zusammentreffen.
In dieser Gegend begegnen wir auch im *cuartel de Lizarra* (42°46′) dem Stern wieder. Die Gans findet sich in der Gegend von *Anso,* im *Val d'Anso,* das sich ohne Zweifel von *Hanso* herleitet, dem indogermanischen Gänserich.
In dieser Gegend scheinen die ältesten christlichen Klöster zu liegen. Meist sind sie über Höhlen erbaut, die ohne Zweifel zu Initiationszwecken benutzt wurden.
Und dort befand sich der Gral. Oder zumindest jener Kelch, der zur Entstehung der Gralssage geführt hat.
Dieser Kelch war seit unvordenklichen Zeiten in einem der ältesten Klöster des Weges, in *Santa Maria de Sasabe.* Es liegt in der Nähe von Canfranc, zwischen *Borau* und *Aisa* an der Somportstraße. Das ist eine schwer zugängliche Berggegend, in der sich zahlreiche Höhlen finden. Über einer dieser Höhlen wurde das Kloster *Santa Maria* erbaut.
Der Gral befindet sich heute in der Kathedrale von Valencia und wird vom «Guide bleu» wie folgt beschrieben: Der Kelch ist aus einem smaragdgrünen orientalischen Achat geschnitten und spielt bei einfallendem Licht in allen Farben bis hin zum Purpur.
Das Gefäß wurde eines Tages in das Kloster von *San Juan de la Peña* überführt, das sich am Fuße des *Oroel* in der

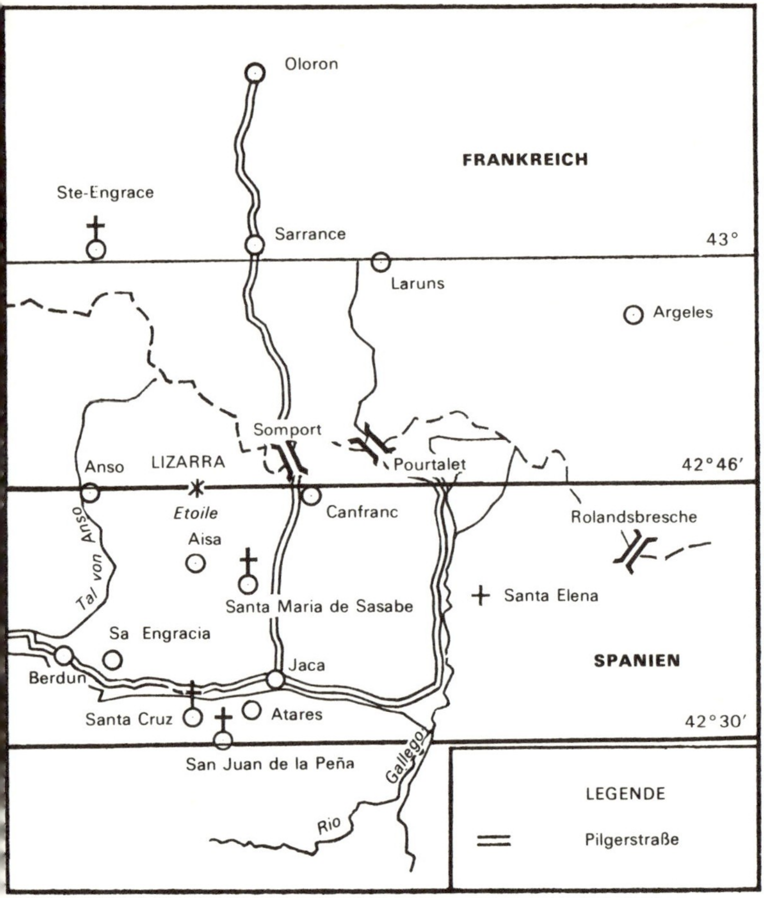
Oloron
FRANKREICH
Ste-Engrace
Sarrance
43°
Laruns
Argeles
Somport
Pourtalet
Anso
LIZARRA
42°46′
Etoile
Canfranc
Rolandsbresche
Aisa
Tal von Anso
Santa Maria de Sasabe
Santa Elena
Sa Engracia
SPANIEN
Berdun
Jaca
Santa Cruz
Atares
42°30′
San Juan de la Peña
Rio Gallego
LEGENDE
Pilgerstraße

Sierra San Juan befindet. Von da wurde es anschließend nach Huesca geschafft, wo der König von Aragon, Alfons V., es der Kathedrale von Valencia zum Geschenk machte. Dort befindet es sich noch heute.
Man nimmt manchmal an, die Existenz dieses Gefäßes habe im Kreis der Tafelrunde zur Entstehung der Gralssage geführt.
Wir wollen uns ein wenig mit der Sage beschäftigen, oder vielmehr mit den Sagen, denn zumindest im Christentum spinnt sich mehr als eine Legende um den Gral.
Der Gral ist also ein Kelch oder eine Schale, geschnitten aus einem Smaragd, der die Stirn Luzifers schmückte, als er noch ein Engel des Lichts war. Er verlor ihn auf der Erde, als er nach seiner Auflehnung vom Himmel herabgestürzt wurde.
Der Gral im Kirchenschatz von Valencia ist smaragdgrün, das sei angemerkt.
Der Kelch (oder die Schale) wurde sorgfältig gehütet. In ihm hat dann Josef von Arimathia das Blut Jesu am Kreuz aufgefangen. Gelegentlich ist auch zu hören, Jesus habe beim Abendmahl diese Schale benutzt. Nach alchimistischer Auffassung ist der Gral natürlich die Transmutationsschale.
Die Überlieferung macht Josef von Arimathia zum Ritter, obwohl sein Name eher «Totengräber» oder «Totenwächter» zu bedeuten scheint. Im Verlaufe wunderbarer Verwicklungen, unter anderem wird er einmal eingemauert, schafft er das Gefäß an zumindest zwei Orte:
Der wallisischen Überlieferung zufolge nach Glastonbury in England, wo es einen Dolmenbrunnen gibt, der *Chalice Well,* also Kelchsbrunnen, Gralsbrunnen. – Nach einer südfranzösischen Überlieferung in die Provence, nach

Sainte-Maries-de-la-Mer, von wo er dann in katharisches Gebiet kam.
Es ist ein auffälliges Zusammentreffen, daß der englische Gral auf einem der Initiationswege auftaucht, auf die ich in den ersten Kapiteln dieses Buches eingegangen bin. Nicht weniger auffällig ist, daß unter den heiligen Frauen, die in Sainte-Maries mit dem Gral an Land gingen, Marie Salome war, die Mutter von Jakobus dem Älteren, also von unserem Jakobus, dessen Grab sich am Ende des Weges nach Compostela befindet. Auf diesem Weg begegnen wir einem Gefäß, das der Gral genannt wird.
Die Sage ist ohne Zweifel westlichen Ursprungs. Mühelos läßt sich erkennen, daß kein großer Unterschied zwischen dem Kessel des Lug und dem christlichen Gral besteht.
Ferner ist der Gral vielen Sagen nach, unter anderem jener zufolge, die Wolfram von Eschenbach von Guyot de Provins übernimmt, ein Stein oder ein Steingefäß. Ohne allzu kühne Behauptungen auf diesem Spezialgebiet aufstellen zu wollen, möchte ich darauf hinweisen, daß die baskische Wurzel *Har* unter anderem Stein und *Ahal* Macht bedeutet. Das H entspricht dem griechischen Spiritus aspa (H-Anlaut), und das R ist ein Gaumen-R. Das ganze Wort *Har ahal* bedeutet soviel wie «Macht des Steins». Damit haben wir vielleicht den etymologischen Ursprung des Wortes Gral.
«Glaubt ihr», sagte der heilige Bernhard, «man kann keinen Honig aus dem Stein gewinnen?»
Im Süden Jacas, an der unteren Grenze des Sternenweges (42°30′), liegt das erstaunliche Kloster von *San Juan de la Peña*. Es ist in eine Höhle hineingebaut, die von einem überhängenden Felsen gebildet wird.
Deutlich ist zu erkennen, daß sich das Christentum, als es

den Weg nach Santiago in Besitz und in Gebrauch nahm, mit Bedacht an jenen Orten einrichtete, die bereits eine initiatorische Bedeutung besaßen.

Heute liegt das Kloster dank einer modernen Straße, die in Serpentinen die Hügel- und Berghänge hinaufführt, an einem leicht zugänglichen Ort. Einst wird man es aber nur mühsam über Maultierpfade erreicht haben.

Das alte Kloster ist im übrigen von schroffen Bergen umgeben, die keinerlei landwirtschaftliche Nutzung zulassen. Monatelang sind sie mit Schnee bedeckt. Und es hat noch nicht einmal wie das Kloster auf dem großen Sankt Bernhard die Entschuldigung, den Reisenden Hilfe zu leisten, denn es liegt abseits aller passierbaren Wege und weit entfernt von den wichtigen Straßen.

Die christliche Legende verlegt ohne große Überzeugungskraft eine Einsiedelei an diesen Ort (wir werden im übrigen noch sehen, was wir von den Eremiten am Weg nach Santiago zu halten haben). Nun eignet sich eine Einsiedelei kaum als Standort für ein Kloster, schon gar nicht, wenn man bedenkt, wie sorgfältig die Mönche ihre Niederlassungen auszuwählen pflegten. Stets entschieden sie sich für Orte, an denen sie für ihren Lebensunterhalt sorgen konnten.

Offensichtlich ging es den Mönchen um den heiligen Ort, denn der Platz entsprach durchaus nicht den Bedingungen, die für eine Klostergründung erforderlich sind. Abgesehen vom Wasser und Holz fehlte alles. Kein Feld ließ sich dort anlegen, um die Mönche zu ernähren. So wurden sie auch von einem Kloster versorgt, das am Fuße des Gebirges in *Santa Cruz de Seros* liegt (San Juan befindet sich in 1200 m Höhe).

Augenscheinlich wurde dieser Ort nur deshalb mit

Beschlag belegt, um ihn zu christianisieren. Die Kirche richtete sich in der Höhle ein, weil diese Initiationszwecken diente.

Die ältesten Teile des Klosters weisen mozarabische Einflüsse auf. (So bezeichnet man die spanisch-christlichen Baumeister, die unter muselmanischer Herrschaft gearbeitet haben.) Ihre Spuren findet man den ganzen Weg nach Compostela entlang. Unabhängig von den kriegerischen Auseinandersetzungen, in denen das Land zwischen den streitenden Parteien aufgeteilt wurde, und unabhängig von den Raubzügen, die damals unter Arabern und Christen ohne Unterschied an der Tagesordnung waren, muß sich also zwischen den beiden feindlichen Lagern ein unablässiger Kulturaustausch vollzogen haben. Das gilt zumindest für die Baumeister beider Seiten.

Wie bekannt ist, wurden die ersten Moscheen des Vorderen Orients hauptsächlich von armenischen Bauhandwerkern geschaffen. Wie viele Mauren mögen beim Bau der christlichen Kirchen am Weg nach Santiago beteiligt gewesen sein? Als Cluny die Verantwortung für die Bauten am Weg nach Santiago übernahm, wurde auch das Kloster San Juan von der Neuordnung erfaßt. Allerdings hatte es immer noch keine Möglichkeit, selbst für seinen Unterhalt zu sorgen. Man baute dort einen Kreuzgang, der erst vor kurzem unter großen Schwierigkeiten restauriert worden ist, denn die Zeit hat ihm übel mitgespielt. Doch einige Kapitelle sind noch erkennbar. Man kann in ihnen ganz nach Belieben die Darstellung von Szenen aus der Bibel sehen oder, wenn man so abwegigen Geistes ist, eine Art *Mutus Liber* der Operationen des Großen Werks der Alchimisten, vom bethlehemitischen Kindermord bis zu den Glaskolben im Athanor. Zur ikonographischen Aufschlüsselung dieser Darstellung

sehe ich mich nicht in der Lage. Das wäre die Aufgabe eines Fachmanns.
Eine Zeitlang hat man die Infanten von Navarra in diesem Kloster bestattet. Das geschah in einem Barocksaal, der sich schlecht mit dem strengen Charakter der Umgebung und des Bauwerks verträgt. Aber aus älterer Zeit stammen einige Begräbnisnischen, deren halbkreisförmige Öffnungen eine antike Mauer erkennen lassen. Reliefverzierte Steinplatten verschließen sie.
Eine zeigt das Templerkreuz, eine andere das Kreuz des Santiago-Ritterordens, das in einer Schwertspitze endet, wieder eine andere das Kreuz des Ordens von Calatrava. Alle sind sie mit Chrismen verziert. Mit diesem Chrismos müssen wir uns jetzt eingehender beschäftigen, denn es scheint für die Baumeister des Jakobswegs von weit größerer Bedeutung gewesen zu sein als die Muschel.

Das Chrismon genannte Zeichen scheint aus zwei griechischen Buchstaben zu bestehen: X (Chi) und P (Rho). Seit altersher nimmt man an, daß es sich um ein Anagramm Christi handle, weil mit diesen beiden Buchstaben *Chrestos*, die griechische Bezeichnung für den Gesalbten des Herrn, beginnt.
Man meint auch, daß dies das berühmte Zeichen des Konstantin ist. Als er sich zum Christentum bekehrte, hat er es auf seine Fahne, den *Labarum*, geschrieben, nachdem ihm eine Stimme verkündet hatte: *in hoc signo vinces,* «unter diesem Zeichen wirst du siegen». Daraufhin hatte er Maxentius vor den Mauern Roms besiegt.
Lactantius, der von dieser Vision des Konstantin berichtet, erwähnt im übrigen nicht den Buchstaben *Rho,* sondern spricht von einer Linie, die an ihrem oberen Ende in einer

Krümmung endet und jenes X senkrecht unterteilt, das wir heute Andreaskreuz nennen.
Geoffrey Russel meint, das Chrismon des Konstantin könne durchaus ein *Chi* und *Rho* enthalten haben. Dabei habe es sich aber um eine Abwandlung des Henkelkreuzes gehandelt, des Lebenssymbols in den ägyptischen Religionen. Russel weist darauf hin, daß das Rätsel des Chrismon unter Umständen mit dem des Labyrinths sehr verwandt ist. Die Krümmung des *Rho* deckt sich mit derjenigen, die sich im Mittelpunkt des Labyrinths befindet.
Ein vielsagender Hinweis.
Wenn wir das Labyrinth nämlich stilisieren und auf das Kreuz im Mittelpunkt reduzieren, das die «Außenwelt» von der «Innenwelt» trennt, erhalten wir ein Kreuz, dessen oberer Arm in einer Krümmung endet. Dieses Zeichen findet sich übrigens schon in den galicischen Petroglyphen.
Es handelt sich in der Tat um das Henkelkreuz, jene ägyptische Hieroglyphe, die das ewige Leben symbolisiert. Es findet sich bei allen Mumien und Pharaonendarstellungen. Sie wappnen sich mit ihm für das Göttergericht. Das Zeichen gibt das Ende des Initiationsweges bekannt, den Beginn des ewigen Lebens.

Das Zeichen kommt auch unter den Petroglyphen vor.
Genau dieses vereinfachte «Chrismon», sicherlich eines der ältesten überhaupt, entdecken wir im mozarabischen Klo-

ster *San Miguel de la Escalada.* Die Schlaufe ist jetzt lediglich zu einem P geworden, das man für ein *Rho* hält. Außerdem sind das *Alpha* und das *Omega* hinzugekommen (auch diese Zeichen gibt es bereits unter den Petroglyphen).

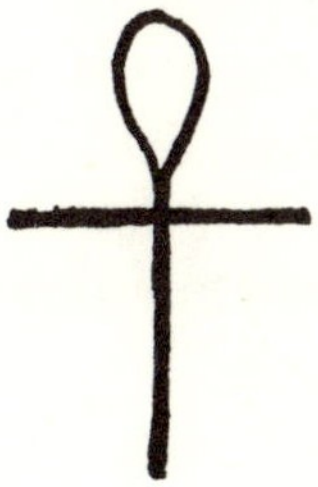

Wahrscheinlich handelt es sich dabei um eine Anspielung auf das Wort «Ich bin das Alpha und das Omega». Dieser Ausspruch paßt ja im übrigen wunderbar zum Symbol des ewigen Lebens.

In der folgenden Spielart wird das P nicht dem lateinischen Kreuz, sondern dem sogenannten Andreaskreuz hinzugefügt. Ich glaube, daß sich hier das Gedankengut des Arius auswirkt, dessen Lehre damals im Süden großen Anklang fand. Wenn wir jetzt noch das A und das W hinzufügen, erhalten wir das uns bekannte Chrismon.

Schließlich kommt noch das lateinische S hinzu, das sicherlich ein Buchstabe sein kann, ebenso aber auch die Schlange im Symbol des Caduceus, der in mancherlei Hinsicht dem Henkelkreuz verwandt ist. Das S bleibt nämlich unabhängig von seiner Lage erkennbar.

Natürlich war man der Meinung, man müsse das Zeichen wie eine alphabetische Anordnung lesen, da man es mit Buchstaben zu tun habe.
Diese These wird im allgemeinen von all denen vertreten, die darin *Khristos* lesen wollen. Doch das hat seine Schwierigkeiten. Vor allem sprechen die Buchstaben selbst dagegen: Warum ist das *Alpha* groß und das *Omega* klein? Und warum sind die Buchstaben *Chi, Rho, Alpha, Omega* griechisch und das S lateinisch? Warum kein *Sigma?*
Außerdem ist die Stellung der Buchstaben nicht festgelegt. Sehr häufig tauschen *Alpha* und *Omega* den Ort. In *Santa Cruz de Seros* taucht das S sogar rechts, das *Omega* links

und das *Alpha* unten auf. Das wird sicherlich seinen Grund gehabt haben.

Sind es also Buchstaben oder Zeichen?

Man kann gar nicht umhin, diese Buchstaben und die Steinzeichen auf den galicischen Felsen miteinander zu vergleichen. Alle diese «Buchstaben» finden sich nämlich als Zeichen auf den Felsen wieder. Ebenso sind sie auf den neolithischen Ziegeln von Alvao und Glozel enthalten: A, X, I, P, W, S. Auch den sechsarmigen Stern, den das Chrismon bildet, entdeckt man dort.

Noch eine weitere Feststellung drängt sich auf. Das Chrismon ist ein Zeichen des Jakobswegs. Es ist ein Zeichen der Pyrenäenbaumeister. Selten taucht es im Norden auf. Und wenn, dann spät, zu einem Zeitpunkt, da die Kirchen im Süden es schon lange aufweisen. Es gibt keine Kirche auf dem Weg von Jaca nach Compostela, die es nicht trägt oder trug.

Welchen Ursprung man für diese Figur auch immer annimmt und welchen Gebrauch die Geistlichen auch später von ihm gemacht haben, ich bin davon überzeugt, daß es ein Zeichen der Baubruderschaft war. Sicherlich haben sich die «Jacques» seiner bedient, die in christlicher Zeit die «Enfants de Maître Jacques» wurden und das Chrismon überall auf ihrer Initiationsstraße als Signatur verwendeten.

Als Signatur? Hat das Chrismon nicht die gleiche Funktion in der großen Glasmalerei aus dem 12. Jahrhundert in der Kathedrale von Chartres, die das Werk eines Adepten und einiger Glasmacher aus St. Denis ist. Wenn man diese Glasmalerei, die sich über die drei großen Westfenster ausbreitet, von links nach rechts liest, wie es das Werk verlangt, so ist das Chrismon unten links das letzte Rundbild. Dort, am Ende des Werkes, setzt der Künstler seine Signatur.

Vielleicht eine Signatur, vielleicht auch ein Gütesiegel. Die Versicherung, daß die Kirche, die das Zeichen trägt, nach den aus dem Dunkel der Zeit überlieferten Gesetzen erbaut wurde und daß sie dem Menschen als Höhle der Wiedergeburt dient. Es hat den Anschein, als sei das Chrismon in die «Pendule à Salomon» der Compagnons des Devoirs eingegangen und werde heute noch von ihnen verwendet. Zwar nicht als Arbeitsinstrument, aber doch als Anleitung für die natürlichen Bauweisen.

Jedes Ding von Wert hat viele Aspekte. So läßt sich das Chrismon möglicherweise auch alphabetisch verstehen.

Aus dem einfachsten Zeichen, das heißt aus dem sechsarmigen Rad mit dem *Alpha* und *Omega*, liest man ohne Schwierigkeiten *LAXO* heraus. Das ist möglicherweise eine phonetisch abgewandelte Form von *Iago*, also Jacques. Das ist alles in allem eine Lesart, die nicht lächerlicher ist als diejenige, die darin den Namen Christi entdecken will.

Wenn wir nur die Buchstaben berücksichtigen, die zum Kreuz hinzukommen, erhalten wir: *ROSA*. Das Ganze wird dann *ROSA-Cruz* (spanische Form von Rose-Croix, Rosenkreuz; unter anderem der achte französische Freimaurergrad). Als in der Gotik die großen Rosenkreuze aufkamen, bildeten sie anstelle des Chrismon die Lichtrosetten. Vom Chrismon zur Rosette führt eine unmittelbare Verbindungslinie.

Schließlich bleibt im Zusammenhang mit diesem an Rätseln so reichen Zeichen noch ein weiteres zu erwähnen. Manche Chrismen haben unter der Schlaufe des *Rho* einen kleinen Querstrich, wodurch sie zum *Tau* werden. Damit stoßen wir auf ein Wort, das vielleicht der Schlüssel des berühmten magischen Quadrates ist: *Sator arepo tenet opera rotas.* Niemand hat es bislang in befriedigender Weise zu entziffern vermocht: *ROTAS* kann auch *TAROS* heißen. Das unentzifferbare Buchstabenspiel der Initiation.

S A T O R
A R E P O
T E N E T
O P E R A
R O T A S

Auf der Bestattungsnische des Templerordens in *San Juan de la Peña* befindet sich ein Chrismon ohne die griechischen Buchstaben. Dieser sechsstrahlige Stern ist bei den Alchimisten das Zeichen des *Spiritus mundi,* des Weltgeistes. Er ist zugleich die allgegenwärtige Kraft (etwa wie die *N'wouivre* der Druiden), die über die Konzentration und Fixation beim Großen Werk zugleich die universelle Medizin schafft und das «Projektionspuder» liefert, das die Transmutation bewirkt.

Nun gleichen sich die Askese der Bruderschaften und die der Alchimisten, insofern sie mit denselben physischen und geistigen Mitteln in das Wesen der körperlichen Welt einzudringen versuchen.

Man sollte auch nicht vergessen, daß die Alchimisten die langwierige Arbeit im Laboratorium, die mittels zahlreicher Operationen und Prüfungen schließlich den Stein der Weisen schaffen sollte, unter anderem den «Weg nach Compostela» genannt haben. Das ist sicherlich die Erklärung für den hermetischen Charakter der Kapitelle von *San Juan.*

Von Anfang an trägt der Weg nach Compostela seinen besonderen Charakter. Er ist ein Initiationsweg. Die Menschen suchen auf ihm *in* ihrer Arbeit und *durch* ihre Arbeit eine höhere Erkenntnis und zugleich eine tiefgehende Verwandlung ihrer selbst. Die Initiation dieser Suche wird mit uns unbekannten Feierlichkeiten im Schoß der Mutter Erde begangen, von der alles Wissen und alle Verwandlungen ausgehen.

Daher rührt ganz gewiß der geheiligte Charakter dieser Höhlen in Santa Christina und San Juan de la Peña, deren sich die Christen bedienten und die anschließend durch herkömmliche Kirchen ersetzt wurden.

Es ist klar, daß Cluny, die für die Baukunst wichtigste Abtei innerhalb eines Ordens, aus dem eine große Zahl Zimmerleute und Steinmetze hervorgegangen ist, es für notwendig hielt, diesem Weg ein christliches Gepräge zu geben. Sollte er doch die Christenheit mit der überlieferten Wissenschaft vertraut machen.

Cluny scheint niemals bemüht gewesen zu sein, die zugrundeliegende heidnische Überlieferung zu zerstören. Vielmehr scheint die burgundische Abtei ihre eigenen Arbeiter, die Mönche und die Laien, auf diese «Universität» geschickt zu haben. So muß man sich fragen, ob die große Kunst Clunys ihren Ursprung nicht in dem Weg nach Compostela hat.

13

Die Cagoten

Jaca ist eine Region. Es ist das Gebiet der Initiation (im etymologischen Sinne des Wortes) des Weges nach Compostela. Im Gegensatz zur Pilgerstraße, die von Hospiz zu Hospiz, von Pilgerherberge zu Pilgerherberge führte, verlief der ursprüngliche Weg von Region zu Region und folgte der Strecke, die durch die doppelte Sternstraße abgesteckt wurde.

Jaca war zugleich eine Gegend, in der die «Cagoten» gehäuft auftraten.

Man weiß nicht recht, wer die «Cagoten» waren, obwohl sie bis in unsere Zeit überlebten und vielleicht auch heute noch nicht vollständig ausgestorben sind. Ein merkwürdiges Geheimnis umgibt sie, dessen Ursprung ihnen selbst unbekannt gewesen zu sein scheint, wenn sie ihn nicht sorgfältig verborgen haben.

Lange Zeit hat man die Cagoten für eine Volksgruppe gehalten, die fast ausschließlich in den Pyrenäen zu Hause war. Sie wurde von der übrigen Bevölkerung in strenger Absonderung gehalten. Ihre Situation ähnelte in vieler Hinsicht der der indischen Parias. Das schließt sogar die Unberührbarkeit ein.

In den Städten und Dörfern lebten sie in eigenen Vierteln, die man «Cagoteries» nannte. Die Kirchen betraten sie durch eine Seitenpforte, und sie benutzten einen eigenen Weihwasserkessel. Die Kommunion reichte man ihnen auf dem Ende einer Holzleiste. Außerdem galten sie als leprös.

Ihnen stand nur eine begrenzte Anzahl von Berufen offen. Die Männer waren Zimmerleute, Maurer oder Steinmetze und die Frauen Leineweberinnen. Als Zeichen ihrer Absonderung mußten sie auf der linken Schulter einen Gänsefuß aus rotem Stoff tragen (übrigens ist das die Farbe des Templerkreuzes, das sich ebenfalls auf der linken Schulter befand).

Sie waren fast ausschließlich Pyrenäenbewohner. In Spanien waren sie in den Provinzen Guipuzcoa und Navarra und vor allem in der Gegend von Jaca anzutreffen. In Frankreich lebten sie in der Nähe der Grenze, vor allem bei Orthez und Oloron-Sainte-Marie, das heißt in dem Gebiet, das dem von Jaca diesseits der Pyrenäen entspricht. Außerdem in den Hochpyrenäen bei Cauterets und in der Haute-Garonne bei Saint-Bertrand-de-Comminges, das heißt gegenüber den Pyrenäenpässen, in deren Nähe sie, soweit bekannt, immer gelebt haben. Die fernsten Siedlungsorte waren einige Dörfer in den Landes und im Gers.

Es ist nicht von der Hand zu weisen, daß es sich um eine Volksgruppe gehandelt hat. Denn viele von ihnen waren blond und blauäugig, während die Bevölkerung dieses Gebietes im allgemeinen brünett und schwarzhaarig ist. Außerdem fehlten ihnen häufig die Ohrläppchen. Allerdings wurden sie so konsequent abgesondert, daß sie nur untereinander heiraten konnten. Auf lange Sicht mag da eine gewisse Degeneration stattgefunden haben – oder es sind die Züge sehr ferner Vorfahren wieder zum Vorschein gekommen.

Sie waren ziemlich klein, doch da ihr Leben kärglich war, muß sich darin keine rassische Besonderheit ausgedrückt haben.

Ende des 13. Jahrhunderts erscheinen sie in den schriftli-

chen Quellen unter der Bezeichnung *Crestias.* Das heißt auf Provenzalisch zugleich Christ und Kretin. Diese Etymologie scheint gar nichts zu besagen, da sie in einem christlichen Land lebten, wo Christ zu sein keine Besonderheit darstellte. Das zweite Wort ist natürlich eine Beleidigung.
Gérard de Sède bringt vor, daß dieser Spitzname möglicherweise dadurch entstanden sein könnte, daß ihr blondes Haar wie eine «crête» (Federschopf, Hahnenkamm) ausgesehen habe oder daß diese «crête» auch eine phrygische Mütze (die spätere Jakobinermütze der Revolution) gewesen sein könnte, die sie freiwillig trugen.
Diese Erklärung läßt sich nicht so einfach abtun. Phrygien ist ein altes Land mitten in Kleinasien. Seine Bewohner sind die Bebryos, die Nachkommen der Pelasger, jener Völker, die «vom Meer kamen». Außerdem wurde das Land von den Galatern beherrscht. Das waren Gallier, die um 300 v. Chr. nach Kleinasien kamen.
Besondere Verehrung fand dort Kybele, die große Göttinnenmutter, die der keltischen oder vorkeltischen Belisama nahe verwandt ist. Sie ist das Symbol der fruchtbaren Natur, und die phrygische Mütze wurde von den Priestern der Göttin getragen.
Außerdem taucht die Mütze auch in Kreta auf, wo sie das Merkmal der Initiierten war.
Nun waren die Cagoten Bauhandwerker. Sehr wahrscheinlich sind ihnen ein Großteil der Pyrenäenkirchen zu verdanken, bevor sie völlig «abgesondert» wurden. Mit Sicherheit stammt die Abteikirche von Saint-Savin in der Nähe von Argeles von ihnen.
Und wer von Kirchenbaumeistern spricht, spricht zugleich von Initiierten.
Waren die *Crestias* nicht einfach Kreter, die sicherlich nicht

ihres Ursprungs wegen so genannt wurden, sondern einfach, um eine Vorstellung von der Epoche zu vermitteln, in die ihr Ursprung zurückreichte?
Der Name *Crestias* erscheint nämlich erst am Ende des 13. Jahrhunderts. Es ist die Zeit, da die Kreuzzügler zurückkehren, weil sie von den Mauren aus dem Vorderen Orient vertrieben worden sind. Alle kehren zurück, nicht nur die Kreuzzügler, sondern auch die Baumeister, die von Kreta, dem Labyrinth und Dädalus wußten, weil sie bei den Nachkommen der Pelasger auf eine antike Überlieferung gestoßen waren. Diese kam vom Meer und entsprach im wesentlichen der des Weges nach Compostela.
In diesem Zusammenhang sei daran erinnert, daß das Labyrinth bei den mittelalterlichen Baumeistern in Erinnerung an das minoische Labyrinth von Kreta «Dädalus» hieß. Gleichgültig, welche Etymologie man wählt, stets stößt man auf die Baukunst.
Der Ausdruck «Cagot» erscheint erst um das 16. Jahrhundert in den schriftlichen Quellen, aber er ist viel älter. Leider ist seine Bedeutung unklar. Man hat an die *Gabales* gedacht, diesen keltisch-ligurischen Stamm, auf den der Name von Gévaudan zurückgeht. Nach Strabon haben sie möglicherweise mit den Phöniziern in Beziehung gestanden. «Im 18. Jahrhundert vertrat Court de Gibelin die Auffassung, daß die Cagoten der Überrest eines alten Volkes seien, das dieses Gebiet einst bewohnt habe. Dann sei es besiegt und in erniedrigender Abhängigkeit gehalten worden. Daraus läßt sich schließen, daß die Cagoten die Nachkommen eines prähistorischen Stammes waren, der besondere Fertigkeiten auf dem Gebiet der Baukunst besaß.»[1]

[1] Gérard de Sède, Le trésor cathare, Julliard.

Es wurden noch andere Etymologien vorgeschlagen. In kelto-ligurischer Sprache heißt der Hund *ca* (auf gälisch *cu;* die indogermanische oder vorindogermanische Wurzel findet sich auch im lateinischen *canis* wieder). Daraus wurden Französisch *chien* und der umgangsprachliche *cabot* (Köter). Nach Gérard de Sède bedeutet Cagot möglicherweise «Chien de Goth» oder «Chien des Goths». (Beides soviel wie «Gotenhund».)
Es ist bekannt, daß im Norden die Franken beschimpft, in Südfrankreich und Spanien die Goten geschmäht wurden (in diesem Zusammenhang sei daran erinnert, wie leicht die größtenteils aus Berbern bestehende muselmanische Armee alle Gebiete besetzen konnte, die unter westgotischer Herrschaft standen, das heißt, wie leicht sie bis zur Loire vordringen konnte. Die Völker dort verspürten keinerlei Lust gegen die Leute zu kämpfen, die sie von ihren «Herren» befreiten). Das Volk grollte damals noch den Erbauern der gotischen Burgen.
Die Etymologie ist nicht sehr befriedigend, wobei man sich allerdings davor hüten sollte, auf den Hund zu verzichten. Neben dem *großen Hund,* der sich am Ende der Milchstraße befindet, sind Hund und Wolf die Totemtiere der Baumeister geblieben. So bezeichnen sich die «Compagnons du Devoir de Liberté» (Brüder der Pflicht zur Freiheit), die ehemaligen «Enfants de Salomon», heute noch als *Hunde* und die «Compagnons Passants du Saint Devoir» (Wanderbrüder der heiligen Pflicht) die ehemaligen «Enfants de Maître Jacques», als *Wölfe.*
Vielleicht können wir mit Hilfe des baskischen Suffix *go* zu einer befriedigenderen Erklärung gelangen. Diese Suffix drückt nämlich die Zugehörigkeit zu dem Orts- oder Berufssubstantiv aus, an das es angehängt wird. Das bas-

kisch-französische Wörterbuch von Lhande nennt folgendes Beispiel: *Israel-go*, aus Israel. Da wir es mit Gegenden zu tun haben, die lange Zeit baskisch waren oder es immer noch sind, ist es durchaus möglich, daß *Cagot* eine Dialektform von *Ha'r-go* ist; das hieße Steinberuf. Es könnte auch *Ca-go*, also Beruf des Hundes, heißen und im weiteren Sinne diejenigen bezeichnen, die diesen Beruf ausüben.
Mit dem Stein, dem Hund und dem Wolf bleiben wir im Bereich des Bauhandwerks und der Baumeister vom Jakobsweg. Es ist das Gebiet der *Jacques*.
Nebenbei sei erwähnt, daß die Cagoten einen ähnlichen sagenhaften Ursprung haben wie die Jacques und insbesondere die «Enfants de Maître Jacques». Auch sie haben mitgeholfen, den Tempel Salomons zu erbauen. (Die Bosheit der Menschen macht ihnen zum Vorwurf, sie hätten dort so schlechte Arbeit geleistet, daß sie von der Baustelle gejagt worden seien. Außerdem beschuldigt man sie, das Kreuz Christi gezimmert zu haben.)
Das Gebiet, in dem sie leben, spricht für sich. Massiert kommen sie an den «Eingängen» des Jakobsweges vor: in Guipuzoa und in dem französischen Baskenland, um den Somport herum, und an den Durchgangsstraßen des Val d'Aran.
Sie sind Baumeister, tragen die Initiationsmütze und haben auf ihrer Kleidung den Gänsefuß. Haben wir es möglicherweise mit den letzten Nachkommen der Dolmenbauer, mit den Anhängern des Lug, zu tun, jenes Lug, der *lu* ausgesprochen wird wie das Totemtier der Jacques? («loup», Wolf, wird im Französischen *lu* ausgesprochen).
Bliebe zu erklären, warum sie mehrere Jahrhunderte hindurch geächtet wurden.
Da es an schriftlichen Quellen fehlt, läßt sich schwer begrei-

fen, wie es zu dieser grausamen Absonderung kam. Sicherlich wurde der erste Schritt dazu von ihnen selbst getan. Das macht jede Minderheit, die ihren besonderen Charakter zu bewahren sucht und sich deshalb ein wenig von der sie umgebenden Gesellschaft zurückzieht. Das läßt sich überall beobachten, so daß wir hier nicht näher darauf einzugehen brauchen.

Diese Abschirmung gegenüber der Gesellschaft ist in unserem Falle weit schwerwiegender. Es waren Leute vom Fach, die im Besitz strengstens gehüteter Berufsgeheimnisse waren. Das waren Geheimnisse der Initiation, Rituale, die immer eine besondere religiöse Form annehmen. Damit mußten die Cagoten dem landläufigen Typus des Christen verdächtig erscheinen. Außerdem sprachen diese Leute eine eigene hermetische Berufssprache. Sie verwendeten Vergleiche und Allegorien aus der Berufssphäre, wodurch sie ihrer Umwelt fremd erschienen.

Ihre Zunft wirkte notwendigerweise wie eine Bruderschaft mit all den besonderen Zügen eines solchen Zusammenschlusses: brüderliche Unterstützung und Blutsbrüderschaft, die den Mitgliedern vorbehalten war.

Mehr braucht es gemeinhin nicht, damit es zur Absonderung einer Minderheit kommt. Ohne Zweifel trugen aber noch andere Faktoren zu einer Verschlimmerung der Sachlage bei.

Vor allem weiß man, daß sie fast bis in unsere Zeit in dem Ruf standen, leprös zu sein. Das war ein hinreichender Anlaß, sie, ohne daß dieses Gerücht zutreffen mußte, ängstlich auszuschließen. Vielleicht bestand dieser Ruf ganz zu Anfang nicht ohne Grund. In den Quellen ist von ihnen erstmals zur Zeit der Rückkehr der Kreuzzügler die Rede. Es ist nicht nur möglich, sondern auch wahrscheinlich, daß

sich auch unter ihnen Menschen befanden, die aus dem Orient kamen. Darunter können durchaus Leprakranke gewesen sein. Damals war das keine seltene Krankheit. Möglicherweise wird sich die Bruderschaft nicht damit einverstanden erklärt haben, daß ihre Leprakranken in die öffentlichen Spitäler abgeschoben wurden, die für diese Kranken eingerichtet worden waren. So mag diese Angst ursprünglich nicht ganz unberechtigt gewesen sein.
Daraus würde auch ersichtlich werden, warum sie die Kirchen durch besondere Eingänge betreten mußten, warum sie eigene Weihwasserkessel hatten und warum man ihnen die Oblate auf dem Ende eines hölzernen Stabes reichte. Allerdings vermag keine Erklärung das Rätsel dieser Absonderung und ihrer Dauer befriedigend zu lösen. Es sind auch andere denkbar. Möglicherweise ist die Kirche, eine bestimmte dominikanische Kirchenpolitik, daran schuld, daß die «cagoteries» nach der Inquisition entstanden. Vielleicht hat sie es nicht vertragen, daß eine geschlossene kleine Gruppe ihre Überlieferung gegen den von oben verordneten Konformismus aufrechterhalten hat.
Vielleicht hat man auch in Okzitanien versucht, sich diese vom Templerorden beschützten Baumeister gefügig zu machen, wie Philipp der Schöne es mit den freien Baubruderschaften in Frankreich machte. Die Zunftbrüder krochen nicht zu Kreuze.
Die Frage muß offen bleiben.

14

Von San Juan nach Puente la Reina

Von San Juan de la Peña führt ein Bergpfad hinab zum alten Kloster *Santa Cruz de Seros,* das für die Verpflegung der Mönche von San Juan aufkommen mußte. Dort ganz in der Nähe vereinigen sich «Initiationsweg» und «Pilgerstraße». Als im 12. Jahrhundert die Zahl der Pilger erheblich zunahm, folgten die beiden Wege verschiedenen Routen, auch wenn sie sich manchmal vereinigten oder eine Zeitlang nebeneinander verliefen.

Der Initiationsweg folgt seiner «Sternenachse», die einem Breitenkreis der Erde entspricht. Sie verläuft nicht von Etappenziel zu Etappenziel, sondern von Region zu Region. Die Pilgerstraße dagegen richtet sich nach den Menschen, und die Etappenziele sind sorgfältig angelegt: Hospize, Klöster oder Komtureien. Das Ziel der Pilgerfahrt ist Santiago, das Ziel des Initiationsweges geht weit über den Grabkult hinaus.

Hat man sich bei der Einrichtung der Pilgerstraße absichtlich von dem ursprünglichen Weg, dem Sternenweg, distanziert? Es hat ganz den Anschein, denn alles in allem ist der eine so unwegsam wie der andere. Der ursprüngliche Weg ist sogar kürzer. Außerdem ist deutlich, daß man die Pilger, die aus Gebieten jenseits der Pyrenäen kamen, nicht nach Jaca, sondern nach Roncevalles zog, wo drei Pilgerstraßen aus Frankreich endeten. Als sei man bemüht gewesen, die «bußfertigen» Pilger Jaca und seinen Initiationshöhlen möglichst fernzuhalten.

Allerdings sei darauf hingewiesen, und das ist durchaus noch nicht in hinreichendem Maße geschehen, daß die Straße vor den Pilgern von den Baumeistern benutzt wurde. Es handelt sich also auch um eine Straße der Baumeister. Dadurch gewinnt sie einen ganz anderen Anstrich, als wenn sie nur ein einfacher Touristenweg wäre. Und die «Einsiedler», die man dort trifft, sind sehr seltsame Leute.
Die Pilgerstraße folgt dem «Sternenweg» bis *Estrella*, dem ehemaligen *Lizarra*. Für die Pilger ist das der letzte Stern bis Compostela. In Estrella wurde die Straße dann über *Los Arcos, Logroño, Najera, Santo Domingo de la Calzada* und *Belorado* nach Burgos geführt. Von Burgos geht sie über *Castrogeriz, Frenista, Sahagun, Mancilla* nach *León*, wo sie den Initiationsweg wieder erreicht.
Ein überall mit Bauwerken versehener Weg, und die Baumeister haben es sich nicht leicht gemacht. Dieser Weg gehört durch die Fülle der bemerkenswerten Bauwerke, die ihn säumen, sicherlich zu den außergewöhnlichsten der Welt. Das gilt für die Kirchen und Klöster ebenso wie für die Pilgerhospize. Leider haben die Kirchen allzu oft unter dem Überschwang der spanischen Architekten gelitten, die bemüht waren, die Romanik und Gotik unter ihren barokken Schnörkeln zu ersticken. Einschließlich der Kathedrale von Compostela sind sie überladen mit den pompösen in Schwulst und Gold prangenden Altären. Aber häufig entdeckt man das traditionelle Chrismon und die persönlichen Zeichen der Bruderschaften auf dem Mauerwerk.
Uns sind noch die Namen einiger Baumeister erhalten, die diese Straße anlegten. Erstaunlich ist jedoch, daß ihre Legende, bzw. die Legende, die um ihre Geschichte geschaffen wurde, stets mehr oder weniger dazu neigt, ihre Rolle als Baumeister zu «verwischen». So geht es auch dem

heiligen Domingo, Santo Domingo de la Calzada. Die *Calzada* ist die Pilgerstraße. Die Geschichte des Heiligen wurde und wird noch heute den Pilgern wie folgt erzählt: Er wurde, so sagt man, im Jahre 1019 geboren, das heißt zu der Zeit, als Cluny die Leitung des Benediktinerordens übernahm. Man weiß nicht genau, wo seine Wiege stand. Man hat sogar gemeint, in Italien. Wahrscheinlich wurde er jedoch in Voloria an der Grenze Kantabriens geboren. Als Kind sollte er Hirte werden. Trotzdem hat er einen ersten Unterricht im Kloster *Valvanera* empfangen. Anschließend soll er «demütig» um die Gunst gebeten haben, im Kloster *Valvanera oder San Milan* bleiben zu dürfen. Sie waren die mozarabischen Kulturzentren. Nach seinem Biographen Augustin Prior haben die beiden ehrwürdigen Äbte ihm diesen Wunsch abgeschlagen. Gott soll ihn für andere Aufgaben vorgesehen haben.

So wurde er, weitab von allen Gefahren der Welt, Einsiedler und widmete sich ganz dem Gebet und der Buße. Dann gab er sein Einsiedlerleben auf, um Schüler des heiligen Gregorius aus Ostia zu werden. Das war ein Prediger, den Rom entsandt hatte. Doch starb er, als Domingo fünfundzwanzig Jahre alt war. Da beschloß dieser, sich den Pilgern zu widmen. Der einsiedlerische Hirte wurde Ingenieur, baute Straßen, Brücken, Hospize, Kirchen.

Es spricht für seine Wesensart und für seine Nächstenliebe, daß er den armen Pilgern Straßen gebaut hat, um ihnen ihre Reise zu erleichtern. Es mag auch zur Not angehen, daß ein Einsiedler ein Stück Straße Stein um Stein anlegt. Wenn sich dieser Einsiedler aber anschickt, eine große Brücke über den *Rio Oja* zu bauen, der kein ganz kleiner Fluß ist, muß man schon annehmen, daß er merkwürdige Vorstellungen besitzt. Wenn ihm nicht eine «Legion von Engeln» geholfen

benannte Orte. Es hat ganz den Anschein, daß diese Berge das Gegenstück zu den Bergen im armorikanischen León und den entsprechenden Hügeln in Wales sind.
Es gibt eine Reihe merkwürdiger Entsprechungen zwischen *León* auf dem Weg nach Galicien, *Chartres* auf dem Weg nach Armorika und *Glastonbury* auf dem Weg nach Cornwall. Diese drei Orte auf den drei der Todeswallfahrt verschriebenen Wegen machen einen ganz ähnlichen Eindruck. Es sind «Liebfrauen-Orte», Geburtsorte.
Die Kathedrale von León ist eines der bemerkenswertesten gotischen Bauwerke Spaniens. Gewöhnlich nimmt man einen französischen Ursprung für sie an. Nach M. Street soll ihr Grundriß eine Reduktion desjenigen der Kathedrale von Reims sein und ihr Aufriß große Ähnlichkeit mit dem der Kathedrale von Amiens aufweisen. Vielleicht ist es ein wenig gewagt, von einem «Abbild» zu sprechen, sicher ist aber, daß die Verwandtschaft mit der «französischen» Gotik unübersehbar ist. Auch die Bruderschaft der «Enfants de Salomon», der wir die Kathedralen in Reims und Amiens verdanken, haben ihren Jakobsweg «absolviert».
Das archäologische Problem dieser Zeiten ist nicht eines der Nationalitäten, die es im übrigen noch gar nicht gab, sondern der Bruderschaften. Der nationalistische Wahn der letzten Jahrhunderte hat die Kunstgeschichte bis zur Renaissance völlig verfälscht. Möglicherweise ist der Baumeister von Chartres ein Spanier aus León gewesen und der der Kathedrale von Burgos ein Franzose aus Déols im Berry. Die ersten Moscheen wurden von Armeniern gebaut, und San Miguel de la Cogola ist möglicherweise von einem Muselmanen errichtet worden. Die ersten Bauwerke in der Normandie und in England sind das Werk von

Guillaume de Volpiano, einem Italiener und burgundischen Abt.

Nicht ohne Grund wird wohl auch Nicolaus Flamell, der «Goldmacher», als er sich auf die Reise nach Santiago de Compostela begab, um das Wesen der Urmaterie zu entdecken, nicht in Compostela, sondern in León Erfolg gehabt haben. Er nahm dazu die Hilfe eines gelehrten jüdischen Kabbalisten in Anspruch. So wurde aus dem «Studenten» ein Adept. Diese Geschichte ist möglicherweise allegorisch zu verstehen, doch ist die Allegorie sehr genau lokalisiert.

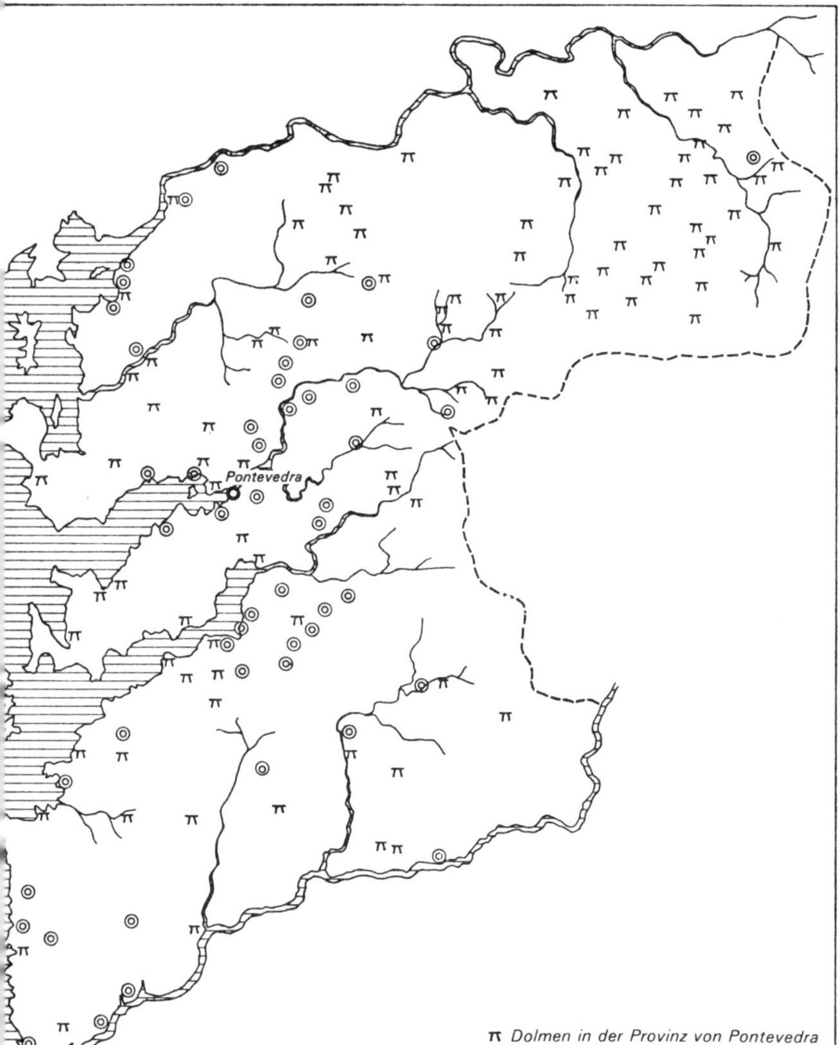
Pontevedra
Dolmen in der Provinz von Pontevedra
Petroglyphen

von *Caldas de Reyes, Pontevedra, Puente Caldeles, Redondela* und *Tuy*. Das ist sicherlich nicht ohne Bedeutung. Es läßt sich, vielleicht zu Unrecht, annehmen, daß diese Steinzeichen von den «Menschen vom Meer» geschaffen wurden. Tief genug, damit sie nicht durch eine rasche Erosion oder durch böswillige Hände ausgelöscht werden konnten. Ebensowenig, wie sich ihr Alter bestimmen läßt, kann man ihre Bedeutung erschließen. Allenfalls kann man sie klassifizieren. Es gibt Felsen, die vor allem kreisförmige Zeichen tragen: viele konzentrische Kreise, deren Mittelpunkte miteinander verbunden sind, auch Spiralen und Spielarten des Labyrinths. Andere verbinden Kreise mit Punkten und sind den Zeichnungen ähnlich, die man in den Höhlen gefunden hat. Manche Punkte sind mit Sorgfalt gesetzt und bilden Figuren, andere scheinen ihre Entstehung dem Zufall zu verdanken. Wieder andere Steine sind mit Zeichen bedeckt, die einem Alphabet zu entstammen scheinen. Diese Zeichen sind einfacher: Kreuze in Kreisen, punktiert oder nicht, ein mit Henkel versehenes *Tau*, das dem ägyptischen Lebenskreuz ähnelt, ein einfaches punktiertes Kreuz, das man andernorts auf den Dolmentischen wiederfindet, oder auch die drei Strahlen, von denen man annimmt, daß sie das Symbol des Unterrichts durch die Druiden gewesen sind. Und noch viele andere Zeichen, von denen die folgende Abbildung eine gewisse Vorstellung zu vermitteln versucht.

Außerdem gibt es Hirsche und Hirschkühe. Sie treten allein oder zu mehreren auf und sind mit großer Kunstfertigkeit stilisiert.

Man hat die mit Kreuzen versehenen Kreise anthropomorph zu erklären versucht. Danach sollen sie Menschenköpfe darstellen. Wenn dem so wäre, hätte der Künstler sich

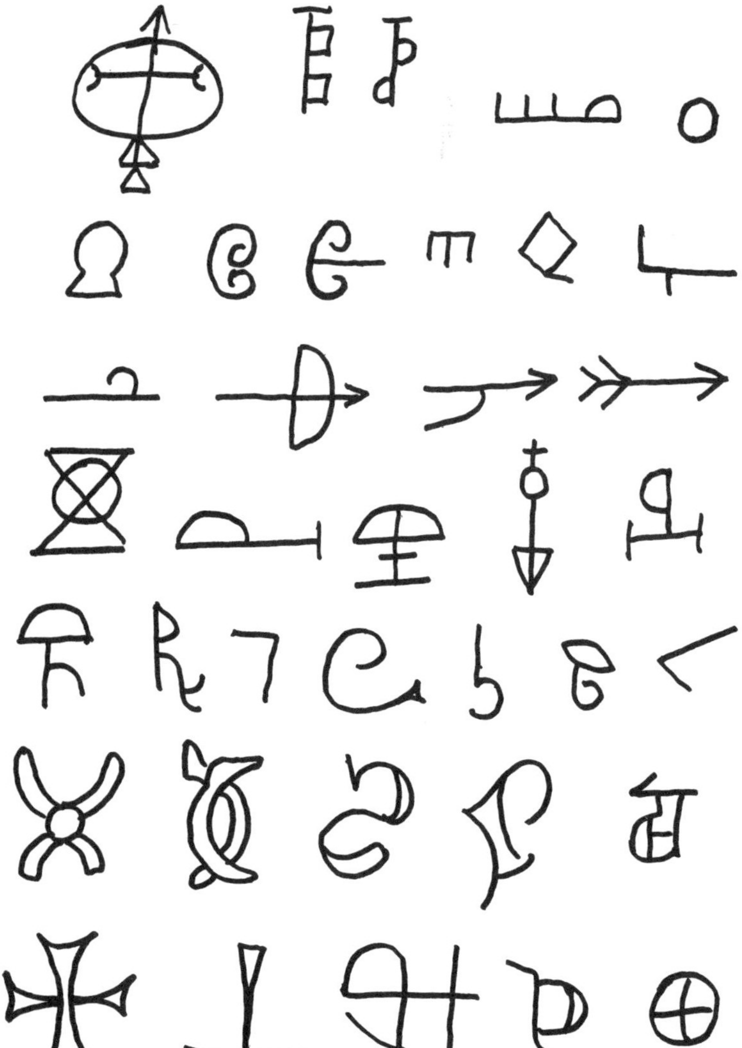

Einige Steinzeichen der Baubruderschaften.
Gefunden auf dem Weg von Eunate nach Santiago

ihrer Denk- und Lebensweise von den anderen. So wurden sie in den Ortschaften abgesondert, in denen sie lebten. Die Inquisition trug ihren Teil dazu bei, und so wurden aus den «Jacques» die «Cagoten».

Der Benediktinerorden hat hervorragende Baumeister und Landwirte hervorgebracht. Das liegt an seiner Regel. Er hat einen Gutteil seiner Mönche zu Maurern, Steinmetzen und Zimmerleuten ausgebildet. Die gemeinsam abgehaltenen Studien brachten diese Handwerkerbrüder auf die Architektur und die Philosophie der Architektur. Ebenso stießen die Mönche, die für die Landwirtschaft zuständig waren, auf jene andere königliche Kunst, die Alchimie.

Der Orden pflegte auch die Musik. Sie ist eine andere Form der «Religion» und der Baukunst sehr verwandt. Ferner unterhielten sie Schulen, in denen sie nicht nur die freien Künste erlernten, sondern auch verschiedene Handwerke. Es gehörten dem Orden ebensoviele Laienbrüder und Handwerkerbrüder an wie geistliche Brüder. Er betrieb das größte Klöster- und Kirchenbauunternehmen, das es jemals gegeben hat. Er besaß Tausende von Niederlassungen im Abendland, sogar einige im Orient.

Die Bauweise der Benediktiner besaß eine wissenschaftliche und philosophische Basis. Sie war eine erstaunliche Mischung aus römischer Bautechnik – der wir hervorragende Brücken verdanken –, gregorianischen Rhythmen, byzantinischer Schmucksymbolik und platonischer Philosophie.

Witizza war der Abt von Aniane, das östlich der Pyrenäen liegt. Er vereinigte den Orden des heiligen Columban mit dem der Benediktiner und erweiterte dadurch die benediktische Welt um die druidische Philosophie, die zweifellos allem Wissen der «Jacques» zugrundeliegt.

Ackerbau (alle Komtureien sind landwirtschaftliche Unternehmen) und in zweiter Linie die Baukunst, die sich unmittelbar auf den Menschen auswirkt und zu seiner Entwicklung beiträgt.
Das Insignium des Großmeisters der Templer ist, noch einmal sei es gesagt, der *Abakus*. Als Maßstab und, wie sein Name andeutet, auch als Recheninstrument ist er der Stab des Baumeisters.
Man hat den Templern eine Elite von Bauhandwerkern zur Verfügung gestellt, die sie in einer Bruderschaft organisieren. Ihr vermitteln sie in Erfüllung ihrer Mission die Überlieferung der «Jacques», die von dem Atlanter «Noah» stammt, und die wissenschaftlichen Fakten, die die Gesetzestafeln mitteilen.
So kommt es zur Gotik, zu Chartres.
Meine Auffassung, daß die «Enfants de Salomon» aus den «Jacques» hervorgegangen sind, stützt sich nicht nur darauf, daß jene den Legendenschatz der «Enfants de Maître Jacques» benutzen, sondern hat seinen Grund auch im Gebrauch bestimmter Totemtiere wie Hund und Wolf.
Seit altersher sind die «Enfants de Maître Jacques» «Wölfe». Diese Bezeichnung geht, wie wir uns erinnern, auf den Umstand zurück, daß sie «Parteigänger» des *Lug*, des Gottes der Erfindungsreichen, sind. Sie sind Menschen des Steins, und der Stein heißt *car* – soweit wir etwas über die Vorläufer des Indogermanischen wissen. Auf Baskisch heißt es «har». Auf Keltisch ist der Hund *Ca* oder *Cu*.
Natürlich sind sie seit jeher Parteigänger des *Lug* gewesen. Wölfe wurden sie aber erst mit dem Auftauchen des *lupus*. Vorher sind sie zweifellos die *Jars* (Gänseriche). Daher kommt ihr Name «Jacques» (phonetisch scheint *Jars* eine Palatalisierung zu sein. Sicherlich wurde er mit dem Stein

Car in Zusammenhang gebracht wie der Hund in keltischer Zeit).

Das Totem des Hirsches, das in den Petroglyphen von Galicien auftaucht, erklärt sich ebenso. Es geht auf das vorindogermanische *Carn* zurück, eine Pluralform von Stein. Daraus entwickelte sich *Cernunnos*, der Hirschgott.

Die «Enfants de Maître Jacques» sind «loups» (Wölfe), aber auch «loups-garous» (Wehrwölfe). Das ist eine pleonastische Form aus später Zeit. Der «garou», das ist der *«gars-loup»* (eine eigene etymologische Bildung von Charpentier, Anmerkung des Übersetzers): Bursche und Wolf. Nach Belieben kann man es wie *«jars-lug»* aussprechen.

Natürlich haben sie nichts mit den «Meneurs de loups» zu tun (wörtlich «Wolfsführer»; bedeutet gewöhnlich aber soviel wie «Zauberer»). Im vorigen Jahrhundert hat es dieses Gewerbe noch im Limousin und – vielleicht auch – in der Sologne gegeben. Das waren einfach Leute, die Wölfe zähmten, was leichter ist, als man gemeinhin annimmt.

Der «garou» lebt abseits der Welt. Vielleicht verstehen wir jetzt ein wenig besser, warum die Entstehungslegenden aller Klöster an der Straße nach Santiago mit irgendeinem Eremiten zu tun haben, ob es sich nun um Santo Domingo de la Calzada oder um San Juan de Ortega handelt (und es gibt noch viele andere, selbst auf dem Jakobsweg in Frankreich).

Die Menschen des Mittelalters scheinen dem Wort «Eremit» nicht die lateinische Bedeutung des alexandrinischen Christentums beigelegt zu haben. Dort bezeichnet das Wort den Mann, der allein in der Wüste lebt (eremus).

Wenn die Legenden von der Gründung und dem Bau der Abteien berichten, stößt man meist auf einen «Eremiten». Selbst der heilige Bernhard wird als solcher bezeichnet. Und

gen. Ist daraus zu schließen, daß die Arbeiter, die es eilig hatten, es damit sein Bewenden haben ließen, ihre Steine mit Kohle oder Kreide zu markieren?

Dazu noch eine letzte Anmerkung: ich habe weder auf weltlichen Gebäuden noch auf den vielen, vielen Steinen der im plateresken und barocken Stil erbauten Kirchen ein Zeichen entdecken können. Ich bin wohl nicht sorgfältig genug zu Werke gegangen.

Ist daraus der Schluß zu ziehen, daß an der Entstehung der weltlichen Bauwerke, der Festungen und der anderen Bauten, keine Stückarbeiter beteiligt waren, daß sie von Lohnarbeitern geschaffen worden sind? Und daß von einem bestimmten Zeitpunkt an die Kirche keine Stückarbeiter mehr beschäftigt hat?

Diese Erklärung ist nicht von vornherein auszuschließen. Sie würde zeigen, daß die Maurer ihre Freiheit einbüßten. Der Mann nämlich, der seinen Stein markierte, dokumentierte damit zugleich, daß er die persönliche Verantwortung für ihn übernahm. Dieser Mann hatte also das Recht, eine solche Verantwortung zu übernehmen. Er war ein freier Mann, der frei über seine Arbeit verfügen konnte.

Das war der «soziale» Aspekt dieser Arbeitsorganisation (oder des Mangels irgendeiner Organisation – nach heutigen Kriterien). Aber es gibt noch ein weiteres Rätsel: die geheimnisvollen Grabsteine aus Noya.

Noya, der Schlüssel zu Galicien, ist der Landeplatz eines sagenhaften Noahs. Es ist eine merkwürdige kleine Stadt. Zwar ähnelt sie in ihrem Aussehen allen Häfen in den galicischen Rias, wenn sie auch durch Versandung viel von ihrer ehemaligen Bedeutung als Hafenstadt eingebüßt hat. Aber sie besitzt eine Vielzahl erstaunlicher Grabsteine.

Diese Steine befinden sich auf einem kleinen Friedhof, der

die Kirche San Francisco umschließt. Die Gräber dort stammen wie auf allen Friedhöfen teils aus jüngerer, teils aus älterer Zeit. Auf den Grabsteinen stehen der Name des Verstorbenen und die üblichen Inschriften. Daneben gibt es aber noch eine Gruppe anderer Steine, Platten, wie man einst sagte. Sie zu datieren, ist unmöglich. Sie scheinen aber aus dem späten Mittelalter oder aus der Renaissance zu stammen. Manche hat man gegen die Mauern gelehnt, um sie zu erhalten, andere sind in neuerer Zeit wiederverwendet worden und tragen jetzt frische Inschriften über den alten.
Merkwürdig sind diese Steine, weil sie mit ganz wenigen Ausnahmen keine Inschrift und keine Erwähnung des Menschen tragen, zu dessen Gedenken sie aufgestellt sind.
Nur Zeichnungen sind auf ihnen zu entdecken. Verwikkelte, schwerverständliche Zeichnungen. Sie sind linear in die Steine eingegraben wie die Petroglyphen auf den megalithischen Felsen, wie die Steinzeichen der Kirchenbauer. Sicherlich sind die Grabzeichnungen von Noya mit diesem Zeichen verwandt, obwohl sie weit komplexer sind.
Zeichnungen, aber kein Name. Zweifelsfrei Gräber, die von der «Vollendung» eines Bruders, von einem Meister künden. Der Name zählt nicht, zählt nicht mehr. Der Initiierte stirbt für die Welt, verliert seinen Namen und nimmt ein Zeichen an. Er verliert seinen Namen, nicht aber seine «Qualifikation», die in den Hieroglyphen zum Ausdruck kommt.
Hat es jemals Leichname unter diesen Grabplatten ohne Namen gegeben? Sind die Grabsteine nicht vielmehr das Symbol jenes symbolischen Todes, den in den Klöstern die Novizen erleiden, wenn sie das Gelübde ablegen? Den die Könige erleiden, wenn sie gekrönt werden? Den der Kardinal erleidet, wenn er Papst wird?

Die Historiker haben sich gefragt, warum diese Veränderung vorgenommen wurde. Denn offensichtlich gab es keinen architektonischen Grund dafür: das ursprüngliche Portal war noch in bestem Zustand. Man meint im allgemeinen, daß es einerseits erforderlich war, angesichts der wachsenden Zahl von Pilgern den Eingang zu verbreitern. Aus den ursprünglichen zwei Toren wurde ein einziges. Hinzu kamen noch zwei kleinere Nebeneingänge, die in die Seitenschiffe führten.

Außerdem entstanden überall im Abendland herrliche Kirchenbauten. Santiago durfte von ihnen nicht in den Schatten gestellt werden. Es war nämlich jene Zeit angebrochen, in der die Gotik unter dem Einfluß der Zisterzienser und einer neuen, dem Templerorden angeschlossenen Baubruderschaft, den «Enfants de Salomon», ihren allbekannten Aufschwung nahm.

Entwurf und Ausführung des Portals ist geprägt von der außergewöhnlichen Persönlichkeit jenes «Mateo», der recht geheimnisvoll bleibt. Über seine Herkunft ist kaum etwas bekannt, obgleich viele Vermutungen über sie angestellt wurden. Sicherlich muß er in Compostela aber schon vor Beginn der Arbeiten einen ausgezeichneten Ruf besessen haben, wenn man ihn damit betraut hat, das ursprüngliche Portal durch ein neues zu ersetzen. Denn auch jenes soll nach Auskünften der Zeitgenossen sehr schön gewesen sein.

Mateo mußte nicht nur das alte Portal abreißen, sondern auch für den neuen Bau in der Krypta zwischen den beiden ursprünglichen viereckigen Türmen das gesamte Fundament neu anlegen. Der Meister scheint allerdings bei diesen Arbeiten unterbrochen worden zu sein, da man ihn mit dem Bau einer Brücke über den Rio Ulla beauftragt hatte.

Das alles läßt darauf schließen, daß Mateo aus der Gegend stammte. Sein Können war bekannt, man vertraute ihm ohne Einschränkungen. Das fertige Werk zeigt jedoch, daß er nicht aus einer einzigen Quelle geschöpft, sondern seine Studien an der großen Volksuniversität absolviert hat, die damals die Straße darstellte. Ohne Zweifel war er wie seine Zunftgenossen von Baustelle zu Baustelle gezogen.
Der Portico de la Gloria läßt sich nicht beschreiben. Selbst Bilder sind unzureichend. Sicherlich ist er eines der Meisterwerke der Bildhauerkunst aus dem Ende des 12. Jahrhunderts und vielleicht aller Zeiten.
Seine waagrechte Unterteilung geht von einer philosophischen Vorstellung aus, die sich in allen Religionen wiederfindet: unten befindet sich, den Gesamtbau tragend, die tierische Welt. Eine Welt phantastischer Prägung, die aus hartem, ockerfarbenem Granit gearbeitet ist. Sie dient der menschlichen Welt der Kirche als Fundament. Links sitzen die Propheten des Alten Testaments, rechts die Apostel. Sie sind aus einem derben Marmor gearbeitet.
Der Apostel Jakobus der Ältere befindet sich am Hauptpfeiler. Er sitzt auf einer Säule aus bläulich schimmerndem transparentem Stein, die den Baum Jesse darstellt. Der Apostel stützt sich auf den Pilgerstab und empfängt den Eintretenden an der Schwelle des Heiligtums, das ihm geweiht ist.
Oben dann die göttliche Welt, die den in seiner Herrlichkeit thronenden Christus und die vier Evangelisten mit ihren Symbolen umgibt. Die Marterwerkzeuge werden von Engeln vor dem «Hintergrund» eines himmlischen Chors dargeboten.
Augenscheinlich wollte der Künstler eine Vorstellung vom himmlischen Jerusalem geben, wie es die Offenbarung des

König, Königin, Reiter und Buben enthält, dazu zehn von eins bis zehn numerierte Karten.
Der andere Teil, mit dem nicht gespielt wird, ist weit geheimnisvoller. Er besteht aus einundzwanzig numerierten Tarocks (oder Trümpfen). Dazu kommt eine Karte ohne Nummer.
Diese Tarocks scheinen verhältnismäßig jung zu sein. Sie treten erst im 14. Jahrhundert in Erscheinung und sind nicht nur in einem Spiel enthalten, von dem man annimmt, es sei für Charles VI. gezeichnet worden, sondern zeigen sich auch als «dekorative» Motive auf manchen Kathedralenportalen. Das läßt darauf schließen, daß sie nicht nur der Zerstreuung dienten.
Der Umstand, daß die vier «Farben» den Symbolen der Aktivitäten des Jakobsweges entsprechen, läßt mich vermuten, daß dieses Spiel nach dem Vorbild älterer Spiele auf dem Weg entstanden ist. Zweifellos ging es dabei vor allem um die «Tarocks». In ihnen scheint sich eine Lehre auszudrücken, die sich anders nicht mehr vermitteln ließ.
Die Inquisition war ursprünglich durch und für den Dominikanerorden ins Leben gerufen worden, um die katharische Irrlehre zu «bekämpfen». Ende des 13. Jahrhunderts gewann sie jedoch Geschmack an dem Schrecken und der Macht ihres Geschäftes und begann jeden zu verfolgen, der ihrer Vorstellung vom Christentum nicht entsprach. Ganz sicherlich waren die Rituale und Geheimnisse der Bruderschaften nicht «konform».
Als Philipp der Schöne 1307 die Templer verfolgt und Clemens V. den Orden auflöste, beraubten sie damit zugleich die «Maurer» ihres mächtigsten Beschützers.
Philipp der Schöne hatte den Bauhandwerkern auch die Freiheiten entzogen, die ihnen vom heiligen Ludwig einge-

räumt worden waren. So mußten die Bruderschaften wieder in den Untergrund gehen. Der Schutz, den ihnen der Johanniterorden angedeihen lassen konnte (er war der Erbe der Templer), konnte nicht mehr als ihr leibliches Wohl garantieren. Die Arbeiter der Johanniter waren keine *Zunftbrüder*, sondern Diener. Templer und Johanniter hatten zweifelsohne unterschiedliche Aufgaben.

So wurden die allein den Eingeweihten verständlichen Initiationsbotschaften in einer Folge von Bilderrätseln untergebracht. Auf diese Weise konnten sie ohne Gefahr verbreitet werden, denn niemand konnte fürderhin sicher sein, sie zu verstehen, keine Deutung war unmöglich (das sehen wir an den «Weissagungen» des Nostradamus). Man konnte die Bilder sogar in die Portale der Kirchen meißeln.

Der alte Name des Tarock ist übrigens «Tarot des imagiers» (Tarock der Bildhauer). Das hätte eigentlich stutzig machen müssen. Denn im Mittelalter wurden als «imagiers» jene Leute bezeichnet, die die Skulpturen auf den Tympana, den Portalen und den Kapitellen der Kathedralen schufen. Dort haben sie im 14. Jahrhundert die Tarockbilder untergebracht.

Viele Autoren haben versucht, das Tarock zu enträtseln. Niemandem scheint es gelungen zu sein. Ich weiß nicht, ob die heutigen «Compagnons des Devoir» es noch können.

Im 19. Jahrhundert hat sich die jüdische Kabbala oder das, was von diesen des Hebräischen nur unzulänglich kundigen Leuten darunter verstanden wurde, großer Beliebtheit erfreut. Da es zweiundzwanzig Tarocks gibt, konnte man der Versuchung nicht widerstehen, sie den zweiundzwanzig hebräischen Buchstaben zuzuordnen. Die Tarocks hießen jetzt Arkana (Geheimmittel).

Und dann begann man über die Bedeutung der Tarocks, der

Doch der Templerorden ließ sich 1130 auf dem ursprünglichen Weg nieder, nicht weit von den alten Klöstern Nordspaniens entfernt.
Die spanischen Templer haben nicht das Schicksal ihrer französischen, italienischen und englischen Brüder erlitten. Die Kreuze auf ihren Gebäuden sind nicht entfernt worden, ebensowenig wie die übrigen Zeichen. So lassen sie sich ohne Schwierigkeiten «entdecken».
Abgesehen von der Begräbnisnische in *San Juan de la Peña* findet man diese Zeichen auch in dem außergewöhnlichen Dorf *Berdun,* das am Rio Aragon liegt und den Zugang zu dem *Valle de Anso,* dem «Tal des Gänserichs» bewacht. Sie sind auch in *Sanguesa* zu sehen, wo die Templer die Kapelle *San Andrian* besaßen, und am Rio Aragon, wo zwei Templerniederlassungen das Kloster *Leyre* einfassen. Weiter westlich, immer noch auf dem Sternenweg, hatten sich die Templer in *Gares,* dem heutigen *Puente la Reina,* in *Estrella,* in *Torres del Rio* niedergelassen. Sogar noch weiter westlich, in *Gradefes,* in *Ponferrada,* selbst in *Padron* am Atlantik, wo die Kirche mit Templerkreuzen geschmückt ist.

An diesem Weg liegen auch die ältesten westgotischen und mozarabischen Klöster.
Zwischen Berdun und Sanguesa befindet sich das Kloster Leyre, das auf eine lange, in mancherlei Hinsicht geheimnisvolle Geschichte zurückblickt.
Auch dem Ursprung seines Namens ist man noch nicht auf die Spur gekommen. Die beschlagenen spanischen Autoren meinen, er sei keltischer Herkunft. In der Tat ähnelt er dem französischen *Loire* und *Liré.* Namen dieser Assonanz oder Wurzel begegnet man häufig in dieser Gegend, von der man annimmt, sie sei von Keltiberern bewohnt worden.

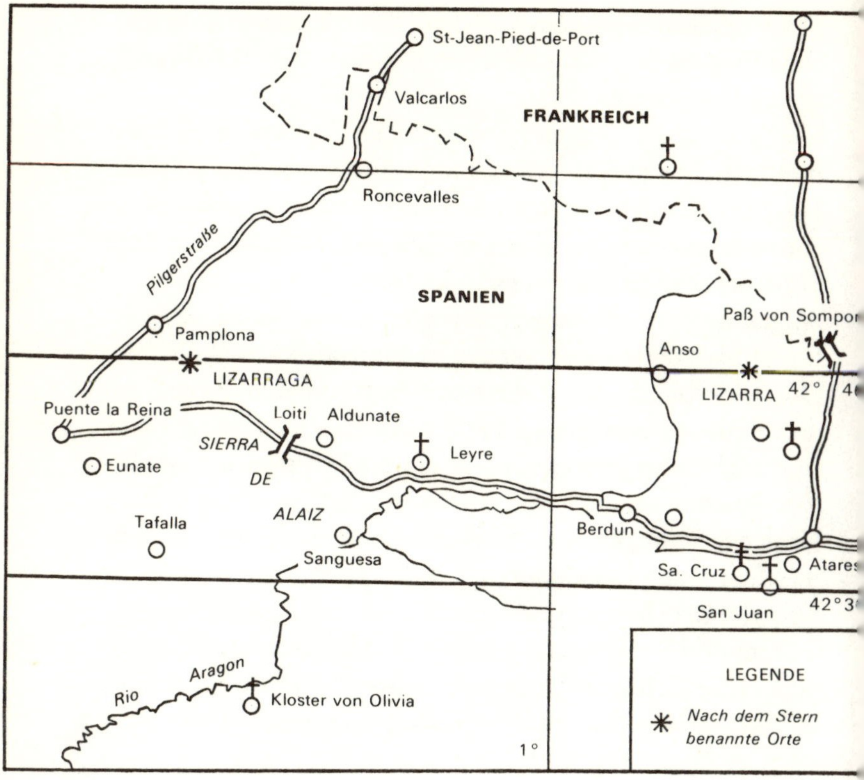

St-Jean-Pied-de-Port
Valcarlos
FRANKREICH
Roncevalles
Pilgerstraße
SPANIEN
Paß von Sompor
Pamplona
Anso
LIZARRAGA
LIZARRA
42°
Puente la Reina
Loiti
Aldunate
SIERRA
DE
ALAIZ
Eunate
Leyre
Tafalla
Berdun
Sanguesa
Sa. Cruz
Atares
San Juan
42°3
Rio
Aragon
Kloster von Olivia
1°
LEGENDE
Nach dem Stern benannte Orte

Viel wahrscheinlicher sind es aber Ibero-Ligurer gewesen, da die Wurzel eher ligurisch erscheint.
Pater Bergès beruft sich auf den Schmuck der Kapitelle der Abtei und hält den Namen für irischen Ursprungs. Das ist durchaus möglich. Ein Teil des Bauwerks stammt nämlich aus jener Zeit, da die Brüder vom Orden des heiligen Columban in alle Länder Europas ausschwärmten und die Benediktiner mit dem keltischen Wissensschatz vertraut machten. Im übrigen standen Irland und Nordspanien stets in enger Verbindung.
Erstmals wird das Kloster 842 schriftlich erwähnt. Allerdings wird in dieser Quelle auf einen früher liegenden Zeitraum verwiesen, zu dem das Kloster bereits existierte. Es wurden auch die Fundamente eines früheren Gebäudes gefunden, die sich noch nicht einmal annähernd datieren lassen. Dabei handelt es sich um eine recht einfach angelegte Kirche, deren Proportionen aber der Goldene Schnitt zugrundeliegt.
Die Krypta stammt aus dem 9. Jahrhundert und gibt ein ungewöhnliches architektonisches Rätsel auf. Das gesamte Bauwerk, das auch die Kirche aus dem 11. Jahrhundert trägt, ruht auf zerbrechlichen Säulen, die heute noch ungefähr einen halben Meter aus dem Erdboden ragen. Darüber erheben sich enorme Kapitelle, die mehrere Gewölbe von sicherlich erdrückendem Gewicht tragen.
Der älteste Teil der heutigen Kirche stammt aus dem 11. Jahrhundert. Er zeigt unzweifelhaft mozarabische Züge. Vielleicht waren es sogar muselmanische Baumeister, da manche ornamentale Details direkt aus Persien zu kommen scheinen und keinerlei christliche Entsprechungen haben. Die gegenseitige religiöse Ächtung hatte zu dieser Zeit noch nicht eingesetzt. Wahrscheinlich kümmerten sich die Bau-

meister nicht sonderlich darum, welcher Religion der Zierat angehörte, den sie verwandten.
Manche Kapitelle schließlich, die mit Blattwerk und sehr irischen Motiven verziert sind, deuten, so scheint mir, einen stilisierten Gänsefuß an.
In den ersten fünfundzwanzig Jahren des 11. Jahrhunderts geschah etwas sehr wichtiges: der Weg nach Compostela wurde von Cluny in Besitz genommen.
Seit seiner Gründung gehörten zu den wichtigsten Aktivitäten des Benediktinerordens neben der Wissenschaft und dem Gebet stets der Ackerbau und das Bauhandwerk. Ein Großteil der Mönche waren Zimmerleute, Steinmetze und Maurer. Die Äbte sind sehr häufig Baumeister gewesen. Diese Baukunst erreichte ihren Höhepunkt mit der cluniazensischen Reform. Cluny selbst war im Mittelalter eine Schule der Baumeister, gleichviel, ob sie der Kirche oder dem Laienstand angehörten.
Hielt Odilon, der große Abt von Cluny, es für notwendig, die Baumeister wieder auf den Initiationsweg zu schicken? Wollte er der Romanik, die aus dem byzantinischen und römischen Stil entstand, jene Elemente der überlieferten Wissenschaft zugänglich machen, die ihr fehlten? Möglicherweise. Um alle Dinge, die mit der sakralen Baukunst in Zusammenhang stehen, ist immer und überall ein großes Geheimnis gemacht worden. Doch seit der Amtszeit Odilons können wir feststellen, daß sich unmerklich eine bestimmte Politik durchsetzt, die der König Sancho von Aragon unterstützt.
Die erste Maßnahme besteht darin, daß Sancho um 1025 die cluniazensische Regel im Kloster San Juan de la Peña einführt. Spanische Mönche gehen nach Cluny und cluniazensische nach San Juan, dann wird auch Leyre in dieses

Austauschprogramm einbezogen, das die cluniazensische Regel gleichfalls übernimmt.
In dieser Zeit macht Cluny auch mit der Hilfe des Abts von Leyre, dem Bischof von Pamplona, den Weg über Roncevalles für die Jakobspilger passierbar.
Im selben Zeitraum entstehen in Frankreich die Pilgerstraßen nach Santiago. Wie man weiß, werden Klöster, Herbergen und Hospize in Hülle und Fülle gebaut. In dieser Bauwut zeigt sich auch das eigentliche Ziel der Wallfahrt nach Compostela. Es sind die Straßen der Baumeister. Sicherlich werden sie auch von Bußfertigen, Mystikern, Straßenräubern und Coquillards benutzt, doch ihnen allen voran ziehen die Leute vom Bau. Nicht Buße oder Mystik haben sie im Sinn, sondern ihr Handwerk. Sie gehen als Lehrlinge, als Initiationsanwärter. Es sind Baumeister, Philosophen und Mystiker, von Franz von Assisi bis hin zu Nicolaus Flamell.
Völlig zurecht hat man gesagt, daß der Weg nach Compostela die große Universität des Mittelalters gewesen sei. Ohne den Weg nach Compostela wäre die Romanik nicht zu dem geworden, was sie war. Sie hätte keine Bereicherung durch die symbolische, die überlieferte Wissenschaft erfahren.
Von Leyre aus erreicht der Sternenweg über Aldunate, was wohl «Scheidepforte» heißt, über den *Alto de Loiti* und die *Sierra de Alaizs* die merkwürdige Kapelle von *Eunate*, deren baskischer Name «die hundert Pforten» bedeutet.
Diese Kapelle ist achteckig und von einem äußeren mit Arkaden versehenen Wandelgang umgeben, der offensichtlich den Felsendom in Jerusalem zum Vorbild hat. Er kam in den Besitz der Templer, als sie ihren Standort im Salomontempel bezogen. Dort benutzten sie den vorspringenden

Felsen als Altar. Es ist jener Felsen, auf dem Abraham sich angeschickt haben soll, seinen Sohn Isaak zu opfern, und über dem Mohammed zu Pferde in den Himmel fuhr.

Da es keine Zeugnisse über die Kapelle Eunate gibt, sie steht in völliger Isolierung auf freiem Feld, weitab von jeder Ortschaft, hat man sie den Templern zugeschrieben. Sie haben diese Bauweise mehrfach verwendet. Dann hat man sie ihnen wieder abgesprochen, und schließlich haben die Archäologen wie üblich entschieden, daß es sich um eine Begräbniskapelle handle.

Tatsächlich befindet sich eine ganz ähnlich gebaute achtekkige Kapelle, der nur der Wandelgang fehlt, etwa 50 km weiter in *Torres de Rio.* Auch sie liegt an der Pilgerstraße. Dieses Bauwerk geht nun ohne Zweifel auf den Templerorden zurück.

Zwar läßt sich in Eunate das Templerkreuz nirgends entdecken; möglicherweise ist sie also nicht in Templerbesitz gewesen. Doch läßt sich ihr Bau oder zumindest ihr Plan schlecht ohne den Templerorden vorstellen. Völlig sinnlos ist es, sie zu einem Begräbnisbauwerk zu erklären. Es ist noch nicht einmal mit Sicherheit davon auszugehen, daß es sich um ein Bauwerk handelt, das für den christlichen Gottesdienst bestimmt war.

Vielleicht ist es an dieser Stelle angebracht, das Problem, man könnte sogar sagen das Rätsel, der runden Kirchen näher zu betrachten.

Die katholische Taufkapelle ist seit altersher rund. In ihr findet der Christ Eingang in das katholische Leben und in die Mysterien der Religion (nicht ich habe das Wort Mysterium, Geheimnis, erfunden). In der Taufkapelle *initiiert* man den Katechismusschüler, nachdem er über sich und seinen Glauben Auskunft gegeben hat – wenn er das nicht

kann, tut dies ein geistlicher Vater, der Pate, an seiner Stelle. Auch die griechischen Initiationstempel, so der in Delphi, waren rund gebaut. Niemand weiß, ob nicht der Felsendom aus einer ähnlichen Absicht rund gebaut wurde. Im Grunde lebt dort der ursprüngliche Kromlech weiter, der in gewisser Weise ein «Tanzsaal» war. Aus der Form geht hervor, daß es sich um einen Rundtanz gehandelt hat.
Und siehe da: *Eunate* hat einen äußeren Wandelgang. Er wäre völlig sinnlos, wenn man ihn nicht auch dazu benutzt hätte, sich um das Gebäude herumzubewegen. Bis zur Renaissance gibt es keine Beispiele dafür, daß die Menschen Zeit und Talent für unnütze Dinge verschwendet hätten.

Der Wandelgang ist also dazu da, um «herumzugehen», und zwar im Kreise. Vielleicht auch, um zu tanzen. Daran ist nichts erstaunliches: lange Zeit hindurch hat sogar der Bischof von Chartres Rundtänze in seiner Kathedrale angeführt. Das ist keine Zerstreuung, sondern ein ernstes Unterfangen. Eine körperliche Askese.
Die Initiationszeremonie hat sicherlich in einer «Tafelrunde» stattgefunden. Der Mensch wurde «in den Kreis» aufgenommen. Man schloß die Hände im Kreis und nahm ihn so in die Bruderschaft auf. Alles andere bleibt Geheimnis.
Für mich ist diese Kapelle, die ganz und gar nicht für den öffentlichen Gottesdienst eingerichtet zu sein scheint, ein Werkzeug des «Geheimnisses».
Möglicherweise war sie für die geheimen Zeremonien des Templerordens bestimmt. Vielleicht diente sie aber auch, und das scheint mir wahrscheinlicher, einer Baubruderschaft. Was keinesfalls ausschließt, daß die Templer dort aktiv beteiligt waren oder als Schutzmacht fungierten. Man

vergesse nicht, daß der Stab des Großmeisters der *Aabakus* ist, also der Stab des Baumeisters.
Schließlich hielten die Templer wie die Bruderschaften die Vorgänge geheim, die sich bei ihren Zusammenkünften abspielten. Das Geheimnis wurde strengstens bewahrt und verteidigt. Eunate befindet sich auf freiem Feld, in einer flachen Landschaft, die jede unbemerkte Annäherung sehr erschwert. Das Gebäude ist von einem Wandelgang umgeben, der mehrere Meter breit ist. Dadurch ist es ungebetenen Lauschern unmöglich, ihr Ohr an Mauern oder Türen zu legen. In dieser Kapelle wird die ursprüngliche Höhle nachgebildet. Störenden Sonnenstrahlen wird der Zutritt durch dünne Alabastertafeln verwehrt, mit denen die schmalen Fenster versehen sind.
Angemerkt sei noch, daß runde Kapellen keine Seltenheit in den wenigen Komtureien und vor allem den Gehöften der Templer darstellen, die nicht völlig zerstört worden sind. Ferner sind die Templer gar nicht so weit von Eunate gewesen. Wenn sie nicht in *Obanos* gesessen haben, so sind sie zumindest in *Gares Puente la Reina* gewesen. Die spanischen Historiker vertreten nämlich die Auffassung, dies sei ihre erste Niederlassung in Spanien gewesen und immer ihre wichtigste geblieben.
In Gares befand sich ursprünglich die Furt, die den *Rio Arga* durchquerte. Die Templer hatten sich dort wie gewöhnlich an der Furt niedergelassen, aber sie richteten auch am anderen Ende der Stadt an der Pilgerstraße eine Niederlassung mit Hospiz ein.
In Puente la Reina vereinigt sich die von den Cluniazensern geschaffene Pilgerstraße wieder mit dem Initiationsweg. Obwohl die achteckige Kapelle Eunate von der Pilgerstraße nur wenige Kilometer entfernt liegt, führt kein direkter

Weg dorthin. Die Abzweigung ist erst an der Stadtgrenze, wo der Templerorden Kirche und Hospiz errichtet hat.[1]

[1] Dort befindet sich ein merkwürdiges Kruzifix. Es ist wie ein Y geformt, und von ihm scheint die Komturei Crucifijo ihren Namen erhalten zu haben. Allerdings stammt das Kruzifix aus dem 16. Jh. Zu dieser Zeit gab es den Templerorden schon längst nicht mehr.

15

Von Puente la Reina nach Léon

Erst ab *Puente la Reina* heißt die Pilgerstraße *Camino frances,* französischer Weg. Nicht Weg der Franzosen.
Das hat möglicherweise seinen Grund darin, daß die neue Straße durch Franzosen oder unter ihrem Einfluß gebaut wurde. Die entscheidende Bedeutung Clunys für den Bau der Straßen, Brücken und Pilgerherbergen mag ein Beweis dafür sein.
Nur daß der Weg nicht mehr der der Sterne ist. Tatsächlich führt man die Pilger an diesem Sternenweg vorbei, man hält sie ihm fern. Wie man ja auch bemüht war, sie nach Möglichkeit über Roncevalles zu führen.
Ganz offensichtlich haben sich nicht die Pilger ihre Straße selbst angelegt, sondern man hat das für sie getan. Es gab eine Art «Pilgerunternehmen», das die Straße vorbereitete, bevor der große Andrang einsetzte.
Diese Pilgerstraße, *Camino frances,* ist in all ihren Einzelheiten bekannt. Man folgt ihr heute auf einer 1965 erneuerten Straße, die abgesehen von den Änderungen, die erforderlich waren, um sie für Autos passierbar zu machen, der alten Landstraße entspricht. Jeder Führer nennt ihre Schönheiten und berichtet von den Pilgerlegenden. Wir brauchen hier nicht noch einmal auszubreiten, was bereits erschöpfend behandelt worden ist.[1]

[1] Vgl. insbesondere Yves Bottineau, Les chemins de Saint-Jacques, Arthaud.

hat, muß die Legende irren, soweit es sein Einsiedlerdasein und vor allem seine Lehrzeit angeht.
San Domingo ist in Wirklichkeit ein Baumeister und als solcher hat er seine Lehrzeit absolviert. Und wo hätte er das besser machen können als auf dem Weg der großen Baumeister selbst? Auf dem Weg ihrer Initiation.
Der Bildhauer Gerard Saragoza hatte völlig recht, als er ihn für das Straßenbauministerium in Madrid mit dem entblößten Knie der Eingeweihten abgebildet hat.

Im übrigen hat er sich nicht mit einer einzigen Brücke zufriedengegeben. König Alfons IV. hat ihn mit der Reparatur der Hospize in der Provinz von *Rioja* und in *Burgos* beauftragt. Ferner verdanken wir ihm die Brücke in *Logroño* über den Ebro und die in *Najera* über die *Najerilla.*
Außerdem hat er auf dem von ihm geschaffenen Straßenstück ein Hospiz und eine Kirche errichtet, um die herum eine Stadt wuchs. Sie trägt seinen Namen: *Santo Domingo de la Calzada.*
All das hat er natürlich nicht allein gemacht. Zweifellos hat der König ihm das Bauland und die Steinbrüche zur Verfügung gestellt, das Volk hat vielleicht für den Transport gesorgt, vor allem aber haben auf der Baustelle die Brüder, die «Wanderbrüder», gearbeitet. Die Kirche, die er in *Santo Domingo* errichtet hat und deren romanische Apsis seine letzte Ruhestätte ist, trägt wie die anderen religiösen Bauwerke am Weg die Zeichen der Steinmetzbruderschaften. Es sind dieselben Zeichen wie viele andere, die ihnen in Zeit und Raum sehr fern sind.
Diese Brüder befinden sich auf der Durchreise. Auch sie folgen dem Jakobsweg, doch nicht als Büßer, nicht als Reisende, sondern sie befinden sich auf dem Weg ihrer

Initiation. In diesem Sinne ist San Domingo sehr wohl ein Einsiedler, aber zugleich auch ein Meister.
San Juan de Ortega, ein Schüler von ihm, selbst ein Meister, setzt sein Werk fort. Er verlängert die Straße über die Berge der Gans hinweg, *les Montes de Oca.* Er baut die Brücken, Kirchen und Hospize als Laie. In Burgos setzt das Werk dann ein französischer Mönch fort, der aus Cluny kommt: *Lesmes.* Auch er wird heilig gesprochen, aus ihm wird *San Lesmes.*
Die Gans gehört im übrigen untrennbar zu diesem Weg. So überquert die Straße die *Montes de Oca,* die «Berge der Gans», am *Puerto de la Piedraja,* der entweder eine Verunstaltung von *Piedra de Oca* oder, da es sich um den «frances» Weg handelt, ein «Pierre du Jars» ist. Dieser Paß wird im übrigen durch ein Templergebäude in *Villafranca Montes de Oca* bewacht. Es heißt «Maison des Chevaliers» (Haus der Ritter) und ist heute ein Bauernhof. Derzeit war es auch ein Hospiz.
Der ursprüngliche Weg, von dem man nicht weiß, ob er aufgegeben worden ist, als die Pilgerstraße angelegt wurde, folgte jenem Breitenkreis, der durch die Sternenlinie vorgezeichnet ist. Dabei durchquerte er einen großen Teil der baskischen Provinz Alava südlich von Vittoria. Es gibt dort unzählige archäologische Fundstellen, die bislang erst unvollständig erforscht sind. Sie reichen vom Neolithikum bis zur Vorromanik, umfassen also die Zeit der Dolmen, das Chalkolithikum, die ältere Bronzezeit, die jüngere Bronzezeit und die Römerzeit.
Auffällig ist, daß sich an all den Fundgegenständen offenbar kein eigentlich lokaler Stil erkennen läßt. Jeder Gegenstand, ob es sich um eine Axt oder etwas anderes handelt, ruft den Vergleich mit Gegenständen dieser Art auf den Plan, die

man an sehr entfernten Orten gefunden hat. Das läßt vermuten, daß sie von Menschen angefertigt wurden, die sich auf der Durchreise befanden, und nicht von Einheimischen. Sonst würde irgendeine besondere regionale Machart erkennbar sein.
Die Gegend ist sehr reich an Dolmen, die bis zum oberen Tisch von Erde bedeckt sind und so auf einer Ebene mit dem Boden stehen. In Elvillar findet sich der größte Dolmen des Pyrenäengebietes. Mehr als 60% aller Kupfer- und Bronzeäxte des Baskenlandes wurden auf dem Jakobsweg gefunden.
Die flachen Kupferäxte des Chalkolithikums weisen eine deutliche Entsprechung zu denen des französischen Departements Gironde, des südlichen Armorikas und der Seinemündung auf. Ein weiterer Beweis dafür, wenn er überhaupt noch erforderlich ist, daß ihr Ursprung im westlichen Meer liegt.
Bemerkenswert ist auch der sogenannte *Lizarraga*-Paß im Norden von *Estrelda.* Sein baskischer Name scheint «Vielzahl von Sternen» zu bedeuten. Er befindet sich über der oberen Grenze der Sternenstraße. Noch weiter oben auf der Straße nach *Beazain* gibt es dann ein *Lizarusti,* was «Sternenhalsband» bedeuten könnte. Im äußersten Norden schließlich, in der Nähe der Küste, findet sich ein *Monte Izarraitz,* was soviel wie Steinstern oder Sternenstein bedeutet. Handelt es sich da um einen Weg, der von der Küste in das heilige Gebiet der *Rioja Alavese* führte?

Auch ein *Alaiza* gibt es in diesem Gebiet. Und dann die Stadt *Haro,* deren Name »Kreis« bedeutet. Ein altes Kromlech vielleicht?
Wir bleiben auf dem Initiationsweg, durchqueren den Eng-

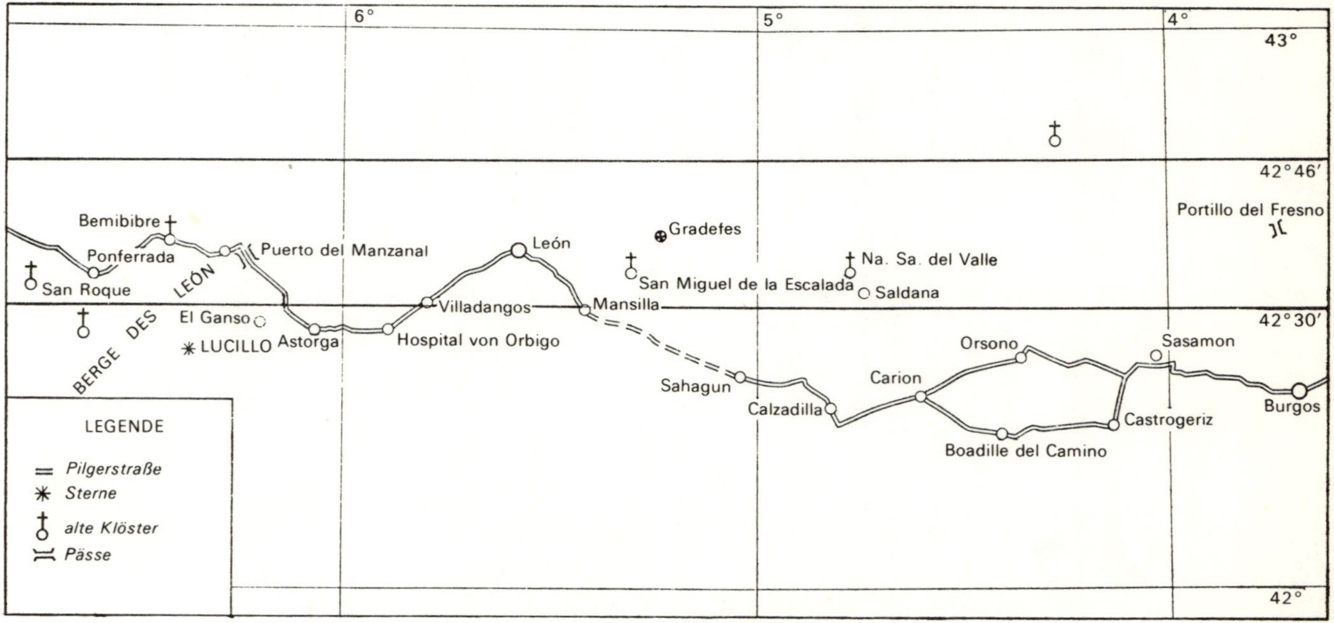
6°
5°
4°
43°
42°46′
42°30′
42°
Portillo del Fresno
Bemibibre
Ponferrada
San Roque
Puerto del Manzanal
LEÓN
BERGE DES
El Ganso
LUCILLO
Astorga
León
Villadangos
Hospital von Orbigo
Mansilla
Gradefes
San Miguel de la Escalada
Na. Sa. del Valle
Saldana
Sahagun
Calzadilla
Carion
Orsono
Boadille del Camino
Castrogeriz
Sasamon
Burgos
LEGENDE
Pilgerstraße
Sterne
alte Klöster
Pässe

paß von *Pancorbo* und bekommen es in *Nanclares de Oca* wieder mit der Gans zu tun. Einigen spanischen Etymologen zufolge heißt dieses Gebiet, das zum Teil die Hoch-Rioja bildet, nach dem *Rio Oja,* der einst *Rio Oca* geheißen haben soll, also Gänsefluß.

Alte Klöster gibt es dort in großer Zahl, und manche bewahren die Erinnerung an den Jakobsweg. Auf dieser Sternenstrecke befindet sich auch das älteste Kloster des Weges: *San Miguel de la Escalada.* Es liegt in der Provinz León, nicht weit von der Stadt gleichen Namens.

913 wurde es von Mönchen aus Cordoba gegründet; es ist eindeutig mozarabischen Stils, in dem sich dekorative Motive aus den Pyrenäen mischen. Sie werden gewöhnlich der Westgotik zugerechnet. Es handelt sich um symbolische Motive, die man zum Teil auf manchen römischen Stelen wiedergefunden hat. Sie sind allerdings viel älter als die römische Besetzung.

Durch die Jahrhunderte hindurch wird also auf diesem Weg in der Vielfalt eine Kontinuität sichtbar, die die Zeit in gewisser Weise Lügen straft.

Beispielsweise wird auf der Mauer der Westtreppe des Klosters durch eine Reihe von Reliefsteinen ein Zeichen geformt, das ich schon in einem anderen Zusammenhang erwähnte. Es zeigt sich in gigantischem Ausmaß auf dem Hang eines Hügels, der am Ufer des *Rio Eo* am Ende der *Ria de Eo* im Norden von *Lugo* liegt. Das Zeichen ist bei günstigen Lichtverhältnissen von der Ortschaft *Ribadeo* sehr gut zu erkennen.

Das Zeichen in dieser Bucht scheint aus neolithischer Zeit zu stammen. Aber dasselbe Zeichen befindet sich auf einer Steinplatte aus römischer Zeit, die sich heute im Museum von *Guimaraes* im portugiesischen Galicien befindet. Seine

Bedeutung und Verwendung sind mir unbekannt, doch seine Kontinuität ist unübersehbar.
Es gibt noch andere Beispiele.
So ist es kaum überraschend, daß die erste Niederlassung des Provinzsitzes der Templer in Puenta la Reina die Komturei von *Gradefes* war. Sie liegt wenige Kilometer von *San Miguel de la Escalada* entfernt und war sicherlich mit dem Schutz des Weges betraut. Wahrscheinlich war sie auch ein nicht-klösterlicher Zufluchtsort für die Brüder vom Fach, die sich auf den Initiationsweg begeben hatten.
Der antike Weg und die Pilgerstraße vereinigten sich in der Stadt León. Die Altphilologen nehmen im allgemeinen an, der Name leite sich von *Legio septima* her, der siebten römischen Legion des Augustus, der sogenannten Leonina. Diese Etymologie dürfte jedoch kaum für die Berge von León zutreffen, die nichts mit den römischen Legionären zu tun hatten. In ihnen finden sich aber zahlreiche nach Lug

197 Oben: Santiago de Compostela: Archivolte des Portico de la Gloria. Die Ältesten der Offenbarung halten ein Musikinstrument und den alchimistischen Glaskolben in der Hand (Photo Yan).
Unten: Einfassung aus unverbundenen Steinen, die Felsen mit neolithischen Petroglyphen schützen. Provinz von Pontevedra (aus der Sammlung des Autors).
198/199 Noya: Grabsteine (?) des Friedhofs von Santa Maria la Nueva. Die eingegrabenen Zeichen stammen eindeutig von den Baubruderschaften. Ihre Bedeutung ist nicht bekannt (aus der Sammlung des Autors).
200 Oben: Das Templerkreuz. Das «offizielle» Kreuz gehört zu denen der Ritterorden Spaniens. Kloster von Las Huelvas (aus der Sammlung des Autors).
Unten: Ponferrada: Das Tau, Kriegszeichen der Templer in jener Festung, die die Zugangswege nach Galicien bewachte (aus der Sammlung des Autors).

16

Nach Galicien

Es gibt sieben Pforten auf dem Initiationsweg nach Santiago, sieben Bergpässe, die, mehr oder minder schroff, mehr oder minder schwer zu überqueren sind.

Die erste befindet sich in der Nähe von Jaca. Durch sie gelangt man zum heutigen *San Juna de la Peña,* allerdings nicht auf der modernen Straße, sondern entweder über *Atares* oder über *Santa Cruz de Seros.* Atares war die erste Pforte für die Menschen, die sich auf dem Weg zum Geheimnis machten. Der erste Ritus fand in der Höhle statt, in der sich heute das Kloster San Juan befindet.

Der zweite Engpaß ist *Alto de Loiti,* das hinter dem Dorf *Aldunate* liegt. Auch dieser Ort läßt im Baskischen die Bedeutung von Pforte anklingen: *ate.* Sie gibt den Weg in die *Sierra de Alaiz* frei, zum göttlichen Stein oder zur göttlichen Höhle von *Alaisia.*

Als dritter dann der lange Engpaß von *Estella,* der den *Rio Oga* lange Zeit begleitet und in die Rioja führt. (Von Estella führt ein anderer Sternenweg zur Küste. Er erreicht sie in der Nähe von San Sebastian. Es hat den Anschein, als sei dort ein weiterer Weg für die Leute angelegt worden, die der Küste gefolgt und dann erst auf die eigentliche Initiationsstraße gestoßen sind. Ohne Zweifel haben sie dabei den Paß *Etchegarate* überquert, der, die Basken mögen mir verzeihen, wenn ich irre, nach meiner Auffassung «Maurerpaß» bedeutet.) Als vierter dann der Engpaß von *Pancorbo* zwischen *Miranda* und *Briviesca.*

Der fünfte Engpaß kommt nach einer längeren Wegstrecke, die keine größeren Schwierigkeiten aufweist. Er befindet sich am Fuß der kantabrischen Gebirgskette zu Anfang der Berge von León. Dabei handelt es sich aber nicht um die heutige Straße über den *Manzana*-Paß, sondern um den langen Engpaß, der dem *Ferrocarril* über *Porquero* folgt. Er führt in die reiche Ebene des Bierzo. Dort haben die Templer in Ponferrada eine riesige Festung erbaut. Sie gehört zu ihren wichtigsten Niederlassungen in Spanien überhaupt. Nicht das Kreuz ist das Zeichen dieser Festung, sondern das *Tau,* das heute kaum noch zu erkennen ist.
Die sechste Pforte bildet der Paß von *Piedrafitta,* der zum *Cebrero* führt. Dort befindet sich in einem kleinen keltischen Dorf, in dem es heute noch runde, halb mit Erde bedeckte «paillosas» (Strohdachhäuser) gibt, eines der ältesten Hospize der Pilgerstraße. Dieser Ort war sicherlich geheiligt. Das ist nämlich der Punkt, an dem man Galicien betritt, dessen Hauptstadt *Lugo* war, die Stadt des Lug.
Die Namensgebung ist keltisch geblieben. Kaum zeigen sich spanische Einflüsse, und wenn, dann meist nur in der Orthographie. Es ist beeindruckend, wieviele nach Belenus benannte Orte und Steine es dort gibt.
Die siebte Pforte ist der *Paso de Oca,* der «Paß der Gans», der nach Santiago de Compostela, aber auch und vor allem zum *Pico Sagro* führt, zum heiligen Berg also, wo sich der Legende nach das erste Grab des Apostels befunden hat. Erst später ist er nach *Amoea* geschafft worden, das später Santiago werden sollte.
Außerdem führt der Paß an den Ufern des *Rio Ulla* bis nach *Padron.* An diesem Ort landete der Heilige. Er entspricht jenem «Pardon», das auf keltisch Versammlungsort bedeutet.

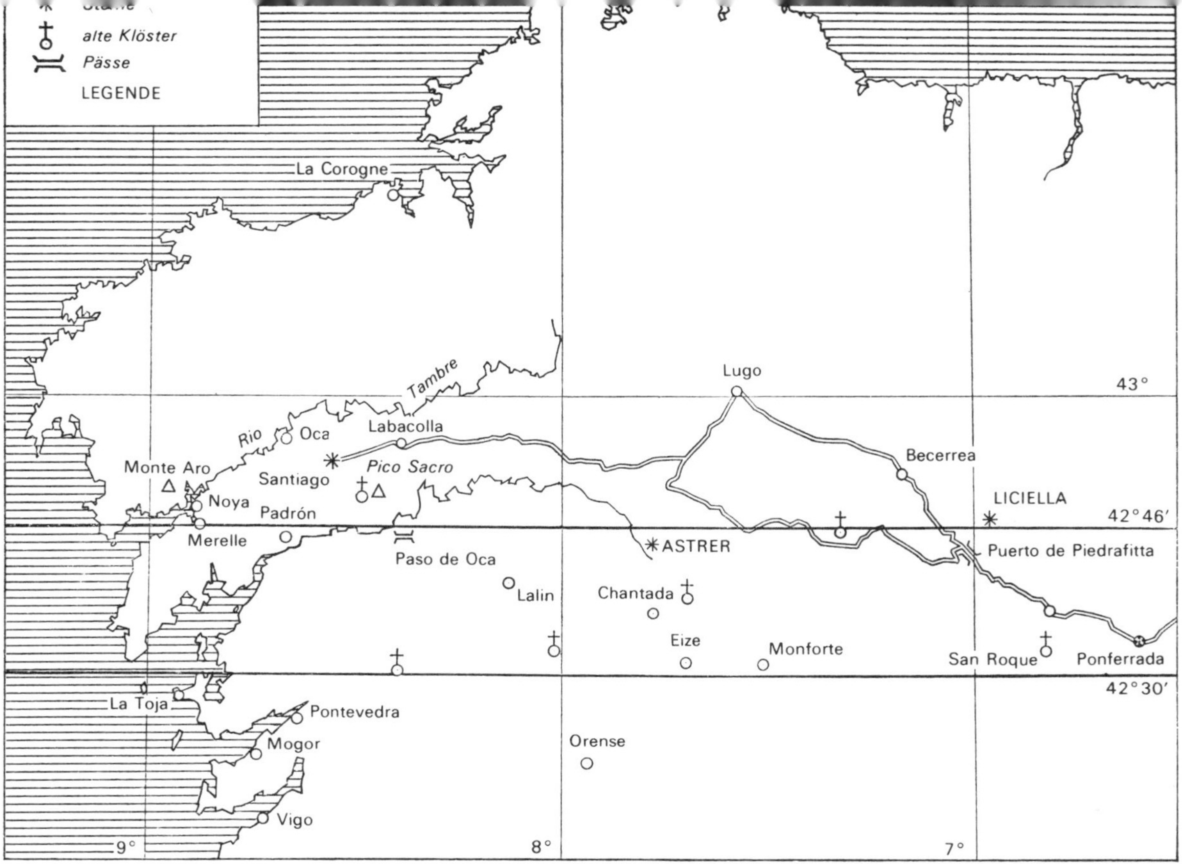
alte Klöster
Pässe
LEGENDE
La Corogne
Tambre
Rio
Oca
Labacolla
Lugo
43°
Monte Aro
Santiago
Pico Sacro
Noya
Padrón
Merelle
Becerrea
LICIELLA
42°46′
ASTRER
Puerto de Piedrafitta
Paso de Oca
Lalin
Chantada
Eize
Monforte
San Roque
Ponferrada
42°30′
La Toja
Pontevedra
Mogor
Orense
Vigo
9°
8°
7°

Schließlich setzt sich dieser Paß in einem Maultierpfad fort und führt nach *Noya,* wo der erste Seefahrer nach der Sintflut landete. Froissart nennt dieses Noya den «Schlüssel zu Galicien».

Über den *Paso de Oca* gelangen wir in das Schloß Dornröschens, in ein Land voller Geheimnisse, wo man die Sage nicht auf die leichte Schulter nehmen sollte. Dort bewahrt die Erde unter ihrem Moos heilige Schätze, lebensspendende Zeichen der Menschheit. Dort finden die erschöpften Pferde den Jungbrunnen, dort schläft alles, auch die Feen, die erst beim Klang der Cabretten (dudelsackähnliche Instrumente aus Ziegenleder), hier heißen sie *gaitas,* aufwachen. Dort ist die Himmelsmusik in den Marmorinstrumenten der Musiker des Protico de la Gloria verstummt. Für wie lange noch?

Nun sind, man stelle sich das vor, *alle* Völker des Westens und viele des Ostens dorthin gekommen. Und das vielleicht weniger als Eroberer denn als Schüler, als Pilger, mit all der Demut, die Pilgern geziemt. *Alle* Völker des Westens und des Vorderen Orients. *Jedes* hat nach seiner Wesensart die Spuren seiner Anwesenheit hinterlassen, und das nicht nur in der Sage.

Das beginnt mit Noah und Herkules. Dann kommen die Kreter und die Phönizier, die Etrusker aus dem Latium, die Iberer aus Afrika und die Leute von Tartessos. Dann die Ligurer aus den Pyrenäen, die Kelten aus Yevara oder aus Irland, die Sweben vom Rhein, die Araber aus Cordoba, die Bauhandwerker aus Frankreich und die Zimmerleute aus Hamburg. Schließlich Pilger aus allen christlichen Gebieten. Bußfertige und Heilige, Baumeister und Alchimisten, Coquillards und Philosophen. Sie alle machen sich auf den Weg zur einzigen großen Volksuniversität, die es auf der

Welt gibt: der der Großen Straße. Diese Menschen möchten das Recht erwerben, in die Geheimnisse des Dornröschenschlosses eingeführt zu werden. Stufenweise werden sie mit den Kräften der alten Mutter Erde vertrautgemacht, der wir alles verdanken, was wir besitzen.

Was können die Menschen unseres Zeitalters, die sich dem intellektuellen Urteil verschrieben haben und sich in ihren mechanischen Fortbewegungsmitteln durchschütteln lassen, schon von der alten Erde wissen? Diese Zivilisation, die sich so häuslich in der Bequemlichkeit eingerichtet hat! Was weiß sie vom Rhythmus und den Strömen der Erde? Was weiß sie von ihrem eigenen Rhythmus? Sie kennt nur noch den Rhythmus der Maschinen. Die Menschen können ihren Rhythmus nur durch die Bewegung wiederentdekken, durch *ihre* Bewegung beim Gehen. Wenn sie einen Schritt vor den anderen setzen, wenn sie am Rand ihrer Leistungsfähigkeit anlangen und sich ihr Rhythmus dem der Erde und des Kosmos, dem des Morgens, des Tages, des Abends und der Nacht angleicht.
Am vollständigsten und mühelosesten ist diese traumhafte «Durchdringung» der betäubten Sinne, wenn der Mensch dem alten Gesetz der Völkerwanderung folgt und seinen Weg gegen die Erdumdrehung wählt, sich von Osten nach Westen, der untergehenden Sonne entgegen bewegt.
Der Sonne folgen ist eine Glaubenshandlung. Sie ist weder willkürlich noch vernünftig, sondern instinktiv. Ein Naturgesetz, dem die Ameise auf ihrem rotierenden Apfel instinktiv folgt.
Nun begreifen wir, *warum* diese antiken Pilgerstraßen sich genau mit den Breitenkreisen der Erde deckten.
Doch genügt das, um Dornröschen in ihrem Zauberwald

aufzuwecken? Bedarf es dazu nicht noch der anderen Askese, die im Gebrauch der Hand besteht?
Was hätte die Tatsache sonst für eine Bedeutung, daß auf den meisten Bauwerken am Weg nach Santiago die Hand verherrlicht wird? Und damit niemand sie übersieht, werden sie überdimensioniert dargestellt. Das gilt für die Hände der beiden Engel, die das Chrismon in *Santa Cruz des Seros* halten, für die riesigen Hände der keltischen oder vorkeltischen Stelen in Guimaraes, für alle die göttlichen Hände, die dort ständig wiederholt sind.
Beginnt für den Menschen nicht alles mit der Hand? Ist sie nicht sogar der Ursprung seiner Intelligenz? Wohlgemerkt der Intelligenz, nicht der Intellektualität.
Chartres wurde nicht von Intellektuellen erbaut, sondern von Zimmerleuten und Steinmetzen, von Handarbeitern. Allerdings von Handarbeitern, deren Intelligenz außerordentlich war. Die Bischöfe und die Fürsten mögen sich in diesen Kirchen verewigen lassen, sie sind an ihnen trotzdem nur mit ihrer Eitelkeit beteiligt.
Doch selbst die modernsten Erfindungen, auf die wir so stolz sind, verdanken wir den Handarbeitern. Auto und Flugzeug entstammen keineswegs den Gehirnen der Diplomingenieure und Naturwissenschaftler, sondern handwerklichem Geschick. Vom Ackerbau bis hin zur Industrie hängt alles an der Hand des Menschen. Wenn man die intellektuellen Studien auf Kosten der Lehre einseitig entwickelt, begeht man einen Mord, verurteilt man die Gesellschaft zum Tode.
Ich habe keinen Zweifel daran, daß die Bauern, die die unbekannten Alten im Anbau des Korns unterwiesen haben, ebenfalls den Jakobsweg entlanggezogen sind. Auch ihnen, die die Erde bearbeiten, die in Sklaverei und Knecht-

schaft gefallen sind, blieb, wenn auch pejorativ, der Name *Jacques.* Und den Gänsefuß haben sie bewahrt als *Pedzouilles* (obwohl die Etymologie dieses Wortes unbekannt ist, sehe ich eine alte Form von «pied d'oie» darin).
Ein paar Schwertschwingern und ihren Schreibern gelang es, jene (im übrigen immer noch gültige) Mode ins Leben zu rufen, derzufolge die «Handarbeiter» als Menschen zweiter Klasse, als arme Tröpfe angesehen werden, die für die untergeordneten Arbeiten geschaffen sind, zum Anbau des Korns oder zum Bau von Kathedralen.
Ob sie wissen, daß der Name «Jacques, den man ihnen gibt, eigentlich «Wissender» heißt?

17

Petroglyphen

Galicien ist das Dornröschenschloß. Alles schläft dort, aber es ist alles noch da. Der schöne Prinz muß es aufwecken, indem er das Dornengestrüpp überwindet.
Ohne Zweifel gab es Zeiten, da jeder Initiierte der schöne Prinz war. Damals verstand man sich auf die tellurischen und anderen Ströme, die die Erde durchziehen, damals erfüllten sie den Menschen viel intensiver. Die Erde pulste. Galicien wurde immer wieder geboren. Dann entschleierten sich die Geheimnisse, alles wurde einfach und wahr. Solche Wiedergeburten sind das Zeitalter der Dolmen, das Bronzealter, die keltische Zeit, bevor die Römer nach Spanien kamen, und das 11. und 12. Jahrhundert.
Der Weg nach Galicien war die große Universität des abendländischen Mittelalters.
Ende des 13. Jahrhunderts schlief alles ein. Doch die Instruktionen blieben erhalten, selbst die ältesten. Davon zeugen die Petroglyphen, mit denen wir uns jetzt eingehender beschäftigen wollen.
In Galicien gibt es eine große Zahl neolithischer Zeugnisse. Entweder ist es sehr dicht bevölkert gewesen oder es war eine wichtige «Durchgangsstation».
Es hat nicht den Anschein, daß diese Zeugnisse kontinuierlich entstanden sind. Auf Überflußzeiten folgten «magere» Jahre. Zeigt sich darin der «Pulsschlag» der Erde? Eine verführerische Hypothese. Es hätte dann «Vorlesungszeiten» und «Semesterferien» gegeben.

Leider läßt sich diese Hypothese nicht verifizieren, da keine zuverlässige Datierung möglich ist. Meist beruhen die Schätzungen auf irgendwelchen vorgefaßten Meinungen; beispielsweise auf der Vermutung, daß das «Einfache» dem «Komplexen» vorangeht oder auch auf der Meinung, daß die Bronze im äußersten Westen aus dem Orient kommt (wofür man den Beweis noch schuldig geblieben ist, zumindest soweit es die von den Tartessern besuchte atlantische Küste anbelangt). Auch die Dolmen hat man nach den dort gefundenen Gegenständen bzw. nach den Zeichen auf den Säulen und Tischen datiert. Genausogut könnte man eine Kirche aus dem 12. Jahrhundert nach den sulpizianischen Skulpturen datieren, die man in ihnen aufgestellt hat, oder nach den Heiligenbildern, die in ihre Mauern eingelassen sind.
Der Fund eines Leichnams in einem Tumulus heißt lediglich, daß in diesen Tumulus ein Leichnam hineingelegt worden ist. Weitere Schlüsse sind nicht zulässig.
Mit aller gebotenen Vorsicht darf man wohl trotzdem davon ausgehen, daß es eine Dolmenzeit gegeben hat. Die Prähistoriker datieren ihren Beginn auf etwa 3500 v. Chr. Das Zeitalter der Petroglyphen hat danach von etwa 2500 bis 2000 v. Chr. gedauert. Das Bronzezeitalter von 1300 bis 900 v. Chr. Das keltorömische Zeitalter von 200 v. Chr. bis 200 n. Chr. Und schließlich das Kirchenbauzeitalter von 900 bis 1300.
Ohne es beweisen zu können, bin ich der Auffassung, daß bestimmte Petroglyphen, und weiß Gott nicht die einfachsten, so zum Beispiel das Labyrinth, viel älter als die genannten Epochen sind.
Zu all diesen Fragen kann man sich nur wie die Normannen äußern: «Kann sein, kann auch nicht sein». Nur die Bedeu-

tung der Steinzeichen könnte uns Antwort geben, aber die können wir nicht lesen.
Wohlgemerkt lesen, weil man zumindest sehen kann, daß es sich um eine Schrift handelt. Sie entspricht vielleicht nicht dem, was wir heute unter einer Schriftsprache verstehen, aber es ist ganz zweifellos eine Schrift. Eine Schrift, die dazu bestimmt war, gelesen und verstanden zu werden. Es handelt sich weder um Graffiti noch um irgendeinen vergnüglichen Zeitvertreib, denn die Zeichen wurden nicht in irgendwelche beliebigen Felsen gegraben. Ganz deutlich sieht man, daß die Orte und die Felsen sorgfältig ausgewählt worden sind. Häufig sind sie noch durch die Überreste von Mauern aus unverbundenen Steinen umgeben, die bewundernswürdig konstruiert wurden und deshalb heute noch erhalten sind.
Gleichviel, ob diese Mauern zur Zeit erbaut wurden, da man die Steinzeichen in die Felsen grub oder ob sie erst später errichtet wurden, zeigt sich auf jeden Fall in dem Umstand, daß man den Petroglyphen Wichtigkeit beimaß, daß man sie beschützen wollte. Man schützt nichts, was ohne Wert und unnütz ist.
Allein die Provinz von Pontevedra, die der Endpunkt des «Sternenweges» ist und die so groß ist wie ein französisches Departement, hat folgendes aufzuweisen: 38 neolithische Fundstellen (man hat dort Äxte aus geschliffenen Steinen entdeckt); 122 Orte mit Dolmen oder *Mamoas* (Tumuli), etliche dieser Orte weisen mehrere solcher Baudenkmäler auf, und 115 Orte mit Steinen, die Petroglyphen tragen.
Außerdem sind die Gegenden, in denen sich die meisten Dolmen und Tumuli befinden, im Landesinneren bei *Lalin* und *Estrada* gelegen. Dagegen sind die Felsen mit den Petroglyphen meist an den Ufern der Rias in der Gegend

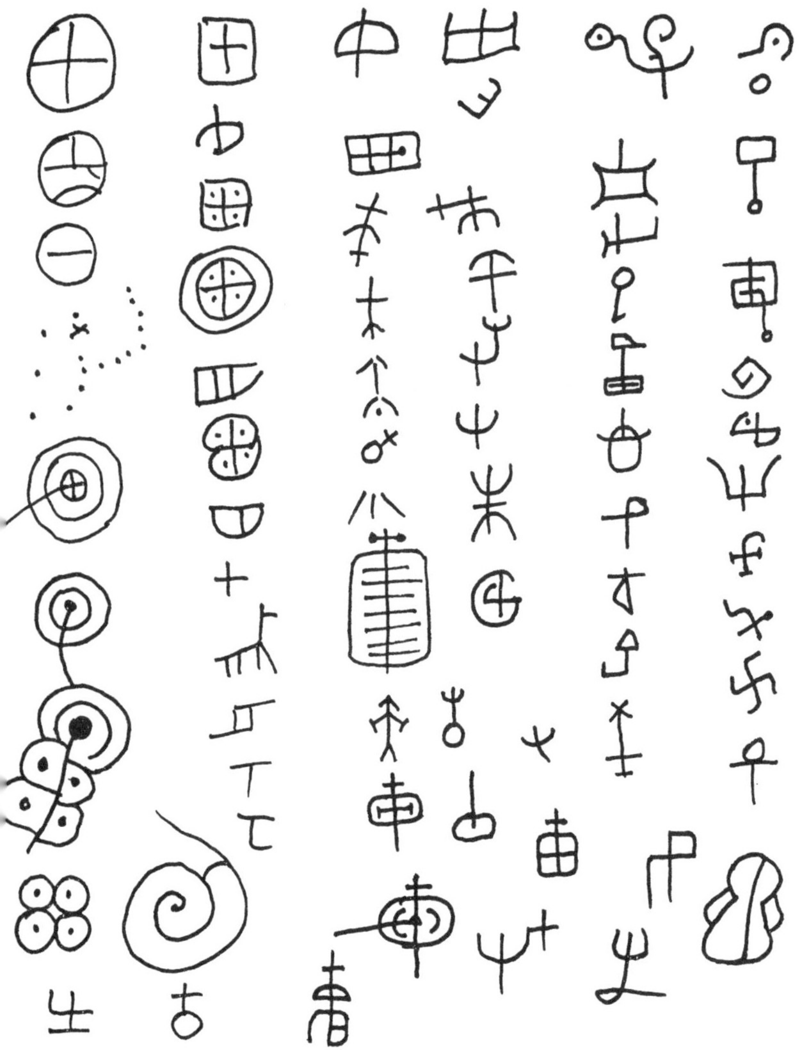

Petroglyphen nach dem «Corpus Petroglyphorum»

große Mühe gegeben, das zu verbergen. Um Künstler hat es sich meiner Auffassung nach gehandelt, da die Zeichnungen mit großer Fertigkeit ausgeführt sind. Der Strich ist sehr sicher und weist keine Ähnlichkeit mit den Graffiti von Schülern auf. Die Hirsche sind im übrigen bemerkenswert stilisiert und sehr naturgetreu. Es macht überhaupt keine Mühe, sie zu erkennen. Es sind Hirsche und Hirschkühe und keine anderen Tiere. Wenn solche Graveure die Absicht gehabt hätten, menschliche Wesen darzustellen, darf man wohl annehmen, daß die Zeichnungen, wenn nicht anatomisch, so doch künstlerisch getreu ausgefallen wären. So liegt die Annahme nahe, daß ein Tabu auf der Darstellung der menschlichen Person gelegen hat.

Allerdings gibt es eine merkwürdige Zeichnung auf einem Stein, der *laxe dos homes* heißt. Er befindet sich in Cequeril in der Gegend von Caldas de Reyes. Es scheint, daß *laxe dos homes* in der Sprache des Gallego «Stein der Menschen» heißt. Diese Zeichnung sieht tatsächlich wie der ungeschickte Versuch eines Kindes aus, zwei Menschen darzustellen. Sie macht einen recht ungewöhnlichen Eindruck. Es hat den Anschein, als habe der Graveur den einen Menschen liegend dargestellt. Der Kopf ist ein mit einem Kreuz versehener Kreis. Es läßt sich aber schwer entscheiden, ob nicht der unförmige Körper den Kopf darstellen soll, denn er besitzt zwei Augen, eine Nase und einen Mund. Möglicherweise ist es aber auch der Körper mit einem erigierten Geschlechtsteil. Die Arme fehlen. Die Beine wären dann durch zwei gekrümmte Striche dargestellt, die an ihren Enden mit rechteckig abzweigenden Linien versehen sind: fünf an dem einen, vier am anderen Fuß.

In der Nähe befindet sich ein anderes ähnliches Wesen. Auch dieses besitzt einen Kopf, der aus einem Kreuzkreis

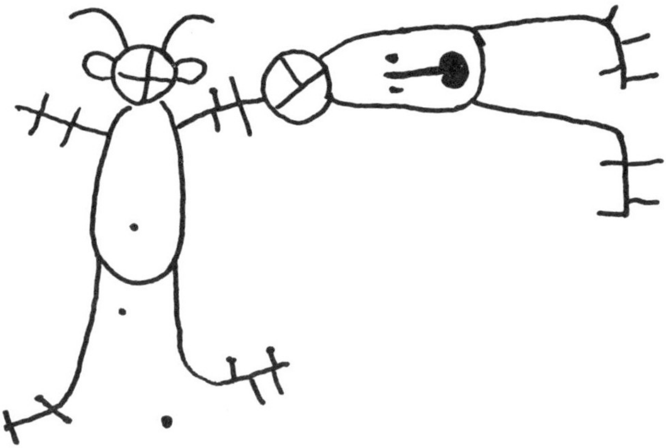

«Laxe dos Homes» (Cequeril),
nach dem «Corpus Petroglyphorum Gallaeciae»

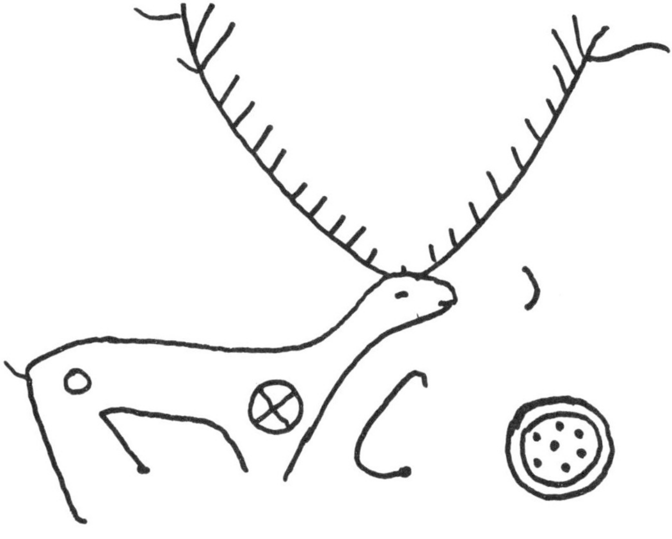

«Laxe da rotea de mende» (AS minas),
nach dem Corpus «Petroglyphorum»

besteht. Er ist mit zwei Protuberanzen versehen, die Ohren darstellen könnten. Außerdem sind noch zwei Fühler vorhanden, die an ein Insekt erinnern. Diese Figur ist mit rudimentären Armen ausgerüstet, die ebenfalls mit Querstrichen versehen sind. Einer der Arme berührt den Kopf des liegenden Individuums.

Handelt es sich dabei um ein mehr oder minder übernatürliches Wesen, das einen Menschen lenkt, ist es das Werk eines ungeschickten Zeichners, der ein beeindruckendes Erlebnis festhalten wollte, bei dem er dabei gewesen ist? (Man ist versucht an Wesen zu denken, die von «woanders» hergekommen sind und nur eine oberflächliche Ähnlichkeit mit Menschen aufweisen. Die Fühler, die «Ohren» vermitteln diesen Eindruck.) Oder handelt es sich ganz einfach um Skarabäen, um Hirschkäfer? Vielleicht ist der Skarabäus nicht nur im alten Ägypten ein wichtiges Symbol gewesen.

Natürlich hat man angesichts dieser Steinzeichen von Magie gesprochen. Die Magie ist eines der Lieblingskinder aller Prähistoriker. Sie verstehen darunter so etwas wie kindlichen Aberglauben. Außerdem erfüllt die Magie den gleichen Zweck wie die Grabdenkmäler: sie erklärt alles. Natürlich hängt jedes religiöse Bauwerk in der einen oder anderen Weise mit der Idee des Todes zusammen, und jede abgebildete Handlung trägt eine Idee des Lebens in sich, welches eigentlich der Gegenstand der Magie ist.

Ganz persönlich habe ich den Eindruck – es ist wie gesagt ein Eindruck und keinesfalls eine Gewißheit –, daß es am Endpunkt der Milchstraße heilige Steine gibt (häufig sind es riesige Felsen). Heilig sind sie, weil sie sich im Bannkreis tellurischer Kräfte befinden. Die Steinzeichen tragen sie, weil sie heilig sind. Übrigens verbirgt sich in den Namen, die solche heiligen Orte von den Kelten erhielten, häufig eine Widmung an den Gott Belenus: *Carballeira, Carballedo,* «Belenussteine», usw.

Nur in solche heiligen Steine wurden diese symbolischen Zeichen eingegraben. Generationen waren da am Werk, die vielleicht durch Jahrtausende getrennt sind. Die Symbole weisen keine zeitliche oder örtliche Besonderheit auf. Denselben Zeichnungen begegnen wir an den verschiedensten Orten.

Diese Steine kommen also am Endpunkt einer Initiationsreise gehäuft vor. Es liegt der Gedanke nahe, daß einige der Zeichen die Aufgabe haben, ein bestimmtes Wissen weiterzugeben und daß andere Zeichen das Siegel der Männer sind, die die Wallfahrt «absolviert» und die «Fertigkeiten» durch die Initiation erworben haben. Nun setzen sie ihr Zeichen unter all die anderen.

Die Hirsche sind die einzigen Tiere, deren Abbildung sich in den Petroglyphen findet. Ich glaube nicht, daß es sich bei ihnen um eine Art magischer Symbole handelt, wie man vorgebracht hat, sondern um Totems. Allerdings sind sie nicht das Zeichen eines Stammes, sondern einer Initiationsbruderschaft.

Am merkwürdigsten aber ist der Umstand, daß wir ein Großteil dieser Zeichnungen unter den Steinzeichen wiederfinden, mit denen die Steinmetze die Bauwerke am Weg nach Compostela versehen haben.

18

Die Bruderschaften

Das außergewöhnlichste Geheimnis der Wallfahrt nach Compostela beruht vielleicht in dieser Ähnlichkeit zwischen den Petroglyphen Galiciens und den Steinzeichen der Baumeister am Weg nach Galicien. Vielleicht ist darin auch die Lösung zu finden.

Bevor wir uns diesem Problem zuwenden, sollten wir das Vorangehende noch einmal zusammenfassen. Es mag den Eindruck eines Netzes hinterlassen haben, wie es ein kleiner Junge definiert: «Löcher, die durch Schnüre verbunden sind.» Trotzdem ist das Netz eine geschlossene Einheit.

Der Jakobsweg in Spanien ist ein Initiationsweg, den es zumindest schon seit dem Neolithikum gibt und dessen Benutzung nie unterbrochen gewesen zu sein scheint.

Ich nenne ihn so, weil es sich um einen Weg der Initiierten, das heißt der Wissenden, handelt. Er ist eine Straße der *Jachin,* nach seinem baskischen Namen.

In geheimnisvoller Weise steht er mit den «Völkern vom Meer» in Zusammenhang, die aus dem Westen kamen und ein gemeinsames Symbol besitzen: den Schwimmvogel, die Gans oder den Schwan, die durch den Schwimmfuß, den Gänsefuß, den «pé d'auque» des Mittelalters, dargestellt werden.

Ein Volk, das aus dem Atlantik kam, die *Riesen*, die *großen Anten*, die *Jean*, auf Baskisch die *Jaun*, die Herren, haben diesen Weg seiner tellurischen Eigenschaften wegen und aus anderen uns unbekannten Gründen angelegt.

Sehr wahrscheinlich waren die *Jean*, diese Atlanter, im Besitz einer erstaunlichen Wissenschaft. Teilweise gaben sie sie an jenen Teil der Menschheit weiter, der von dem Meereskataklysmus verschont blieb, der zur Zeit des berühmten neolithischen «Hiatus» die bewohnte Welt überschwemmte.
Zerstreut und schiffbrüchig in einer fast unbewohnten Welt, waren sie darauf angewiesen, den unterentwickelten Völkern zu helfen, bei denen sie Zuflucht fanden. So brachten sie ihnen einen Teil ihrer Kenntnisse bei und erhielten dafür die Hilfe von ihnen, die sie zum Überleben brauchten.
Mindestens drei Zentren wurden im Westen eingerichtet. Sie waren die Endpunkte von «vorbereitenden» Initiationswegen, die exakt bestimmten Breitenkreisen folgten und nach Cornwall, ins ligurische Armorika und nach Galicien führten.
Den Menschen, die den Weg rituell durchlaufen hatten, wurden landwirtschaftliche, handwerkliche und vielleicht auch wirtschaftliche Kenntnisse vermittelt. Wahrscheinlich wurden diese drei Wege bis in die römische Zeit hinein benutzt. Rom hat dann alles systematisch zerstört, was ihm nicht unterworfen war.
Aus den Bauern hat man Sklaven gemacht, die sogenannten christlichen Barbaren machten aus ihnen Leibeigene und gaben ihnen den Namen «Jacques». Er blieb ihnen und wurde durch Mißbrauch pejorativ wie die Bezeichnung «Pedzouilles». Sie wurden die «Jacques-pied-d'oie» (Jakob mit dem Gänsefuß).
Als die Druiden verfolgt und vernichtet wurden, verfielen die Initiationswege und Initiationszentren in Gallien und England. Ein einziger Initiationsweg im Westen blieb übrig, der in Galicien. Er lag im Schutz seiner Berge und zog

die Künstler an, die die Sklaverei nicht an die Erde band. Offensichtlich machten sich in den unruhigen Zeiten am Anfang dieser Epoche größtenteils Pyrenäenbewohner auf die Suche nach dem überlieferten Wissen. So erklärt sich die Sage vom «Maître Jacques», die aus den Pyrenäen stammt.
Die ersten Baumeister des Weges nach Compostela kommen aus den Pyrenäen. Zweifellos waren sie nicht nur Baumeister. Doch ist das Bauwerk aus Stein nun einmal am beständigsten.
Ich glaube, sie haben aus der Zeit der Dolmen bis in unsere Tage überlebt, da es ihre Bruderschaft heute noch gibt.
Alles, was dank der Bauwerke von der überlieferten Wissenschaft auf unsere Zeit gekommen ist, ist durch die Hände dieser Menschen gegangen, ob sie nun verstanden haben, was sie dort übermittelten oder nicht.
Dieses Wissen scheint vor Beginn der christlichen Baukunst, sicherlich einer Überlieferung folgend, an die Höhle gebunden gewesen zu sein. Es gibt zahllose natürliche und künstliche Höhlen entlang des Weges. Zahllos sind auch die Tumuli und die gewöhnlich eingegrabenen Dolmen. Vielleicht waren sie zu jenen Zeiten vor allem Gießer und Schmiede (die Säule *Jachin* im Tempel des Salomon war mit Bronze bedeckt).
In christlicher Zeit schlossen sich ihnen auf diesem Wege die sogenannten «Mozaraber» an. Auch sie sollten sich der Initiation unterziehen. Das geschah im 9. Jahrhundert. Sie kamen aus Sevilla oder aus Córdoba, und ihr Beitrag war die sogenannte «arabische» Bauweise.
Doch diese arabische Baukunst ist ungeachtet ihres Namens ganz und gar nicht arabisch. Der Araber ist ein Nomade und kein Bauhandwerker. Als die ersten Moscheen errichtet wurden, haben die orthodoxen Mohammedaner entsetzt

aufgeschrien. Und diese ersten Moscheen des Vorderen Orients weisen alle Merkmale eines armenisch geprägten Byzantinismus auf.
Armenien heißt Kaukasus. Und dieser ist einer der Orte, an dem der Sage nach ein Noah landete. Aus dem Kaukasus ist nicht nur die hethitische, sondern auch die sumerische und babylonische Kultur hervorgegangen.
Der Beitrag der Pyrenäenbewohner ist die sogenannte westgotische Baukunst. Allerdings waren die westgotischen Barbaren ebensowenig wie die Araber imstande, die ihnen zugeschriebenen Bauwerke zu errichten.
Haben sich die Pyrenäenbewohner, die Kantabrer und die Mozaraber auf diesem Weg getroffen, weil sie eine gemeinsame, jahrtausendealte Überlieferung besaßen? War sie von Zeitalter zu Zeitalter geheimgehalten und dank des Rituals der Arbeit rasch den verschiedenen Techniken dienstbar gemacht worden?
Seit die Christianisierung des Weges durch die glückliche Erfindung des Apostelgrabs möglich wurde, wird er durch eine Kette von Klöstern und Einsiedeleien bezeichnet. Teils «westgotischen», teils «mozarabischen» Stils markieren sie die Route. Stets wurden die Klöster über allem Anschein nach von der Überlieferung geheiligten Höhlen errichtet: Santa Cecilia, San Juan de la Peña, Leyre, Estella, Iranzu, Irache, Pancorbo, San Millan, San Miguel de la Escalada usw.
Die «Westgoten», denen sich die «Mozaraber» anschließen, bilden eine Bruderschaft von Bauhandwerkern, die einen legendären Jacques zum Patron hat – und das nicht erst seit christlicher Zeit. Das Mittelalter kennt die Bruderschaft unter dem Namen «Enfants de Maître Jacques» (Kinder des Meister Jakob).

Ursprünglich haben wohl diese «Jacques» das Chrismon als ihr besonderes Zeichen übernommen. An den cluniazensischen Bauwerken fehlt es zwar nicht ganz, doch kommt es dort recht selten vor. Zweifellos haben die Pyrenäenbaumeister mit den Cluniazensern zusammengearbeitet, die erst spät auf dem Weg auftauchten. Man wird Konstruktionsprinzipien, Arbeitstechniken und Ornamente ausgetauscht haben.

Neben dem Chrismon graben die «Jacques» auch andere Zeichen in den Stein. Sie sind zahllos. Fast alle Steine mancher Gebäude sind in dieser Weise gezeichnet. Ganz besonders übrigens die der Kathedrale von Santiago de Compostela, wo die Zeichen besonders tief eingegraben sind.

Nun finden sich fast alle diese Zeichen unter den Petroglyphen auf den neolithischen Felsen in Galicien wieder. Dabei handelt es sich nicht mehr nur um so einfache Zeichen wie das Kreuz oder den Pfeil, sondern auch um andere, weit kompliziertere.

Sind hier immer wieder verwendete Initiationszeichen über Jahrtausende hinweg tradiert worden? Genaues läßt sich nicht sagen, aber die Übereinstimmung ist verblüffend und die Fortdauer der Zeichen offensichtlich.

Die «Jacques» hielten sich der organisierten Christenheit fern, die die Wallfahrt nach Compostela unternahm. Sie blieben einer älteren Tradition verpflichtet. Sicherlich besaßen sie eigene religiöse und philosophische Vorstellungen und geheime Riten. Sie bewahrten ihre Eigenart und verloren dadurch den Schutz der Kirche. Möglicherweise nahm sich der Templerorden ihrer an, der seine Aufgabe nicht darin sah, die Spreu vom Weizen zu trennen. Sie zeigten Sonderheiten, hatten geheime Riten, unterschieden sich in

Als diese Verschmelzung der Orden vorgenommen wurde, wurde auch das Grab des heiligen Jacques am äußersten Ende Galiciens «erfunden». Wenn sich auch nicht mit Sicherheit sagen läßt, daß der durch Benedikt von Aniane erneuerte Orden diese Entdeckung inszeniert hat, so darf man doch gewiß davon ausgehen, daß er an der Entstehung der Legende entscheidend beteiligt war.

Welches Ziel mag man damit verfolgt haben? Da kommt nur ein einziges in Frage: Der heilige Jakobus war ein Apostel unter anderen. Außerdem gab es genug Reliquien oder Pseudoreliquien in Frankreich und im übrigen Abendland, um jede gewünschte Wallfahrt ins Leben zu rufen, und daran ließ man es nicht fehlen. Doch der Benediktinerorden interessierte sich für den Weg, und zwar als Orden von Bauhandwerkern. So unternahm Cluny die nötigen Anstrengungen, um den Weg in Beschlag zu nehmen.

Der Abt Odilon entsandte seine Bauhandwerker.

Warum die Bauhandwerker? Um den Bau durch einen bestimmten «Stil» zu prägen? Oder um die Mönche, Laienbrüder und Handwerkerbrüder des dritten Standes auf den Initiationsweg zu schicken?

Ich neige zur zweiten Annahme. Die cluniazensischen Baumeister waren nämlich weiß Gott keine Ignoranten. Man darf mit Sicherheit davon ausgehen, daß sie im innersten Kreis des Ordens einer Bruderschaft von Baumeistern angehörten. Es kann gar nicht anders gewesen sein.

Ich bin nicht in der Lage zu sagen, was man auf diesem Wege und an seinem Ende erfuhr. Ohne Zweifel erlebt die benediktinische Bauweise aber seit dem 9. Jahrhundert, da die Maurer von Cluny den Weg entlangziehen, eine Veränderung. Nicht nur daß die Technik sicherer wird, sondern auch die Bauweise wird «musikalisch». Ein neuer Rhythmus wurde gefunden. Ohne Zweifel würde die mathematische Untersuchung mancher romanischer Cluniazenserbauten zu recht erstaunlichen Entdeckungen führen.

Cluny schließt die christliche Welt an eine jahrtausendealte Überlieferung an. Ohne Zweifel führt die Initiationsreise der cluniazensischen Bauhandwerker zu wichtigeren Ergebnissen als der Anwendung bestimmter mozarabischer Formen, die entlang des Weges aufgelesen wurden. In den Gebäuden zeigt sich eine Harmonie, die sich im Einklang mit dem Kosmos befindet.

Es ist die Frage, ob der Pilger des Zirkels und Winkels den Weg nur rituell durchlaufen muß, um in den Zustand der «Erkenntnis» zu gelangen. Ob es allein der Weg ist, der den Baumeister dazu befähigt, den Menschen Stätten der Wandlung zu schaffen. Oder ist dieses erstaunliche Wissen in der Landschaft und den Steinen Galiciens schriftlich festgehalten? Vielleicht springt es in die Augen, nur daß wir es nicht mehr sehen können.

Warum dann aber diese Wallfahrt für das breite Volk mit der zugrundeliegenden Vorstellung der Buße, der ewigen Seligkeit usw.? War das ein Vorwand oder ein Wirtschaftsunternehmen?

Wie dem auch sei, Cluny weicht vom ursprünglichen Weg ab und legt eine Touristenstraße an, die an dem Sternenweg vorbeiführt. Diese Straße wird mit Hospizen versehen, damit es die Touristen leichter haben.

Soll dadurch der ursprüngliche Weg geschont werden?

Cluny bahnt auch den Weg über Roncevalles. Ohne Zweifel ist er zu jener Zeit leichter als der über den Somport. Das Baskenland ist inzwischen christianisiert. Dadurch bleibt aber auch dem Initiationsweg von Jaca bis Puente la Rena der große Ansturm der Pilger erspart.

Hinter Estella, das sich nicht umgehen läßt, baut Cluny dann einen Weg in die Ebene hinunter nach Logroño, nach Burgos und nach Sahagun. So wird der Tourist oder der Bußfertige vom megalithischen Weg nach Alava und zum heiligen Ort von San Miguel de la Escalada ferngehalten. Erst in León vereinigen sich die beiden Wege wieder.
Von León aus wird die Pilgerstraße dann wieder eine andere Strecke entlanggeführt. Sie nimmt den Weg über Astorga und vereinigt sich mit dem Initiationsweg erneut bei dem unvermeidlichen Engpaß von Manzanal. Sobald die Berge des León überwunden sind, legt Cluny abermals eine Strecke abseits des Sternenwegs an. Sie erreicht Santiago über Sarria, Puetto Marine und Arzua.
Der «Gänsepaß», der Versammlungsplatz in Padrón und Noya, sind nicht für den Touristen bestimmt. Er darf sich in Labacolla frischmachen und «Montjoie» rufen, wenn er Santiago de Compostela sieht.
Wer den Initiationsweg sucht, kann den Touristen nicht gebrauchen. Die Händler des Tempels sind ihm besser so fern wie möglich zu halten.
Jedenfalls haben die Handwerker von Cluny erstaunliche architektonische Kunstwerke geschaffen, vor denen man staunend verharrt.
Wer waren diese Arbeiter? Soweit sich anhand der mündlichen Überlieferung entscheiden läßt, schriftliche Quellen gibt es nicht, scheinen sie Mitglieder einer Bruderschaft gewesen zu sein, die später unter dem Namen «Enfants de Père Soubise» bekannt wurden. Heute sind es die «Compagnons du Saint Devoir».
Sie standen unter dem Schutz des Ordens, die Legende aber beschuldigte sie, Maître Jacques ermordet zu haben. Dieser Mord ist natürlich nicht historisch, sondern legendär und

symbolisch. Aber ist in ihm vielleicht ein Kern Wahrheit enthalten.

Im Mittelalter tritt dann eine weitere Baubruderschaft in Erscheinung, sie nennt sich «Enfants de Salomon». Wir erfahren erst relativ spät von ihr. Das wenige jedoch, das wir von ihr wissen, läßt darauf schließen, daß sie zusammen mit dem Templerorden entsteht. Mit diesem ist sie sehr verbunden. Zumindest scheint er für sie die Rolle des Verteidigers und Beschützers gespielt zu haben. Es läßt sich aber auch nicht ausschließen, daß die Beziehungen noch enger gewesen sind.

Der Templerorden und der Zisterzienserorden waren zumindest ursprünglich unzertrennlich.

Soweit wir wissen, das ist wenig und stammt ausschließlich aus der mündlichen Überlieferung, beruft sich auch die Bruderschaft der «Enfants de Salomon» auf den Tempelbau zu Jerusalem. Ganz offensichtlich ist also ein Teil des Legendenguts der «Enfants de Maître Jacques» auf diese Bruderschaft übergegangen. Mit gutem Grund darf man deshalb annehmen, daß die «Enfants de Salomon» in der einen oder anderen Form aus den «Jacques» hervorgegangen sind.

Die Gesänge der Bruderschaften erinnern auch an ihre Verbindung mit den Tempelrittern, deren vollständiger Name war: *Bruderschaft der armen Ritter Christi vom Tempel zu Jerusalem.*

Offensichtlich wurden die neun ersten Ritter des Tempels vom heiligen Bernhard nach Jerusalem geschickt, um ein initiatorisches Dokument zu holen, daß sich unter dem Fundament des Salomontempels befand. Die Verwendung dieses Dokumentes war die Ursache jener Kulturrevolu-

tion, die im Mittelalter über das Abendland hinwegging. Der heilige Bernhard war es auch, der den Ritterorden vom Tempel gründete «und ihm seine Aufgabe stellte».
Nach meiner Auffassung handelt es sich bei diesem Dokument um die Gesetzestafeln. Sie waren im Tempel verborgen und auch bei der Zerstörung des ersten Tempels durch die Babylonier nicht zum Vorschein gekommen, ebenso wenig bei der Zerstörung des zweiten Tempels durch Titus und seine römischen Legionäre.
Ich habe diese Frage, soweit es mir möglich war, eingehend in «Die Geheimnisse der Kathedrale von Chartres» und in «Macht und Geheimnis der Templer»[1] erörtert. Das braucht hier nicht noch einmal zu geschehen. Ich möchte nur daran erinnern, daß sich diese Gesetzestafeln, es handelt sich um göttliches und nicht um «menschliches» Gesetz, im Besitz von Moses befanden. Er war mit dem zukünftigen Volk der Hebräer aus Ägypten geflohen. Er war Ägypter und im Tempel erzogen worden, hatte also Zugang zur geheimen Wissenschaft der Priester.
Interessanterweise finden wir die gleiche Überlieferungsquelle in Äthiopien, der Wiege der Pharaonenkultur (im übrigen hat Salomon, dem das wohl bekannt war, zumindest eine Abschrift der Gesetzestafeln nach Äthiopien geschickt; sie befindet sich noch immer dort) in Phönizien (Hieram von Tyrus, ein Phönizier, hat den Tempel des Salomon erbaut), im Kaukasus (wo ein Noah landete), woher die hethitische, sumerische, babylonische und ionische, also griechische, Kultur stammt (ganz zu schweigen vom goldenen Vlies und von Prometheus, der dort angekettet war, weil er das Feuer des Himmels geraubt hatte) und

[1] Gaia; Walter-Verlag, 1978.

schließlich im Westen in Galicien (wo ein weiterer Noah in Armorika landete) und in Cornwall.
Zu dem Zeitpunkt, da der heilige Bernhard seine neun ersten Ritter mit ihrer Mission betraut, gibt es also schon «Baumeister» (nach dem Ackerbau ist die Baukunst die wichtigste Kulturtechnik). Sie verfügen bereits über bemerkenswerte Verfahren und besitzen – zumindest, soweit es die «Jacques» anbetrifft – ein symbolisches Wissen, über dessen Wert sie sich vielleicht selbst nicht im klaren sind. Aber sie reichen es rituell, symbolisch und unter dem Siegel der Verschwiegenheit von Generation zu Generation weiter.
Dann gelangt das wissenschaftliche Dokument ins Abendland, denn es handelt sich ganz sicherlich um ein wissenschaftliches Gesetz, dank dessen die Verwendung dieses geheimen Wissens erst möglich wird.
Damit beginnt die Blütezeit. Die Blüte, die Entwicklung obliegt dem Templerorden, auch wenn man diese Aufgabe hinter irgendwelchen Kriegszügen gegen die Muselmanen verbirgt. Dieser Aufschwung betrifft in erster Linie den

233 Das Leben des glückseligen Raimundus Lullus (13. Jahrhundert). Der Alchimist machte sich nach einer Wallfahrt zu einer Liebfrauenkirche, die dem Anschein nach Chartres gewesen ist, auf den Initiationsweg nach Santiago de Compostela. Darin folgten ihm die meisten Adepten des Abendlandes (Photo Badische Landesbibliothek, Karlsruhe).

234/235 Steinzeichen der Baubruderschaften. Sie sind in die Säulen der Kathedrale von Santiago de Compostela eingegraben (aus der Sammlung des Autors).

236 Compostela, Portico de la Gloria: Der heilige Jakobus der Jüngere trägt den Stock und die Farben der Baubrüder. In den Pyrenäen findet man diese «Farben» auf den Krummstäben jener Bischöfe wieder, die zugleich Baumeister gewesen sind (Photo Yan).

er hat Subiaco erbaut. Auch Pierre de l'Etoile (welch ein Zufall!) ist ein Eremit. Er hat an den Ufern der Creuse Fongombault erbaut. Ein heiliger Jakobus, ein General aus Byzanz (!), ging als Einsiedler ins Berry und erbaute dort im 9. Jahrhundert die Kapelle Dam-Gillon (heute: La Chapelle-d'Angillon) und viele andere.
Dieses Eremitendasein hat große Ähnlichkeit mit dem der griechischen «Demiurgen». Das waren Menschen, die es in ihrem Fach zu großer Meisterschaft gebracht hatten und abgeschieden lebten. Handwerker aller Art kamen zu ihnen und holten ihren Rat ein. Von ihnen erfuhren sie die Regeln, die es in ihren Werken zu befolgen galt.
Hat der Mensch einen bestimmten Erkenntnisstand erreicht, vor allem, wenn diese Erkenntnisse die Naturkräfte betreffen, steht er außerhalb der normalen Gesellschaft. Er flößt Angst ein und man hält sich ihm nach Möglichkeit fern. So ging es lange Zeit den Schmieden, den Meistern des Feuers. Noch heute lebt in manchen Gegenden der Schmied abseits und wird ein bißchen als «Zauberer» angesehen. Fast ist er ein Eremit.
Sind nicht vielleicht die zahllosen Eremitagen, denen wir auf dem Jakobsweg begegnen (meist bezeichnen heute religiöse Bauwerke ihren Ort), Plätze gewesen, an denen die «Bruderschaftsmeister» gelebt haben. Sie wären dann durchaus nicht so einsam gewesen, da die «Wanderer» auf dem Initiationsweg sie besucht hätten. Waren sie solche Meister in ihrem Fach, daß Könige und Fürsten sich an sie um Hilfe wandten? Haben sie ihnen ihre Paläste, Brücken und Straßen gebaut?
Es waren die Meister, die den Initiationsweg hinter sich hatten, die abseits lebten und für die Initiationsanwärter sorgten.

19

Kabbala

Die Kelten haben sich in Galicien mit der gleichen Absicht niedergelassen, mit der man 1500 Jahre später die ersten Klöster errichtet hat: man wollte den Initiationsweg für die «Barbaren» öffnen, die den Westen bewohnten.
Man kann in diesen Fällen kaum von «Eroberung» sprechen, das heißt von einem gewaltsamen Eindringen und der Herrschaft der Sieger. Die Kelten scheinen sich vielmehr mit den Autochthonen vermischt zu haben. Nur ihre Sprache hat sich durchgesetzt, wie es auch in Gallien der Fall war. Wahrscheinlich haben sie dort Ligurer vorgefunden, zumindest in dem Gebiet, das dem heutigen Galicien entspricht. Am Ufer des unteren Ebros haben sie mit der Urbevölkerung die sogenannten Keltiberer gebildet.
Rund um das baskische Gebiet bewohnen sie die zukünftige christliche Pilgerstraße.
Im Gegensatz zu der Bevölkerung, die sie vorfinden und mit der sie sich vermischen, sind sie keine «Steinleute».
Nach Jesus Taboada Chivite hat sich im Nordwesten Spaniens gegen Ende der Bronzezeit, also in vorkeltischer Zeit, eine Kulturrevolution vollzogen. Sie zeichnete sich dadurch aus, daß die Gold- und Zinnminen in größerem Maßstab benutzt und zugleich die alten Seekontakte mit dem nordatlantischen Abendland neu geknüpft wurden.
Das Bevölkerungssubstrat des äußersten Westens scheint sich durch eine unübersehbare Überlegenheit und Lebenskraft auszuzeichnen. Die Erzeugnisse dieses Westens

unterscheiden sich deutlich von dem, was die Kelten im Inneren der Halbinsel hervorbringen. Dieser besondere Charakter wird auch allen späteren Ausdrucksformen erhalten bleiben.
Einigen Forschern zufolge stammt diese Bevölkerung aus megalithischen Zeiten. Ihre östliche Grenze ist danach die Mittelmeerküste. Sie soll atlantischer Herkunft und durch den Seeweg mit der nördlichen Kultur verbunden sein.
Die neu hinzukommenden Kelten haben sich mit dieser Bevölkerung des äußersten Westens vermischt, ohne ihren Charakter im wesentlichen zu verändern. Es kam lediglich zu bestimmten ethnischen Einflüssen. In einem Prozeß der «Akkulteration» wurden die Merkmale der Hallstattkultur durch die Berührung mit den Eingeborenen verändert, die ihren Charakter bis in jüngste Zeit durch alle Wandlungen hindurch bewahren konnten.
Die Fachleute haben die größten Schwierigkeiten, die Grenzen und die besonderen Merkmale der *castreña* genannten Kultur zu bestimmen. Sie weist so viele verschiedene Züge auf, daß man diesen den Kelten, jenen den Autochthonen und wieder einen anderen Zug den vorkeltischen Indogermanen oder sogar den Iberern zuschreiben möchte.
Das erinnert an die Streitereien, die sich andere Fachleute angesichts der Frage liefern, ob ein paar Steine der burgundischen Romanik dem poitevinischen Stil oder noch merowingischer Zeit zuzurechnen seien. Alle Kennzeichen dieser falschen Problemstellung finden wir auf der christlichen Pilgerstraße nach Santiago wieder. Dasselbe Problem stellt sich auch bei der Frage nach dem Zeitraum, der anderthalb Jahrtausende früher liegt. Durch Galicien zogen die Menschen, die über Land oder vom Meer kamen. Jeder brachte

etwas, jeder nahm etwas mit. Der Autochthone blieb er selbst.
Es gibt keine bretonischen Dolmen, keine auvergnischen Dolmen, keine iberischen Dolmen. Es gibt nur Dolmen und Tumuli.
Die Erbauer der Dolmen hatten alle die gleiche Denkweise. Die unterschiedlichen Techniken kamen durch die unterschiedlichen Bedingungen zustande, die das verwendete Material und der Boden stellten. Zweifellos verfuhr man dabei kabbalistisch.
Mit den Kelten und mit der Verwendung des Gälischen tritt das Wort «Cabale» (Kabbala) in Erscheinung. Durch phonetische Bande mit «cheval» (Pferd) verwandt.
In diesem Zusammenhang sei daran erinnert, daß alle damals im atlantischen Westen gesprochenen Sprachen keine Schrift kannten. Die Ausdrucksfähigkeit einer Sprache hing von ihrer phonetischen Beschaffenheit, ihrem Rhythmus und ihren Flexionen ab.
Heute läßt sich nicht mehr feststellen, welchen Ursprungs das lateinisch gewordene *cabalus* ist. Es ist ein vulgärlateinischer Ausdruck, der nach Ferron aus der gallischen Umgangssprache stammt. Ohne jeden Zweifel wurde das Pferd *(cheval)* im Französischen aufgrund seiner Phonetik mit der Kabbala verknüpft. Diese Phonetik geht wohlgemerkt nicht auf das Lateinische zurück.
Vielmehr scheint der Ausdruck aus dem Keltischen zu stammen – wenn er nicht künstlich geschaffen wurde. Das Pferd hieß auf Ligurisch *Egvo*. Im Lateinischen wird daraus kaum abgeändert *Equus*. Im Caux hieß das Pferd *gvas*. Dieses Wort ist möglicherweise das Bindeglied zwischen *egvo* und *cabal* gewesen.
Der keltische Ausdruck lautete *Vedra*.

Nun dürfen wir nicht vergessen, daß wir uns im Zeitalter des Widders (franz. Bélier) oder des höchsten Gottes befinden, dessen Symbol der Widder ist. Auf Keltisch heißt er *Belenus.* Außerdem sei daran erinnert, daß die Initiationsobjekte, die heiligen Gegenstände, aus Stein sind, wie das schon seit jeher im Abendland und im Orient üblich war. Auf Ligurisch wie auf Keltisch ist das Wort für Stein *Car (h'ar* auf Baskisch). Der Stein Gottes ist im Zeitalter des Widders *Carbel* oder *Carbal.*

Weiter muß man sich vergegenwärtigen, daß die Sprache nicht geschrieben, sondern nur gesprochen wird. Die Übergänge vom B zum M oder zum V sind fließend. Der Name des Belenus oder Balanus lautet ebenso häufig Malanus oder Valanus (das «Verre de Vin» im Nordfranzösischen wird im Provenzalischen zu «Biro dou Bin»). Für Carmal-Carmel (Stein Gottes) erhält man leicht Carbal-Carbel oder Carval-Carvel.

Cavale-Cabale entspricht phonetisch carval-carbal.

So kommt man phonetisch vom heiligen Stein zum Pferd (cavale). Das Reittier wird sozusagen phonetisch geheiligt.

Das kommt viel häufiger vor als man glaubt. In der Umgangssprache wird aus dem «chat griffeur» (Katze, die kratzt), «griffier» (Ableitung von «griffer», kratzen) und «greffier» (französisches Wort, das in seiner ersten Bedeutung «Schreiber» heißt und in der Umgangssprache «Katze»; Anmerkungen des Übersetzers). Das gilt auch für die Hügel, die *Lug* geweiht waren, die *lou-dun.* Sie wurden dem «lion» (Löwen) assimiliert (ohne daß im übrigen klar ist, ob der solcher Art bezeichnete «lion» wirklich der lateinische *leo* ist).

Merkwürdigerweise wird das Sternbild des Löwen von den Basken *Zaldia*, Pferd, genannt.

Phonetisch ist der *carbalier* derjenige, der die Arkana (Geheimmittel) kennt. Der in das Warum und Wie des Gottessteins eingeweiht ist. Er ist der «Cavalier» (Reitersmann), der die Kabbala besteigt (Wortspiel mit «cabale», Kabbala und «cavale», Pferd). Auf Französisch ergibt das den Chevalier, «Ritter», der von dem «Cavalier», Reitersmann, zu unterscheiden ist.
Und diese Cavale, dieses Pferd (Kabbala), suchen die antiken Pilger lange vor den Jakobsbrüdern auf dem Weg, den sie entlangziehen müssen.
Will man der Sage Glauben schenken, trat im Zeitalter des Belenus (gemeint ist das Zeitalter des Widders) ein verjüngtes Pferd in Erscheinung – wie ein anderes in der christlichen Zeitrechnung im Zeitalter der Fische auftrat.
Hier die Sage, die über die Insel Toja am Eingang der Ria von Pontevedra erzählt wird:
Ein Mann besaß ein sehr altes Pferd und beschloß eines Tages, es eines natürlichen Todes sterben zu lassen. Dazu benutzte er die Landenge, die man bei Ebbe entdeckt hatte und die die Insel mit dem Festland verband (heute ist daraus eine Straße geworden) und ließ das Pferd auf der Insel zurück.
Einige Wochen später wollte er sehen, was aus seinem Pferd geworden war. Wie erstaunt war er, als er dieses springlebendig und erfüllt mit einer neuen Kraft wiederfand. Das Pferd war vollkommen verjüngt, als sei es neu geboren worden.
Das Pferd hatte im Wasser einer Quelle gebadet, die sich auf der Insel befindet. Es war ein Jungbrunnen.
(Es versteht sich von selbst, daß dieser Jungbrunnen heute wirtschaftlich genutzt wird.)
Will man von der Insel Toja (sie wird auf spanisch Tora

ausgesprochen – der Leser mag sich darauf selbst einen Vers machen) zum «Sammelplatz» *Padrón* (im heutigen Bretonisch *Pardon*) gelangen, muß man den kleinen Fluß *Lerez* durchqueren. Leicht läßt sich in seinem Namen das Ligurische *Lire* oder *Liger* erkennen. Man kann ihn auch auf einer Brücke überqueren, die *Pontevedra* heißt, (sie befindet sich ganz in der Nähe von *Mogor*, wo der Stein gefunden wurde, in den das Labyrinth eingegraben ist).
Die bornierten Altphilologen, deren namenskundlicher Horizont sich häufig auf den Tiber beschränkt, leiten Pontevedra von *ponte veteris*, der Brücke des Veteranen, her. Sie vergessen dabei, daß in Galicien das Kelto-Ligurische gesprochen wurde. Auf Keltisch heißt *vedra* Arbeitspferd (auf Spanisch *jaca*). Im modernen Französisch gibt es noch das Wort *palefroy*, Zelter oder Paradepferd. Bei den Galliern war das das *paravedra*, das Nebenpferd, das den Gespannpferden an zu steilen Hängen half, schwere Frachten emporzuziehen.
Schließlich gibt es in dieser Provinz Pontevedra einen anderen Ort namens *Vedra*. Bei diesem Dorf hat man noch nicht daran gedacht, aus ihm einen Veteranen zu machen.

Ich weiß nicht ob man diese über Santiago berichtete Legende in gleicher Form auf Bagnoles-de-l'Orne übertragen hat. Auch dort wird ein altes Pferd durch das Wasser eines Brunnens verjüngt. Jedenfalls ist es erstaunlich, daß Bagnoles nur wenige Kilometer von jener Pilgerstraße entfernt ist, die von Sainte Odile zu den Arrée-Bergen führt und dem Breitenkreis 48° 28' ziemlich genau folgt.
Natürlich wird meine Herleitung der Kabbala aus dem Stein des Belenus nicht allen befriedigend erscheinen, immerhin gibt es aber die Kabbala, sie steht mit dem Pferd in Bezie-

hung und ist der Ursprung der «Chevalerie» (Rittertum), die etwas ganz anderes als «Cavalerie» (Reiterei) bedeutet.

Es mag im Zusammenhang mit Santiago nicht angebracht erscheinen, auf die weit entfernt spielenden irischen Epen zu sprechen zu kommen. Doch bestanden sehr enge Bande zwischen Galicien und Irland.
Auf einer Kriegsfahrt sprang Loegaire, der Sohn des Crimthann, mit seinen Männern in einen See, um auf die Bitte Fiachnas, eines zauberkundigen Mannes, dessen Frau zurückzuholen, die von Räubern entführt worden war. Sie hatten Erfolg und brachten Fiachnas Frau zurück. Daraufhin gab dieser jedem von ihnen ein Pferd, mit dem sie «in die Heimat» zurückkehren könnten. «Wenn ihr das wollt», sagte Fiachna, «nehmt die Pferde und *steigt nicht ab*».
Als sie zurückkehrten stürzten die Menschen in ihrer Heimat zu ihrer Begrüßung herbei.
«Nähert euch nicht», sagte Loegaire, «wir kommen, um euch Lebewohl zu sagen.» Damit wendete er sich von ihnen fort, um in das *Sidh* (Land der Feen) zurückzukehren.
Hier haben wir den ganzen Initiationsprozeß (in popularisierter Form) beisammen: Den Übergang in eine «Parallelwelt», die der symbolische Tod ist, den Sieg über diese Welt, dann die Rückkehr auf dem Rücken der Kabbala, die nicht mehr aufgegeben werden kann. Dadurch steht der Ritter in gewisser Weise den anderen Lebenden fern und führt ein besonderes Leben.
Die Beziehung zwischen der Kabbala und dem Pferd war zum Zeitpunkt, da die Legende vom heiligen Jakobus entstand, noch so tief verankert, daß auch er unbedingt die Kabbala reiten mußte. So wurde er der Mentalität der Zeit entsprechend zum Ritter geschlagen.

Deshalb sahen die christlichen Ritter bei der Schlacht von *Clavijo* gegen die Muselmanen in ihrer Mitte einen strahlenden Krieger auftauchen, der auf einem Pferd von makellosem Weiß saß. Er hieb die Feinde in Stücke und sicherte so den Sieg. Das war der Apostel Jakobus, der als Ritter zurückkehrte und fortan Patron der *Reconquista* der spanischen Halbinsel fungierte. Da saß der arme Apostel auf der weißen Kabbala, während ihm in seinem fernen Judäa sicherlich niemals ein anderes Reittier als ein Esel zur Verfügung gestanden hat. Er wird wohl auch nie ein Schwert berührt haben.
Doch hätte man den heiligen Jakobus nicht mit einem Pferd versehen, hätte man die Legende in dummer Gottgefälligkeit verstümmelt. Das hätten jene Pilger, die vielleicht noch gar nicht so sehr christlich waren und die jahrtausendealte Tradition fortsetzten, ganz sicherlich nicht akzeptieren können.

20

Die Steinzeichen von Noya

Das Wesen der Bruderschaften bleibt voller Geheimnisse. Sie haben übrigens stets dazu beigetragen – und vielleicht ist das auch gut so.

Nach eingehender Prüfung der Steinzeichen auf den Kirchen haben die Archäologen, die wissen, wie ein Bauwerk entsteht, sich ein Urteil über ihre Bedeutung gemacht: der Baumeister oder der Architekt gab den Steinmetzen oder Zimmerleuten bestimmte Aufträge als «Stückarbeit». Auf jeden Stein und jeden Balken setzte der Arbeiter sein persönliches Zeichen. Bei der Entlohnung genügte es, die Zeichen zu zählen, um die Minen (griechische Münze), Sesterzen (röm. Silbermünze) und die Sous zu errechnen, die dem Stückarbeiter zustanden.

Ich spreche deshalb von Minen, Sesterzen und Sous, weil das Verfahren seine Spuren gleichermaßen auf griechischen, römischen, romanischen und gotischen Bauwerken hinterlassen hat. Die Wirtschaftsführung des Bauhandwerks scheint eine bewundernswerte Beständigkeit aufgewiesen zu haben.

Alles in allem mag die Erklärung richtig und das Abrechnungsverfahren möglich sein.

Manche Zeichen sind allerdings sehr komplex. Außerdem sind sie tief in außerordentlich harte Baustoffe eingegraben. Man hat den Eindruck, daß diese Stückarbeiter es kaum eilig gehabt haben, die Arbeit zu beenden und ihren Lohn zu empfangen. Es gibt auch Steine, die keinerlei Zeichen tra-

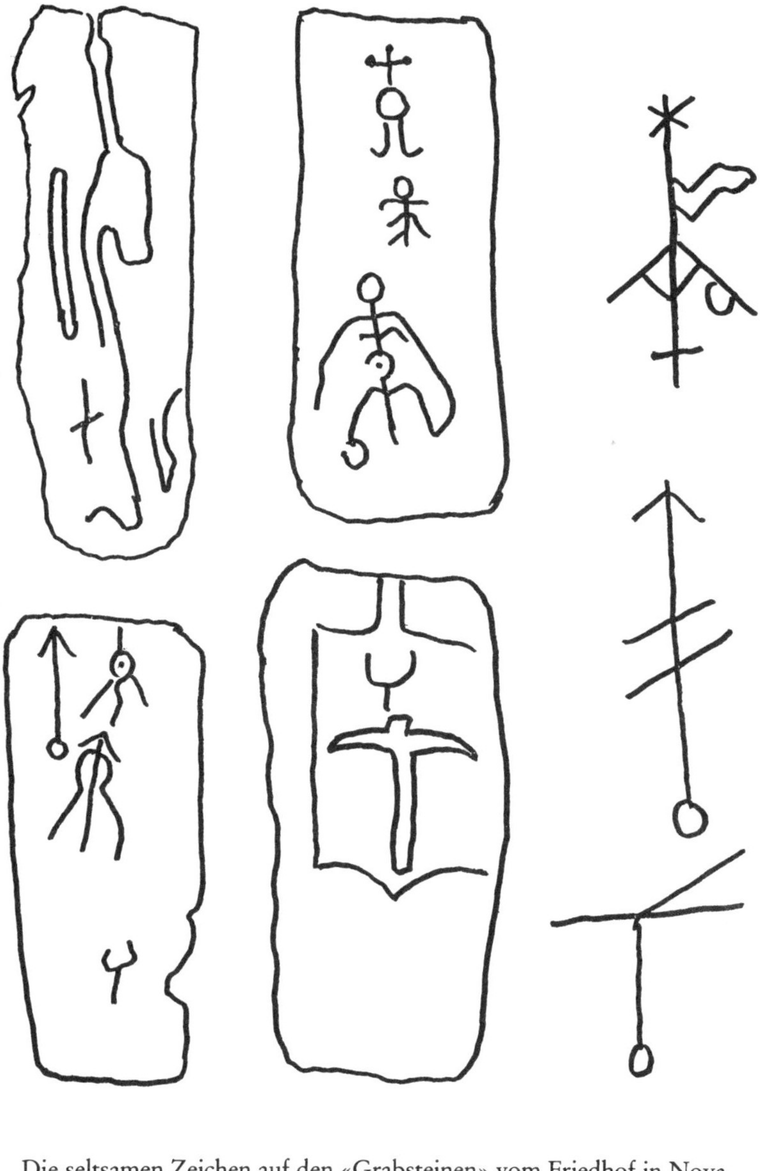

Die seltsamen Zeichen auf den «Grabsteinen» vom Friedhof in Noya

Da diese Steine im allgemeinen selbst bei Fachleuten des Jakobsweges kaum bekannt sind, gebe ich Beispiele. Einige habe ich fotographiert, andere entnehme ich der *Historia Galizza* von Ramon Otero Pedrayo.[1]
Außerdem füge ich einige der megalithischen Petroglyphen hinzu, die zwar Tausende von Jahren älter sind, die aber eine, nach meiner Auffassung, ins Auge fallende graphische Ähnlichkeit aufweisen.
Natürlich gibt es den ganzen Jakobsweg entlang Pilgerfriedhöfe. Die Reise war lang, schwer und manchmal gefährlich, vor allem für ältere Leute. Keiner dieser Friedhöfe gibt sich jedoch so geheimnisvoll und unverständlich, absichtlich unverständlich.
War Noya, das sich bereits durch seine Sage auszeichnet, der Ort, wo die Initiation dieses Weges vollendet wurde, auf dem die Menschen seit Jahrtausenden die Erkenntnis gesucht haben?
Übrigens besitzt Noya noch eine andere Kirche. Sie ist nicht sehr groß, aber recht bemerkenswert. Ihr Portal ist mit einem Spitzbogen versehen, der beachtenswerte Skulpturen trägt. Ihre Ähnlichkeit mit den vom «Portico de la Gloria» der Kathedrale von Santiago de Compostela ist offensichtlich. Jene stellen nach der allgemeinen Auffassung die vierundzwanzig Ältesten der Offenbarung dar. Alle sind Musiker, die meisten tragen den alchimistischen Glaskolben in der Hand.
Nur sind aus den vierundzwanzig Ältesten nun zwölf geworden. Aber auch sie sind Musiker und Alchimisten.
Und die Kirche weist die Rosette der «Enfants de Salomon» auf.

[1] Buenos Aires, 1962.

21

Compostela

Dem Pilger, der Tag für Tag den schier endlosen und manchmal so eintönigen Weg entlanggezogen war, erschien Compostela wie ein Ort der Gnade, an dem alles Leid aufgehoben war.
Plötzlich erreicht die Straße einen Punkt, von dem aus der Blick die ganze Stadt erfaßt. Er sieht die Dächer und Kirchtürme, eingebettet ins Grün der Wälder. Der gute Pilger rief: «Montjoie!» Ein Ruf, mit dem Freude und Kriegswut zugleich zum Ausdruck gebracht wurde. Angesichts seiner sind alle Philologen am Ende ihres Lateins, auf das man in diesem Falle ganz verzichten kann. Der Name ist dem Ort geblieben, von dem aus man die Stadt erblickt.
Es gehörte gleichfalls zur Pilgertradition, sich am Brunnen von *Labacola* sorgfältig zu waschen. Ich wage hier nicht die volkstümliche Übersetzung wiederzugeben, da sie den Anstand verletzt. Es erhebt sich der böse Verdacht, daß sich die Pilger am Ende ihrer Reise nicht nur auf geistliche Werke vorbereiteten.
Dann bildete sich die Prozession, die sich nordwärts, an der Stadtgrenze entlang, zur Kathedrale bewegte.
(Die Pilgerscharen scheinen nur selten die Städte durchquert zu haben. Sie wurden, wenn möglich, in den Vorstädten untergebracht und gespeist. Dann zogen sie außerhalb der Befestigungsmauern weiter. Sicherlich wurden sie aufgenommen, aber auch mit dem Mißtrauen der Städter bedacht.)

Anders verhielt es sich jedoch zweifellos in der Pilgerstadt selbst. Und es gibt keine ansprechendere Stadt auf der Welt als das alte Compostela, das aus der Zeit der Wallfahrt, das sich um seine Kirche schart.

Die besten Baumeister der Welt sind hindurchgezogen. Sie wußten nicht nur wie man Stein auf Stein setzt, sondern auch, wie man daraus eine Augenweide und einen geistigen Genuß macht. Sie haben aus der Stadt einen Ort gemacht, an dem der Mensch sich wohlfühlt, ohne dem vornehmen Charakter des Steins Abbruch zu tun. Warum gehen die Planer unserer Großstädte, die Erbauer der Kaninchenställe für Menschen, nicht dorthin, um zu lernen, wie eine Straße lebendig wird, wie sie zum Träumen, zum Bummeln, zum Kaufen einlädt. Wie in ein und derselben Stadt die Straßen «volksnah» und die Plätze «königlich» sein können!

Paradoxerweise wird die Altstadt mit dem Autoverkehr und dem Parkproblem weit besser fertig als die modernen Viertel.

Den Baumeistern von heute scheint zu fehlen, daß sie nie den Jakobsweg entlanggezogen sind. Sie wissen nichts von der Erde, nichts vom Stein und nichts vom Menschen. Und das täte so dringend not.

Compostela ist in jeder Hinsicht um den Pilger bemüht. Das gilt ebensosehr für den, der sich am göttlichen Widerschein der Schönheit entzündet, wie für den Götzenanbeter, der sich an den zahllosen Idolen sattsehen kann, zu denen die Standbilder des Apostels geworden sind. Darunter auch die schreckliche vergoldete Büste des heiligen Jakobus am Altar, auf deren Schultern der Pilger, so verlangt es der Aberglaube, die Hände legen muß. Doch vielleicht ist auch die Idolatrie ein Werkzeug der Religion.

Die «katholischen Könige» hatten für die Pilger ein *Hospital real* eingerichtet (das Wort Hospiz hatte damals die Bedeutung von Gasthaus). Es handelt sich um einen sehr schönen und weitläufigen Bau, der ein wenig einem Kloster mit vier Kreuzgängen ähnelt. Heute heißt er «Hostal de los Reyes Catolicos» und dient immer noch seiner ursprünglichen Aufgabe. Allerdings ist das Hotel nicht gerade für mittellose Pilger bestimmt.
Die Pilger brauchten nur wenige Schritte zu machen, um die Kathedrale zu erreichen und sich am Grab des Apostels zu versammeln. Die Kirche ist nicht mehr in ihrer ursprünglichen Gestalt erhalten. Ihr Westportal mit der Doppeltür und dem Rundbogen ist unter dem Schmuck des spanischen «Barock» verschwunden. Heute führt eine Doppeltreppe in «großbürgerlichem» Stil, die im übrigen nicht ohne Reiz ist, bis zu einer Fassade, die von zwei Schmucktürmen eingefaßt ist. Um die sehr weltlichen Fenster wimmelt eine Unzahl von heiligen Jakobi, die teils zu Fuß, teils zu Pferd dargestellt sind. Sie sind auf sorgfältig berechnete Stockwerke verteilt.
Trotzdem muß man den Architekten, die für diese Fassade verantwortlich sind, dankbar sein. Wenn die einzige Qualität ihres Werkes auch in der Überfülle liegt, hat es doch den kostbarsten Teil wirksam geschützt. Der heute noch erhaltene bewundernswerte *«Portico de la Gloria»* wäre sonst nämlich von den heftigen Westwinden, die vom nahegelegenen Meer herüberkommen, sicherlich schon stark in Mitleidenschaft gezogen worden. Und muß nicht auch die Schöne mit einer Eselshaut bekleidet werden, um sich zu verbergen? (Anspielung auf die Verdichtung «Peau-d'Ane» von Ch. Perrault; Anmerkung des Übersetzers).
Endlich einmal haben die Archäologen recht, die keinen

antiken Tempel finden können, ohne ihm sogleich Begräbniszwecke zu unterstellen. Die Kathedrale birgt ein Grab. Sogar einen Friedhof. Die Ausgrabungen, die unter dem Bauwerk durchgeführt worden sind, haben den «Compostum» zutage gefördert, der sich vor dem Kirchenbau an dieser Stelle befunden hat. Der vor allem römische Friedhof enthielt die «Achai Marmorica», die uns aus den Legenden zum Grab des Heiligen bekannt ist.

An diesem Ort ließ der Bischof von *Iria Flavia*, Theodomir, um 813 eine kleine Kirche errichten. Nachdem der Heilige aber 844 als Ritter in der Schlacht von Clavijo erschienen war, wurde offensichtlich, daß er in größerem Stil verehrt werden müsse. So errichtete Alfons III. eine Basilika, die 997 durch Almanzor geschliffen wurde. Ihre Glocken wurden auf dem Rücken christlicher Gefangener nach Córdoba geschleppt. Dort gelangten sie 1236 im Zuge der *Reconquista* wieder in den Besitz König Ferdinands. Er zeichnete sie mit dem Pilgerstab und ließ sie nach Compostela zurückschaffen.

Als Galicien gegen Ende des 11. Jahrhundert vor Übergriffen der Muselmanen sicher war, begann man anstelle der alten Kirche mit dem Bau der heutigen Kathedrale, die zu ihrer Krypta wurde. 1105 war der Bau weit genug gediehen, daß ein Gebäudeteil, sicherlich der Chor, geweiht werden konnte.

Ich weiß nicht, ob diese außerordentliche Kirche der «Romanik» zugeschrieben werden kann. Das ist eine Aufgabe für Fachleute. Ist das typische Merkmal dieses Stils das Rundbogengewölbe, gehört die Kirche ohne Zweifel der Romanik an – oder dem römischen Stil. Eine Romanik mit überragenden Bögen, die mozarabischen Einfluß verraten. Trotzdem wäre niemand überrascht, wenn das Gewölbe gekreuzte Spitzbögen aufweisen würde. So sehr erinnert die musikalische Harmonie des Aufrisses an bestimmte Kathedralen des 13. Jahrhunderts. Wir finden dort das ganze Geheimnis der *vollkommenen* Kirche, das sich allen «Stilkriterien» entzieht.

Allerdings lassen sich bestimmte Verwandtschaftsbeziehungen feststellen, die auf eine bestimmte, wie man heute sagt, «Schule» schließen läßt. Ich meine, daß sich darin vielmehr die Handschrift einer Bruderschaft ausdrückt.

Der Grundriß ist kreuzförmig, der Chor wird durch eine halbrunde Apsis beschlossen.

Der kreuzförmige Grundriß soll nicht, wie man gewöhnlich denkt, eine symbolische Nachahmung des Kreuzes darstellen, sondern entspringt dem Nützlichkeitsprinzip. Er richtet sich nach der Zahl der Priester oder der Kaplane, die in den einzelnen Kirchen die Messe lesen mußten. War ihre Zahl groß, mußte die Zahl der Kapellen für alle ausreichen. Dabei waren alle Altäre nach Osten auszurichten. Sobald man die kleinen Kapellen rund um die Apsis genutzt hatte, mußte man sich an die Seitenschiffe halten und dort Kapellen in der herkömmlichen Ausrichtung unterbringen. In Cluny gab es so viele Mönche und Kaplane, daß man dort die Zahl der Querschiffe verdoppeln mußte und so einen Grundriß erhielt, der dem Lothringer Kreuz entsprach. Aus dem Grundriß der Basilika läßt sich überhaupt kein Schluß ziehen.

Die runde Apsis ist zwar die Regel der Romanik, doch scheint es sie schon vor dem Christentum gegeben zu haben. Man findet sie nämlich in der pythagoräischen Basilika der Hohen Pforte, mit der sich Gerome Carcopino eingehend beschäftigt hat.

Wie die meisten großen Kirchen folgt der Grundriß der

Kathedrale von Santiago nicht ganz genau einer geraden Linie. Der Chor ist gegenüber dem Hauptschiff etwas nach links, nach Norden versetzt. Auch die Querschiffe selbst bilden keinen exakten rechten Winkel mit dem Mittelschiff, sondern weichen in gleicher Richtung ab.
Ebensowenig ist das Westportal genau senkrecht zum Mittelschiff. Auch seine Vorderseite ist leicht nach Norden gewendet. Es sieht so aus, als wäre der gesamte Bau um eine gekrümmte Achse errichtet worden, wobei der Krümmungsmittelpunkt im Norden liegt.
Natürlich sieht man das nicht mit bloßem Auge. Auf dem Grundriß ist es jedoch deutlich erkennbar. (Ich verwende die Rekonstruktion von Conant.) Ebenso wie in Chartres ist die Abweichung für den unbefangenen Betrachter nicht zu erkennen.
Diese «Verzerrung», die in den großen Kirchen fast regelmäßig zu finden ist, hat bis zum Ende des Mittelalters und gelegentlich noch länger angedauert. Man hat nach allen möglichen Erklärungen gesucht – und sie auch gefunden. Das beginnt mit der Ungeschicklichkeit der Baumeister (aber ja doch!) und hört mit den Einschränkungen auf, die das Gelände auferlegt hat. Unabhängig von der Frage, ob die Abweichung auf das Gelände oder den Erbauer zurückgeht, hat man ihr regelmäßiges Vorkommen mit einem kindlichen Symbolismus erklärt. So zum Beispiel, daß die Kirche den Körper Christi am Kreuz darstelle und daß der Chor nach links geneigt sei, weil der Kopf des Gekreuzigten im Todeskampf die gleiche Lage aufgewiesen habe.
Nun besitzen aber die meisten bedeckten megalithischen Gänge die gleiche Neigung. Sie ist also Gegenstand einer jahrtausendealten Überlieferung, die immer noch keine Erklärung gefunden hat. Sie zeigt aber, wie ungeachtet der

wechselnden Baustile ein bestimmtes Wissen die Zeiten überdauert hat. Heute ist es vielleicht verloren.
Die aberwitzigen Ornamente und die Unmengen Goldes, mit denen die Spanier ihre Kirchen so gerne verunstalten, können der Harmonie der Kathedrale von Compostela nichts anhaben. Trotz der 24 m, die ihr Gewölbe hoch ist, und der fast 100 m, die sie der Länge nach mißt, bewahrt sie ein menschliches Maß.
Natürlich hat man sich mit der Frage beschäftigt, *wer* diese Kathedrale erbaut hat. Die offensichtliche Ähnlichkeit zwischen Saint Sernin in Toulouse und dem Bau in Santiago hat die französischen Archäologen häufig behaupten lassen, daß der Architekt ganz sicherlich von jenseits der Pyrenäen gekommen sei. Der gallische Hahn läßt sein Kikeriki erschallen! Selbstverständlich haben die spanischen Archäologen das Gegenteil behauptet . . . Olé!
Der Nationalismus ist hier völlig fehl am Platz, ebenso fehl am Platz wie die Auffassung, eine Kathedrale sei einem König oder einem Bischof zu verdanken (abgesehen von den sehr seltenen und bekannten Fällen, wo die Bischöfe zugleich Baumeister waren). Erbauer waren die Baubruderschaften. Könige und Bischöfe waren völlig unfähig, ihnen auch nur den leisesten Hinweis hinsichtlich der Bauweise zu geben.
Es läßt sich also höchstens feststellen, daß dieselbe Bruderschaft Saint Sernin und Santiago erbaute. Und Oloron und Jaca. Diese Menschen verstanden sich sicherlich nicht als Franzosen oder Spanier. Das waren Bezeichnungen, die sie den Seßhaften überließen. Sie befanden sich auf der «Wanderschaft». Wahrscheinlich waren es diejenigen, die sich zuerst auf den Jakobsweg begaben, Pyrenäenbewohner, Kantabrer, Leute aus León oder aus Galicien: es waren

«Jacques», die Leute, die später unter dem Namen «Enfants de Maître Jacques» bekannt werden sollten.
Es wäre jedoch unsinnig, wollte man eine Art Trennungslinie zwischen den Pyrenäenbaumeistern und den cluniazensischen Baumeistern ziehen, zwischen den beiden großen «Bauhütten» des Wegs nach Compostela. Die beiden «Unternehmen» haben sich nicht nur gegenseitig beeinflußt, sondern sicherlich auch gelegentlich zusammengearbeitet. Deshalb sind Steinzeichen, die nur von «Jacques» stammen können, an rein cluniazensischen Bauwerken zu entdecken.
Die architektonischen und ornamentalen Einflüsse (wobei letztere leichter übernommen werden) beschränken sich nicht auf die Bauwerke des Weges. So lassen sich in der «poitevinischen Romanik» mozarabische Einflußspuren feststellen. Sicherlich stammen sie vom Jakobsweg. Zimmerleute und Steinmetze aus Frankreich haben ihn aufgesucht, um sich dort ihrer Initiation zu unterziehen.
Tatsächlich aber gab es damals im Abendland zwei Bauuniversitäten: Cluny und die «Jacques». Unvermeidlicherweise kam es zu Einflüssen zwischen ihnen und ohne Zweifel auch zu einer gewissen fachlichen Eifersucht.
Alle Steine der Kathedrale in Santiago (oder fast alle) tragen die Steinzeichen. Sie sind so tief eingegraben, daß der Gedanke naheliegt, hier habe es sich nicht um eine einfache Kennzeichnung, sondern um eine Art Ritual gehandelt. Als habe sich der Steinmetz mit dem von ihm bearbeiteten Stein vereinen und kraft dieses persönlichen Symbols zu einem Bestandteil der Kirche werden wollen.
Die Kirche war sicherlich schon seit langer Zeit vollendet, als Meister Mateo 1168 Baumeister der Kathedrale wurde und mit der Überarbeitung des Westportals begann.

Johannes beschreibt. Diese Absicht zeigt sich auch darin, daß die Archivolten des großen Portals vierundzwanzig Musiker zeigen, in denen man übereinstimmend die vierundzwanzig Ältesten der Offenbarung sieht.
Die Archivolten der Seitenportale scheinen links das irdische Paradies und rechts die Hölle darzustellen.
Die Ältesten haben den Forschern einige Probleme aufgegeben, über die sie sich nicht ganz einig geworden sind. Andere Probleme sind nie erwähnt worden.
Zuerst sind da die Musikinstrumente. Sie sind in großer Vielfalt vorhanden. Die meisten von ihnen hat es in Spanien nie gegeben oder zumindest sind sie dort niemals abgebildet worden. Sie weisen ausgesprochen italienischen Charakter auf. Daraus läßt sich schließen, daß der Meister sich in Italien aufgehalten hat. Ein Instrument ist darunter, das nur in Chartres und in diesem Portal in Santiago dargestellt ist. Doch es gibt noch viele andere Anzeichen dafür, daß Mateo sich auf den Baustellen in Frankreich aufgehalten hat und daß ihm die Gesetze der französischen Gotik nicht unbekannt waren. Man hat sogar vorgebracht, sein Portal sei das erste gotische Portal in Spanien.
Eine weitere Einzelheit scheint mir noch von Wichtigkeit zu sein. Die vierundzwanzig Ältesten im Halbkreis der Archivolten, die sich, wie der Führer mitteilt, «miteinander unterhalten», sind einerseits gekrönt und halten andererseits fast alle neben ihren Musikinstrumenten den alchimistischen Glaskolben in der Hand.
Der Vergleich mit den gekrönten Königen des Königsportals in Chartres drängt sich auf. Auch diese Könige tragen den Glaskolben. Auch die Könige sind Musiker, und Fulcanelli nennt sie in *Le Mystère des cathédrales* Adepten.
Wir finden also auf dem Jakobsweg zwei direkte Verweise

auf die Alchimie: den einen in den Kapitellen des Klosters San Juan de la Peña zu Beginn des Weges, den anderen an seinem Endpunkt in Santiago de Compostela (übrigens auch in der Halle der Kirche von Noya, die offensichtlich die Kathedrale von Santiago zum Vorbild hat).

Andere Hinweise gibt es auf den französischen Jakobswegen, zum Beispiel in Aulnay, wo gleichfalls alte Musiker mit dem alchimistischen Glaskolben zu sehen sind.

Nun nennen die Alchimisten jene Folge von Operationen, die zur Gewinnung des Steins der Weisen führt, die «Milchstraße» oder ihren «Jakobsweg». Darf man daraus schließen, daß die «Initiation», die man auf dem Weg und an seinem Ende suchte, weit über den Stein und das Holz hinausging? Wollte man eine Erkenntnis erlangen, die viel weitgehender war als die Kunst, Steine zu bearbeiten und sie zusammenzufügen?

Man sollte diese Annahme nicht so ohne weiteres von der Hand weisen. Ich will gar nicht wieder auf den «Kessel des Lug» oder auf den Gral zurückkommen. Aber wir begegnen auf dem Jakobsweg in neuerer Zeit zwei Adepten: Nicolaus Flamell, der daraus kein Geheimnis gemacht und mitgeteilt hat, er habe die Urmaterie auf dem Rückweg in León entdeckt (dem Ort der Wiedergeburt, wie es Notre Dame und seine Kirchenfenster anzeigen). Außerdem Jacques Coeur, der seinem Namen entsprechend mit zwei Herzen unterzeichnete, aber sicherlich, trotz seines Vornamens, die Muschel seinen Herzen nicht hinzugefügt hätte, wenn er dazu nicht das Recht durch eine Reise nach Compostela erworben hätte.

Schließlich gibt es zwei heilige Jakobi unter den Aposteln, die auf dem Portico de la Gloria abgebildet sind. Jakobus den Älteren, dem zu Ehren die Kathedrale erbaut wurde,

und Jakobus den Jüngeren, der Jesus so ähnelte. Er kannte alle Geheimnisse, war wissend und lahm. Auch er trägt einen Stock, aber nicht den des Pilgers, sondern den des Baumeisters, den bebänderten Stab der Bruderschaft.
Ein «Jacques» . . .

22

Eine Art Nachwort

Ich behaupte nicht, schlüssige Beweise vorgelegt zu haben. Möglicherweise sind die wenigen Fakten, die ich zusammentragen konnte, noch nicht einmal überzeugend.
Vor unserer Geschichtsschreibung hat es Menschen gegeben, die eine hochentwickelte Wissenschaft besaßen. Sie betraf vor allem die Natur, die Erde, den Himmel und den Menschen. Das zu leugnen, wäre genauso widersinnig wie vorzugeben, daß die Pyramiden nur Monumente des Größenwahns oder Chartres im Dienst des Aberglaubens stünden.
Ich habe nicht versucht, dieses Wissen wiederzuentdecken (dazu fehlen mir die Möglichkeiten), sondern ich war bemüht festzustellen, durch welche Mittel und auf welchen Wegen es übermittelt worden ist. Dazu galt es jenen Weg zu untersuchen, der die große Universität des Mittelalters war: den Weg nach Compostela.
Mir ist deutlich geworden, daß diese Vermittlung dem Stein oblag und damit auch den Menschen, die ihn bearbeiten.
Möglicherweise wurde jenes Wissen auch von Dichtern und Erzählern weitergereicht. Nur gehen Gedichte unter, wenn sich die Sprachen verändern. Übersetzung heißt hier immer Verrat. Die Übernahme der Erzählung in die einander ablösenden Sprachen ist eine ständige Verwandlung, die die Geschichten schließlich ihres Inhalts beraubt.
Selbst so ernsthaften Schriften wie denen Platons blieb ein solcher «Substanzverlust» nicht erspart. So haben die Über-

setzer in jener Passage des Timaios, in der von den «Mittelgliedern» die Rede ist, lediglich die Euklidische Geometrie wiederzuerkennen vermocht. Nicht aber eine musikalische Geometrie veränderlicher Größe, die unter anderem den in die Höhe strebenden Bau der Kathedrale von Chartres zu schaffen vermocht hat.
Die Wissenschaft wurde also auch von den Baumeistern, von denen, die den Stein «meisterten», weitergereicht.
Eigentlich hat Platon das Problem deutlich angesprochen, wenn er den Ausdruck *Sphärenmusik* verwendet. Damit spielt er zweifellos auf die «Empfindungsfähigkeit» des Menschen *im* kosmischen Bereich und *in Beziehung zu* ihm an.
Doch wir leben im Zeitalter der «Schrift», das heißt in einer Zeit, wo die Erkenntnis durch eine bestimmte Form abrufbaren Wissens ersetzt wird. «Die Gefahr liegt darin», so drückt Jean Brun es im Anschluß an Platon sehr schön aus, «daß die Menschen meinen, die Schrift könne zu ihnen sprechen und sei in der Lage, die Erkenntnis zu ersetzen.» Da die Schrift den Forscher enttäuschen muß, wenn er in ihr diese Erkenntnis sucht, ist es notwendig, zu jener Form der Übermittlung zurückzukehren, die das Symbol auf dem Stein und das religiöse Bauwerk waren.

ZUR GANS UND ZUM GÄNSERICH

In Frankreich gibt es zahlreiche Orte, die nach der Gans oder dem Gänserich benannt sind. Die französischen Bezeichnungen dieser Tiere, «oie», Gans, und «jars», Gänserich, sind älter als das Indogermanische. Ihre Wurzel ist

im Ligurischen. Ortsnamen, die sich von diesen Wörtern herleiten, bezeichnen sicherlich keine Plätze, wo man Gänse gezüchtet hat. Man findet sie nämlich nicht nur in den Ebenen, sondern ebenso in bewaldeten Gebirgsgegenden. Aus dem gleichen Grund kann «Jars» nicht von «jardin» (Garten), dem keltischen «Gard» herkommen. Das Wort könnte dann nicht zur Bezeichnung der zahlreichen «passage des Jars» (Gänserichpaß) und «pas du Jars» (Gänserichweg) dienen. Häufig verbergen sich hinter diesen Namen sehr unwegsame Bergpfade, an denen ein Garten ebenso deplaciert wäre wie eine Gänsezucht.
Durch «Jars» wird also irgendein Lebewesen bezeichnet, wie es auch immer beschaffen sein mag. Es wandert, reist und benutzt, einer Überlieferung folgend, diese Pässe und Wege. In gewisser Weise sind es Pilgerstraßen, aber keinesfalls Straßen für Schwimmvögel. Denn diese reisen auf dem Luftweg.
Die Verbindung zwischen «Jars» und «Jacques» mag nicht überzeugend erscheinen. Sie ergibt sich jedoch aus einer Vielzahl von Einzelheiten, die in ihrer Gesamtheit schließlich zur Wahrscheinlichkeit werden. So ist es beispielsweise bezeichnend, daß die Bauern «Jacques» und zugleich seit altersher «pedzouilles» *pieds d'oie*, Gänsefüße, genannt werden.
Die «Jars» stehen also für Menschen, die sich auf der Durchreise befinden. Im Baskischen enthält *Joaki* genau diese Vorstellung der Ortsveränderung, der Wanderung. Das Gebiet der «Königin Pedauque» scheint ursprünglich die Gegend um Toulouse gewesen zu sein. In jedem Fall war es Aquitanien, das angestammte Gebiet der «Enfants de Maître Jacques», die die Königin auf dem Portal zahlreicher Kirchen abgebildet haben.

Im übrigen habe ich von M. Calvani erfahren, daß es in Chatellerault-sur-Loire eine *Rue des Cygnes-Saint-Jacques* (Straße der Jakobsschwäne) und eine *Rue des Cygnes-Châteauneuf* (Straße der Chateauneuf-Schwäne) gibt. Beide Straßen liegen auf der Pilgerstraße nach Santiago de Compostela.

Nicht weit entfernt gibt es auf derselben Pilgerstraße einen «Passage des Jars».

Zu viele Zufälle werden schließlich zur Gewißheit.

Dann ist noch an die oben erwähnten «pasos de Oca» zu erinnern, die es auf dem Weg nach Santiago de Compostela gibt. Und nicht zu vergessen der Paß von «pedraja», Stein des Gänserichs, der gleichfalls auf der Pilgerstraße liegt.

Wahrscheinlich ist es selbst noch in verhältnismäßig junger Zeit zu solchen phonetischen Annäherungen gekommen.

Es gibt in unmittelbarer Nähe von Saint-Benoît-du-Sault, an der Grenze des Berry und des Limousin, die viele Dolmen und sehr alte heilige Orte aufweist, zwei alte Wegkreuzungen, die beide «La Crousette» heißen. An beiden Kreuzwegen soll der Legende nach der *Sabbat der Katzen* stattfinden. Man sagt, am Heiligen Abend versammelten sich dort alle Katzen der Gegend, um ihren Sabbat abzuhalten. Sie tanzten, schrien und sängen nach einem ganz besonderen Ritus.

Offensichtlich hat sich hier die Erinnerung an lärmende Versammlungen erhalten, in deren Verlauf sich absonderliche Riten abspielten (zumindest absonderlich für die Nicht-Initiierten) mit Tänzen, Gesängen und Schreien.

Natürlich versammeln sich dort nicht die Katzen, und sie haben es auch nie getan, sondern wahrscheinlich waren es «Jars» oder «Jacques». (Und es handelt sich auch nicht um den Hexensabbat, der an anderen Orten stattfindet.)

Nun liegen beide «Kreuzwege» auf einem Jakobsweg, der Neuvy-Saint-Sépulchre (eine runde Kirche) mit Saint-Léonard-de-Noblat (einer runden Kapelle) verbindet. Sie ist Teil der alten Pilgerstraße, die von Vézelay nach Orthez führt.

Diese «Jacques» sprachen untereinander eine eigene Berufssprache. Da sie Reisende waren, «Wandergesellen», haben sie wahrscheinlich Ausdrücke eingeflochten, die sie in weit entfernten Gegenden aufgeschnappt hatten. Dadurch dürfte ihre Sprache für die «Ansässigen» unverständlich geworden sein. Die Erinnerung an diese Sprache wird dadurch wachgehalten, daß manche Ausdrücke im sogenannten «Rotwelsch» erhalten geblieben sind. Sie sind von den «Gaunern» übernommen worden.

Sie «plapperten» wie die Gänse, sie sprachen ihren «Jargon», sie «schnatterten». Sie sprachen Argot, aber dieser Argot war eine hermetische Sprache in der initiatorischen Bedeutung des Wortes. Die Philosophen des Mittelalters, die Latein sprechen, nennen diese Sprache wie Marie de France die «Langue des Oiseaux» (Sprache der Vögel), die vielleicht die «Langue des Oisons» (Sprache der Gänschen) war.

Vielleicht sind in den Gedichten, die François Villon im Rotwelsch geschrieben hat, noch einige Anklänge an diese Sprache enthalten. Er hat ja einige Zeit lang mit Maurern zusammengearbeitet:

Point ne ressemblent les maçons
Que servir faut à si grand peine . . .

Nichts sieht den Maurern ähnlicher,
als mit großer Mühe schlechte Dienste zu erweisen . . .

In gewissem Umfang wird sich die Initiationslehre in den Erzählungen und Geschichten erhalten haben. Manche sind uns unter dem Namen «Contes de ma mère l'Oye» (Geschichten meiner Mutter, der Gans. Erzählungen von Ch. Perrault) erhalten geblieben. Die Schriftsteller des 18. Jahrhunderts haben sie verzerrt und mit Feen ausgeschmückt. Wahrscheinlich haben sie nicht gewußt, daß es sich um Geschichten in der Gänsesprache, im Jargon, gehandelt hat. Erhalten geblieben ist nur ein gewisser Charakter des Wunderbaren, dem aber immer noch bestimmte Initiationsmerkmale innewohnen. Denken wir an das von Dornengestrüpp umgebene Dornröschenschloß, denken wir an die Schöne unter ihrer Eselshaut, an den roten Schopf von Riquet, an den *chat botté* (gestiefelter Kater), der ohne Zweifel ein ca-bot war, ein Hund (Mitglied der Bruderschaft), nicht *botté* (gestiefelt), sondern *boiteux* (lahm).

Denn das war das Zeichen der Initiation zum Meister, des Dieners *Car-abas*, des «Vaters des Steins». Es ist der lahme Jars, der Einfallsreiche, der Schlaue. Versucht man ihn nachzuahmen, heißt es: «Fais pas de Jacques!» (Sei nicht albern).

Aus dem Jars scheint der «gars» (Bursche) geworden zu sein. Seine Begleiterin ist die «garce» (Weibsbild). Im heutigen Rotwelsch heißt es noch immer «jerce». Als die indogermanischen Sprachen, übrigens erst spät, die überlieferte Sprache bei den Leuten vom Fach ablösten, wurde aus der Gans *hanser*. Das Wort wurde mit hartem H gesprochen und ergab im Englischen *Goose*. Im Argot wurde aus dem jars der «Gonze» (in Lyon heißt es Gone), und seine Begleiterin ist die «Gonzesse» (abfälliger Ausdruck für «Frau»).

Die Gans blieb zwar erhalten, doch der Jars verschwand, folglich wurde auch der Jacques von der Öffentlichkeit vereinnahmt.

DAS TAROCK

Die Pilger trugen natürlich einen Stab. Traditionell wurde der Stab, der Maßstab, von den Baumeistern getragen. Heute noch tragen die Gesellen den Stock.
Der erste Ritterorden, der zum Schutz der Pilgerstraßen ins Leben gerufen wurde, war der Santiagoritterorden. Genau hieß er Saint-Jacques-de-l'Epée (heiliger Jakobus vom Schwert).
Am Anfang des Weges in San Juan de la Peña gab es einen Kelch, der Gral genannt wurde. Als Kessel findet man dieses Symbol überall am Wege.
Auf manchen Wappenschildern findet man schließlich neben den Kesseln als weiteres Wappenstück: die Münze. Auch auf den Wappen mancher Templersitze ist sie vertreten, so in Ponferrada.
Damit haben wir also einen Saint-Jacques-du-Bâton (heiliger Jakobus vom Stab), einen Saint-Jacques-de-l'-épée (heiliger Jakobus vom Schwert), einen Saint-Jacques-de-la-Coupe (heiliger Jakobus vom Pokal) und einen Saint-Jacques-des-Deniers (heiliger Jakobus von der Münze).
Das sind die vier «Farben» des Tarock (Stab, Schwert, Pokal, Münze).
Tarock ist ein Kartenspiel, das heute noch in Spanien und Franche-Comté gepflegt wird. Das «Spiel» besteht aus zwei Teilen: einerseits das eigentliche Spiel, das in jeder Farbe

Buchstaben, der Symbole, zu rätseln. Es war die Zeit der großen philosophischen Hexerei, die weiß Gott alles andere als Hexerei war und auch nur wenig mit der Philosophie gemein hatte.

Tarock und Kabbala sind sicherlich nicht miteinander in Verbindung zu bringen. Die Tarocks sind christlich, denn einer zeigt den Papst. Allerdings sind sie nicht orthodox, da sich zum Papst eine Päpstin hinzugesellt. Sie haben mit dem Judentum nichts zu tun, das aus religiöser Sicht in keinerlei Beziehung zur Kaiserin steht.

Nach meiner Auffassung weist der Symbolismus der Tarocks eher auf einen sehr hoch entwickelten Animismus hin. Was von Menschen, für die die Natur die allmächtige große Mutter ist, ja auch nicht anders zu erwarten steht. Der erste Tarock ist der Bateleur (Gaukler, von Okkultisten auch Magier genannt).

Man hat sich auf der Suche nach der Bedeutung des Wortes nicht an der ursprünglichen Etymologie orientiert, sondern den Sinn übernommen, den er seit dem 16. Jahrhundert besitzt: «Turmbauer».

Doch das Wort kommt von *batel*, von *bat*, aus dem «bâton» (Stab) wurde, ebenso aber «bâteau» (Schiff), «bâtiment» (Gebäude) und «bâtisse» (Mauerwerk). Der «bateleur» ist ein «batisseur» (Baumeister). Auf dem Tarockspiel aus Marseille trägt er seinen Stab, aber auf dem Tisch – der Werkbank – befinden sich neben den Würfeln das Schwertmesser und der Pokal.

Die Farbe ist angesagt: der «bateleur» ist der «batisseur», der Baumeister auf dem Initiationsweg.

Dann kommt der Papst. Der Papst ist der «*Pontifex maximus*, der größte Brückenbaumeister. Ihm stehen der dreifach gekreuzte Stab und der Pokal zu, also der Kelch.

Der Kaiser ist die Macht. Ihm gehören das Schwert und die Münze, die ein *imperium* ist, die Delegation der Macht. Ich denke, daß Päpstin und Kaiserin einfach eine Doppelung von Papst und Kaiser sind, ihr Gegenbild, das in der menschlichen Welt unbedingt notwendig ist.

Dann gibt es (ich halte mich dabei nicht an die übliche Reihenfolge) die vier alchimistischen Tugenden, die man am Grab von Franz II. von Bretagne in der Kathedrale von Nantes sieht. Fulcanelli hat sie in «Les Demeures philosophales» erklärt. Ich brauche seine Ausführungen hier nicht zu wiederholen. Es sind die Kraft, die Gerechtigkeit, die Mäßigung und (in der Gestalt des Eremiten) die Klugheit (im Grabmal Franz II. besitzt sie allerdings eine andere Gestalt, deren Werkzeug nicht der Spiegel, sondern die Laterne ist).

Der Eremit, wir erinnern uns.

Dann kommen andere Tarocks, deren Sinn ich nicht deuten kann, die sich aber auch auf den Initiationsweg beziehen müssen: der Verliebte und der Wagen.

Wenn das Glücksrad sich dreht, geraten die Affen von seiner höchsten Spitze an sein unterstes Ende. Die symbolische Bedeutung liegt auf der Hand. Weniger bekannt ist, daß «Affe» ein Ausdruck aus der Bruderschaftssprache ist und den Chef bezeichnet.

Der vom Blitz getroffene Turm, Gotteshaus genannt, ist möglicherweise der Turm zu Babel. Seine Erbauer liefen auseinander, weil sie sich nicht mehr verstanden (was beim Bau des Salomonischen Tempels dadurch wieder in Ordnung gebracht wurde, daß die Arbeiter sich eines für alle verbindlichen Zeichensystems bedienten).

Dem Tod folgt der Gehenkte, oder er geht ihm voraus. Er ist an den Füßen aufgehängt. Der vorübergehende Tod und die

Wiedergeburt durch die Initiation stellen die Weltsicht des Eingeweihten «auf den Kopf».

Baphomet, der Teufel genannt, ist das alchimistische Symbol, das man den Templern so erbittert vorgeworfen hat. Der Stern, übrigens ist es ein Sternenhimmel, ist ohne Zweifel der «Sternenweg». Der Mond: am Ufer des Wassers bellen zwei Hunde den Mond an, zwei Hunde oder zwei Wölfe. Im Wasser befindet sich der Krebs in seiner klassischen Gestalt als Flußkrebs. Die Sonne ist (astronomisch, nicht astrologisch) im Juli im Sternbild des Krebses, das heißt in dem Monat, da die Pilgerfahrten in Galicien stattfanden. Der Mond scheint seine Wohltaten über die beiden Hunde auszuschütten.

Die Sonne scheint auf ein Zwillingspaar, das Symbol einer Bruderschaft, die paarweise lebt, wie es bei den Templern der Fall war.

Dann kommt das Gericht, dargestellt durch einen Engel mit der Trompete. Darauf der Gaukler in anderer Gestalt. Man erkennt ihn daran, daß er seinen Stab in Händen hält. Er ist zum Hermaphroditen geworden und tritt sieghaft in Erscheinung. Dies zeigt eine Mandorla, die umgeben ist von den Zeichen der vier Evangelisten (die zugleich die Zeichen der vier Elemente sind).

Schließlich die letzte Karte. Sie ist nicht numeriert, wird also in irgendeiner Form abgesondert. Sie zeigt den Narren, der von einem Hund verfolgt wird. Den Ausgestoßenen. Er gehört nicht mehr zum Spiel.

Das Thema ist weidlich und wenig seriös ausgeschlachtet worden. Die wirkliche Lehre bleibt noch zu entdecken.